JOURNAL D'UNE ÉCOLIÈRE SOVIÉTIQUE

NINA LOUGOVSKAÏA

JOURNAL
D'UNE ÉCOLIÈRE SOVIÉTIQUE

Traduit du russe par Viviane Mikhalkov

Préface de Stéphane Courtois

ROBERT LAFFONT

Titre original : IL DIARIO DI NINA

ISBN 2-221-10262-2
(édition originale : ISBN 88-74684-808-8 Frassinelli, Milan)

Préface

Une Anne Frank au pays de Staline

L'effondrement du communisme soviétique en 1991 a libéré une masse gigantesque d'archives, tenues jusque-là secrètes, qui ont permis de lancer des coups de projecteur dans les profondeurs d'un système totalitaire largement opaque. Cette révolution documentaire a donné accès à d'innombrables documents émanant du sommet de ce pouvoir – le Bureau politique du Parti bolchevique et ses leaders, en particulier Lénine et Staline –, mais aussi de ses succursales à l'étranger.

Un certain nombre de grandes querelles historiques ont ainsi trouvé leur dénouement : la responsabilité soviétique dans l'assassinat des officiers polonais à Katyn au printemps 1940, le processus de la Grande Terreur qui, en 1937-1938, entraîna en URSS l'exécution de plus de 700 000 personnes, ou encore, plus près de nous, les négociations entre le PCF et Otto Abetz, le représentant de Hitler à Paris, durant l'été 1940.

Ces archives recèlent également d'autres types de documents qui, s'ils ne concernent pas la « grande Histoire », n'en sont pas moins révélateurs d'un climat politique et social, d'une époque, d'un régime. Tel est le journal intime de Nina Lougovskaïa, miraculeusement préservé et retrouvé dans les archives du NKVD, ancêtre du tristement fameux KGB.

C'est Irina Ossipova, historienne de l'association russe Memorial – laquelle, depuis 1988 et en dépit de constantes tracasseries, travaille sans relâche à la réhabilitation de la mémoire des victimes du bolchevisme –, qui a retrouvé ce journal en étudiant le dossier de répression de la famille Lougovski.

Le père, de son vrai nom Sergueï Rybine, était né en 1885 dans une famille de paysans. Autodidacte, diplômé de commerce à Moscou, militant socialiste-révolutionnaire (SR), exilé en Sibérie sous le tsar, il fut élu, après la révolution démocratique de mars 1917, dans diverses instances, puis se retrouva, comme la plupart des SR, dans l'opposition aux bolcheviks après le coup d'État de Lénine, le 7 novembre 1917.

Autorisé à rentrer à Moscou au début de la NEP – la Nouvelle politique économique lancée par Lénine en 1921, qui limitait l'instauration du communisme et autorisait le retour à des activités privées –, Rybine créa avec d'autres camarades SR une coopérative commerciale qui fut rapidement florissante.

En 1928, considérant que le pouvoir était assez consolidé pour mettre fin à la NEP, Staline relança la révolution communiste, avec le premier plan quinquennal et son industrialisation accélérée, puis la collectivisation forcée des terres, et leur corollaire, la création du Goulag. Ayant refusé de laisser des fonctionnaires communistes prendre la direction de sa coopérative, Rybine fut arrêté en janvier 1929 et condamné à trois ans d'exil dans le Nord. Revenu à Moscou en 1932, il se vit interdit de séjour. Arrêté à nouveau en janvier 1937, ramené à Moscou, il fut condamné à dix ans de Goulag comme chef d'une organisation contre-révolutionnaire SR. Ayant survécu, il fut relâché en 1947 et mourut à la fin des années 1950 sans avoir revu sa famille.

Sa femme, Lioubova Vassilievna Samoïlova, née en 1887, était elle aussi originaire de la campagne. Diplômée de l'Institut supérieur de filles de Moscou et enseignante de mathématiques, elle épousa Rybine en 1914 et ils prirent le nom de Lougovski, formé d'après celui de la ville natale de Sergueï. Bibliothécaire dans la coopérative de son mari, Lioubova fut licenciée dès l'arrestation de celui-ci en 1929 et, après 1932, resta seule à entretenir la famille. En 1915, les Lougovski avaient eu deux filles jumelles, Olga (Lalia) et Euguenia (Genia). Puis Nina était née à Moscou, le 25 décembre 1918.

Le sort de toute la famille bascula le 4 janvier 1937 quand leur appartement fut perquisitionné et que furent saisis toute la correspondance de Rybine, sa bibliothèque d'ouvrages SR et les deux journaux intimes de Nina et d'Olga. Ayant refusé de collaborer avec le NKVD contre son mari, Lioubova fut condamnée, en même temps que ses trois filles, à cinq ans de Goulag et envoyée dans l'un des plus terribles lieux de déportation, la Kolyma, magnifiquement évoquée par Varlam Chalamov dans ses *Récits de la Kolyma*[1]. Ayant survécu, les trois femmes furent libérées du Goulag en 1942. Si leur mère mourut à Magadan en 1949 – elle sera « réhabilitée » en 1957 « à titre posthume » –, les filles purent quitter la Kolyma en 1947 pour être transférées dans l'Oural. En 1959, Nina et son mari – Viktor Templin, ex-prisonnier politique et artiste – furent autorisés à s'installer à Vladimir, à 200 kilomètres de Moscou. En 1963, Nina écrivit à Khrouchtchev pour demander sa réhabilitation, et sa sentence fut annulée pour… « manque de preuves ». Artiste peintre, Nina a réalisé une œuvre importante, couronnée par plusieurs expositions. Elle a disparu en 1993, avant que son journal ne soit retrouvé.

Ce journal, commencé en octobre 1932 par une adolescente qui n'avait pas encore quatorze ans, et tenu jusqu'au 3 janvier 1937 par une désormais jeune fille, est un document tout à fait unique dont cette édition traduite du russe présente l'essentiel[2]. Elle se lit sur deux registres paradoxaux.

Le premier est celui d'une vie « normale ». La famille d'abord : le père, souvent absent, mais très présent dans les pensées de sa fille ; la mère, qui travaille jour et nuit pour assurer le quotidien, tout en restant le cœur du foyer et la confidente de ses filles ; les

1. Varlam Chalamov, *Récits de la Kolyma*, Verdier, 2003.
2. Toutes les coupes ont été signalées par […].

trois sœurs – Lalia, Genia et Nina –, toujours en mouvement, en train de se chamailler et formidablement complices.

Une famille qui bénéficie d'un appartement confortable de quatre pièces – un privilège à l'époque –, chauffé en hiver et où Nina dispose de sa propre chambre. Et qui l'été part à la « datcha », soit chez le père exilé près de Mojaïsk, soit chez un oncle ou une tante. Une famille où l'on mange, semble-t-il, à sa faim en cette période de grande pénurie alimentaire et où l'on a les moyens d'entretenir un chien, le caniche Betka. Lors du réveillon de 1935, on y déguste même des mandarines. Une famille où l'on peut s'habiller correctement, avec manteau, chapeau et cartable – sa mère rapporte à Nina, le 18 janvier 1933, un manteau de fourrure.

Les filles mènent une vie d'adolescentes « petites-bourgeoises ». Les jumelles chantent, dansent, jouent du piano – il y a un piano à la maison –, dessinent, partent en promenade à cheval – avec une veste d'équitation –, vont patiner avec des amies. Nina fréquente le théâtre, où elle croise « la foule bariolée des femmes en robes de soie », et aussi l'Opéra. Des filles cultivées qui lisent Lermontov, Tourgueniev, Tolstoï, Tchekhov, Essenine et même Pokrovski.

Bref, une famille typique de la petite intelligentsia révolutionnaire moscovite, mais non bolchevique, d'avant la Grande Terreur. Nina en est d'ailleurs bien consciente et le note le 8 juillet 1934 quand elle prend le train avec sa mère : « De tous les passagers du wagon, nous étions les seules à appartenir à l'intelligentsia et à aller à la "datcha", et j'en éprouvais une honte affreuse devant ces gens à demi affamés et qui ne connaissaient pas un instant de repos. »

Autre dimension « normale » du journal, Nina elle-même. Une adolescente pleine de vie, de questions, d'angoisses, comme la plupart des filles de son âge. Son leitmotiv : « Je veux vivre ! », « La liberté, la liberté, voilà ce dont mon cœur a soif », « Vis pendant que tu es vivante ». Sa grande préoccupation, les garçons, comme elle le note le 1er mai 1935 : « Je passe ma vie entière à ne penser qu'aux garçons ; tout autre sujet me paraît sans intérêt et sans importance. » Mais une préoccupation dominée par l'angoisse de sa « laideur » – elle est atteinte de strabisme –, qui développe chez elle un complexe, une grande timidité et la pousse même par moments au suicide.

Nina est aussi une écolière moscovite « normale », confrontée aux garçons – les classes sont mixtes –, mais aussi à des professeurs et à une administration qu'elle n'apprécie guère, comme elle le note le 26 novembre 1936 : « Impertinence envers les professeurs, dissimulation et méchanceté. Dans nos rapports avec eux, il n'y a rien qui puisse rappeler ces liens nouveaux et excellents qu'on nomme désormais "rapports soviétiques". » Avec, à la clef, une interrogation lancinante sur son avenir et ses possibilités universitaires réduites en raison de la priorité donnée par le régime aux enfants des cadres du Parti communiste et aux jeunes issus des classes populaires.

Une inquiétude nourrie par sa réflexion sur le statut inférieur de la femme en Russie, même aux yeux d'un révolutionnaire comme son père. Car son second grand problème, c'est son père qu'elle adore et déteste alternativement, selon qu'il est à la maison et la tarabuste de questions, ou qu'il est en exil, voire enfermé à la prison de la Boutyrka où elle pourra, une fois, lui rendre visite. Et alors, elle déborde d'amour et de respect : « Je l'aime quand il se montre révolutionnaire. J'aime ses idées d'homme, d'homme d'action, d'homme qui conserve ses opinions, qui ne les renie pas en échange de bienfaits dans la vie quotidienne. » Même si elle ne l'indique qu'en passant, il est certain qu'une bonne part de ses réflexions politiques et sociales, qui constituent le second registre de lecture du journal, viennent de son père et de ce qu'elle a retenu des discussions entre ses parents.

Ce second registre est aisément repérable : il a été presque entièrement souligné par l'enquêteur du NKVD chargé de lire cette terrible pièce à conviction qu'était le journal intime d'une fille de quinze ans. Ces soulignements indiquent que le NKVD n'était plus une traditionnelle police politique, mais une police totalitaire, une police de la pensée. Il faut dire que Nina ne reste pas la plume dans l'encrier et qu'on voit peu à peu émerger de son récit, à la surface assez lisse de sa vie « normale », des signaux de plus en plus inquiétants qui révèlent la mise en place du régime totalitaire inauguré par Lénine, et réactivé puis généralisé par Staline à partir de 1928[1].

Le premier signal apparaît le 1er novembre 1932, avec la perquisition surprise de l'appartement des Lougovski à 23 h 30. Le lendemain, Nina évoque en riant les réactions de sa copine Irina, « terrifiée [...] à la seule idée de prononcer le mot "perquisition" ». Mais le 21 janvier 1933, le père d'Irina est arrêté et Nina n'a plus envie de rire : « Ils ont détruit leur bonheur et leur tranquillité, réduit à néant le mode de vie de toute sa famille, leurs habitudes, tout ce qui leur tient à cœur. [...] Oh !, les salauds, les ordures ! Comment osent-ils faire des choses pareilles. Ah ! bolcheviks, bolcheviks ! Jusqu'où êtes-vous tombés ? Que faites-vous ? »

Le deuxième signal se situe le 24 mars 1933, lorsque Rybine se voit refuser son passeport. Fin 1932, le régime a instauré un système de passeport intérieur autorisant à résider dans un certain nombre d'agglomérations. Ce système visait à empêcher les paysans ruinés et affamés par la collectivisation forcée de se sauver vers les villes – désormais le kolkhozien est attaché comme un serf à son kolkhoze – et de purger les villes des « éléments indésirables », définis en fonction de leurs opinions oppositionnelles – connues ou supposées – et de leur position sociale. En tant que SR antibolchevique et ex-responsable d'une coopérative privée, le père de Nina était parfaitement ciblé. Ainsi a été inauguré un vaste processus de marginalisation officielle de toute une partie de la population désormais désignée à la vindicte publique. Sergueï Rybine a donc été contraint de quitter son travail et sa famille, de s'installer à plus de cent kilomètres de Moscou, et de revenir clandestinement voir les siens au risque

1. Sur la dimension répressive du communisme soviétique, voir Nicolas Werth, « Un État contre son peuple », *in Le Livre noir du communisme*, Robert Laffont, 1997.

d'être arrêté ou de devoir quitter son domicile en catastrophe quand une rafle s'annonçait dans l'immeuble.

À partir de ce moment, Nina se désintéresse de la vie sociale – même si elle est parfois encore attirée par quelque événement exceptionnel comme lors du sauvetage du *Tcheliouskine*, un navire pris dans les glaces de la banquise –, elle délaisse les manifestations traditionnelles du 7 novembre et du 1er mai, elle est de plus en plus sensible au côté mensonger de la propagande. Lors de l'accident de l'avion géant *Maxime Gorki*, en mai 1935, elle note : « Oh, comme il y en a chez nous, de cette vantardise, de cette volonté de prouver qui nous sommes en dépit du bon sens. Et c'est à cause de ça, de cette vantardise, que nous nous retrouvons tous à souffrir. » Il lui arrive même de passer à l'acte, comme ce 18 mai 1933 où elle arrache l'affiche placardée sur son immeuble, qui clame les mérites d'un nouvel emprunt obligatoire.

Parallèlement, Nina repère la montée de l'endoctrinement à l'école, critique le professeur de sociologie qui vante « le renouvellement des cadres et de nombreuses institutions » et la rembarre quand elle s'interroge à haute voix. Elle dénonce l'installation de la délation jusqu'au sein des classes ou encore la transformation d'une blague de potache – la rédaction par les garçons d'un édit émanant de l'empereur Krok II ! – en « organisation clandestine contre-révolutionnaire ». Convoquée chez le directeur, elle dresse le portrait du parfait apparatchik : « [...] antipathique, sorti du rang grâce à sa carte du Parti, à ses vilenies et à sa capacité à remplir toutes les tâches exigées d'en haut, sans zèle et sans réfléchir. Il donnait l'impression d'avoir, avant ce poste, uniquement évolué parmi les bandits de grand chemin et peut-être les prostituées. Certainement pas au milieu des écoliers. [...] Un sacré dictateur. C'était la première fois de ma vie que je me frottais à ce qu'il est convenu d'appeler “le pouvoir en place”. »

Nina en tire les bonnes conclusions : « Il règne en URSS une réaction comme on n'en a encore jamais vue. Terrifiante ! [...] Cependant, je comprends en partie les bolcheviks. Ils sont grossiers et d'une cruauté barbare mais, de leur point de vue, ils ont raison : s'ils n'épouvantent pas les gens dès l'enfance, ils ne verront pas plus leur pouvoir s'instaurer sur la terre qu'ils ne voient leurs propres oreilles. Par conséquent, ils nous éduquent en vue de faire de nous des esclaves soumis et ils tuent impitoyablement dans l'œuf le plus petit souffle de rébellion. La moindre manifestation d'esprit critique, le plus léger signe d'indépendance ou de liberté de pensée est puni effroyablement. »

Nina constate comment ce climat étouffant et toutes les difficultés quotidiennes changent le comportement des gens. Et d'abord sa mère : « Mon Dieu, pauvre maman. [...] Elle est devenue vieille, malade, apathique. [...] On dirait un cheval qui s'est épuisé au travail mais continue, par inertie, à tirer sa charrette tout au long de la journée alors qu'elle n'a plus de force. » Mais aussi ses sœurs avec qui elle a de violentes algarades, ainsi le 4 juillet 1933 : « Je ne peux pas être d'accord avec mes sœurs. Pour elles, le socialisme est un régime véritable et les horreurs d'aujourd'hui sont dans l'ordre des choses. » Ou encore le 11 décembre 1934 : « Journée épouvantable. [...] Je ne sais pas comment la conversation a roulé sur le sujet le plus dangereux qui soit : le pouvoir soviétique, les bolcheviks et la vie actuelle. Nous nous sommes retrouvées, elles et moi, sur des positions totalement opposées. »

Ces querelles peuvent aussi être provoquées tout simplement par la faim et la promiscuité que Nina expérimente à la campagne en juillet 1933. Elle note très justement comment ces circonstances particulières provoquent un processus de brutalisation jusque dans sa famille : « Nous sommes à couteaux tirés. [...] Il s'est produit des choses incroyables. On n'arrêtait pas de crier l'une sur l'autre. Du matin au soir, l'air retentissait de "Brute !", "Imbécile !", "Idiote !". C'est insensé la brutalité qui peut jaillir de nous ! »

Cette violence, Nina la remarque aussi dans la société, largement provoquée par la dégradation constante de la situation économique depuis 1928-1929. Le 21 août 1933, elle dresse un tableau très réaliste des différents types de magasins moscovites, depuis ceux de la nomenklatura communiste, jusqu'aux coopératives d'État, qui connaissent des queues interminables. Relevant les prix, elle s'indigne : « Dans les files d'attente, les gens se disputent et maudissent la vie. Ils sont méchants, affamés, épuisés. Nulle part on n'entend s'élever un mot de défense des bolcheviks haïs. [...] Qu'est-ce que les ouvriers mangeront cet hiver ? » Revenue d'un séjour de vacances en province, elle note : « Au lieu de la solidarité ouvrière si hautement célébrée, il y régnait un antagonisme viscéral entre les ouvriers locaux et les saisonniers. Querelles et coups de poing dans la gueule étaient monnaie courante. »

Et surtout, elle est particulièrement sensible au sort des paysans – peut-être en souvenir de ses origines familiales et de sa grand-mère, qu'elle voit souvent. En août 1933, elle écrit : « Des choses étranges se passent en Russie. Famine, cannibalisme... Ceux qui arrivent des provinces racontent de drôles de choses. Ils disent qu'ils n'ont pas le temps de ramasser les cadavres dans les rues, que les villes de province sont remplies de paysans en guenilles et affamés. Partout il y a des vols horribles et du banditisme. Et l'Ukraine, ce grenier à blé, qu'en reste-t-il ? On ne la reconnaît plus. » Le 11 décembre 1934, elle envoie à la tête de ses sœurs, lors d'une violente dispute, les « 5 millions de morts en Ukraine ». Et il est exact qu'en 1932-1933, le pouvoir soviétique a organisé, par ses réquisitions forcées et l'interdiction de toute aide aux affamés, une gigantesque famine qui a touché principalement l'Ukraine, faisant autour de 5 millions de victimes[1]. On constate donc qu'en dépit des efforts considérables du pouvoir pour cacher cette tragédie dont il était directement responsable, et de la gigantesque campagne de désinformation et de propagande déclenchée pour en nier l'existence, l'information a transpiré jusque chez une collégienne moscovite dès l'été 1933.

1. Pour les témoignages sur cette famine, voir *1933, l'année noire*, Albin Michel, 2000 ; pour l'analyse, voir Françoise Thom, « La "dékoulakisation" et la famine, 1928-1933 », *in* Stéphane Courtois (dir.), *Quand tombe la nuit. Origines et émergence des régimes totalitaires en Europe*, L'Âge d'homme, 2001.

Autant de malheurs, familiaux et généraux, suscitent chez Nina une véritable haine des bolcheviks, et elle n'hésite pas à s'attaquer aux figures sacrées du régime. En novembre 1932, elle a assisté aux obsèques d'Alilouïeva, la femme de Staline, qui s'est suicidée ; elle remarque qu'il y avait dans la foule « une joie mauvaise » contre cette « bolchevique ». En juin 1933, elle se moque d'une statue de Lénine, une vraie « caricature ». Elle en vient à vouloir la mort des chefs bolcheviques. Lors de l'assassinat de Kirov, le 1er décembre 1934, elle en ressent de la joie : « J'ai regretté de ne pas avoir assisté à cet événement terrible et tonitruant. Il y allait avoir un sacré pétard, maintenant. » Effectivement, quel pétard : les grands procès de Moscou, la Grande Terreur et la suite…

Elle en veut tout particulièrement à Staline, « ce salaud, cette ordure, ce vil Géorgien » qui « mutile la Russie » : « J'en suis venue à la conclusion qu'il faut tuer ces salauds. […] Pendant plusieurs jours, couchée dans mon lit, j'ai rêvé à la façon dont je le tuerais, ce dictateur. […] Je serrais les poings de fureur. Le tuer, et le plus tôt possible. Me venger, et venger papa. Le tuer. » On imagine le choc de l'inspecteur du NKVD à cette lecture…

Néanmoins, le caractère progressif de la mise en place de la terreur par Staline, en particulier à Moscou, est bien souligné par l'insouciance de la dernière notation de Nina, le 3 janvier 1937 : « Trois mots sur le réveillon du Nouvel An. L'atmosphère a été assez joyeuse et animée, mais ça aurait pu être mieux. » Ce sera bien pire que tout ce que Nina pouvait imaginer. Le lendemain, c'est la perquisition et le début de la tragédie pour toute la famille.

Et pourtant, si celle-ci avait été arrêtée après juillet 1937, son sort aurait probablement été pire encore. En effet, par son ordre nº 00447 du 30 juillet 1937 qui inaugura la Grande Terreur, Nikolaï Iejov, le chef du NKVD placé sous les ordres directs de Staline, décidait de condamner en « catégorie nº 1 » – fusillé – ou en « catégorie nº 2 » – déporté au Goulag –, « les ex-membres des partis non communistes, les criminels et, en général, les gens du passé », soit 767 397 personnes, dont 386 798 furent immédiatement fusillées. Nina et sa mère auraient pu également tomber sous le coup de l'ordre n° 00486 du 15 août 1937, défini par le Bureau politique le 5 juillet 1937, autorisant l'arrestation des familles des « ennemis du peuple » déjà arrêtés, soit de plus de 18 000 femmes et de 25 000 enfants (de plus de quinze ans).

Le 28 septembre 1933, Nina notait déjà : « Ce matin, je me suis dit : “Vivement que je grandisse et quitte ce pays de barbares et de sauvages.” » Staline l'a expédiée dans un pays encore plus barbare, la Kolyma, mais son journal nous la rend, intacte, authentique, accusatrice. Un grand document qui fait irrésistiblement penser au *Journal* d'Anne Frank, même si les circonstances dans lesquelles ils ont été écrits sont assez différentes. Même lucidité impitoyable dans les yeux de ces deux adolescentes, et même fraîcheur d'écriture. Même témoignage d'une vie palpitante écrasée par un pouvoir totalitaire. N'oublions jamais.

STÉPHANE COURTOIS

PREMIER CAHIER[1]

8 octobre 1932

L'autre jour, c'est-à-dire le 6 octobre, Genia et Lalia[2] avaient décidé de faire une promenade à cheval. Elles s'étaient déniché des tenues pour elles et une en plus pour moi, puisque ce jour-là je n'avais pas classe[3]. Après, quand on est rentrées toutes les trois à la maison, j'ai encore dû subir une flopée de recommandations de la part de tout le monde. Enfin, bon… Maman n'était pas très chaude pour que je prenne part à la sortie, mais j'étais bien décidée à y aller quand même. J'avais déjà passé la veste d'équitation quand l'idée lui a traversé le cerveau que je risquais d'attraper froid. Genia et Lalia se sont un peu disputées avec elle. Finalement, elles sont parties sans moi. Ça m'a fâchée, mais pas vraiment désespérée.

Hier, en classe, on avait sciences sociales pendant les deux premières heures. Evtsikhevitch[4] est arrivé, encore plus tiré à quatre épingles que d'habitude, ce qui a déclenché des sourires

1. Le premier cahier couvre la période allant du 8 octobre 1932 au 26 mars 1934.

2. Genia (diminutif d'Eugenia) et Lalia (diminutif d'Olga) sont les deux sœurs aînées de Nina.

3. Nina va à l'école soit cinq jours soit six jours par semaine par alternance, dans la section de l'après-midi. Elle n'a donc pas classe le matin.

4. Professeur de sociologie.

et des blagues incroyables. Du coup, il a collé des rédactions à plusieurs garçons. J'ai promis à Staska[1] de l'aider à pondre la sienne et, maintenant, je le regrette un peu.

En quatrième heure, juste avant que S. S.[2] entre dans la classe, Levka[3] est allé se planter devant l'aquarium et s'est amusé à titiller les tritons à l'aide d'un crayon. À force, il s'est fait pincer le doigt. Le fou rire qu'il a pris !

— Ils ont de ces gueules, ils ont de ces gueules !

Il riait comme un petit fou et c'est presque en courant sur les bancs qu'il a gagné sa place.

— Oui, ton portrait tout craché ! lui a lancé Irina[4].

— Plutôt le tien ! a-t-il rétorqué, mais pas méchamment.

Je remarque un changement léger mais irréversible dans mes rapports avec les garçons. Je commence à m'en faire des amis (mon rêve depuis longtemps). Envers Levka, je ne ressens plus rien, maintenant, si ce n'est une petite sympathie. Après l'école, je suis allée chez Ira. J'y suis restée jusque tard. Pourtant, Genia et Lalia n'étaient pas encore là quand je suis rentrée à la maison.

Maintenant, il est dix heures et demie. Genia est au piano, alors je me dépêche de mettre par écrit le sentiment qui me vient lorsque j'écoute de la musique. J'aime incroyablement la musique, tellement que ça me fait mal. L'émotion qui m'envahit est si forte et si complexe que je ne crois pas qu'on puisse la rendre avec des mots. Quelque chose de tendre, de fragile et en même temps de douloureux excite mes nerfs en me pinçant agréablement et je sens alors que quelque chose demande à sortir de moi.

Comme j'aimerais être capable de joindre ma voix à celle de mes sœurs quand elles chantent, déverser en une sonorité unique et forte tout ce qui emplit mon cœur dans ces moments-là ! Malheureusement, tout ce que j'arrive à produire, c'est un bruit

---

1. Garçon de la classe de Nina.
2. Professeur d'allemand.
3. Diminutif de Lev (Léon), élève de la classe de Nina, fils de Ioulia Ivanovna, professeur de mathématiques, responsable de la classe de Nina.
4. Amie de classe de Nina, également appelée Ira ou Irka. À la fin du livre, figurent les noms des personnages qui peuplent le monde de Nina, amies, amis, professeurs, membres de la famille, amis de ses sœurs.

rauque et liquéfié, alors je me tais, laissant l'élan de mon âme mourir incompris. [...]

11 octobre 1932

Aujourd'hui, on n'a pas classe. Ce matin, je suis allée au pain. Le temps était froid et maussade. Après, j'ai joué aux cartes avec Genia, Lalia et Nikolaï[1]. C'est lui qui a gagné. En ce moment, je suis d'une humeur de chien. Je n'ai envie de rien. Je me rappelle la journée d'hier avec nostalgie. Pendant le cours de chant, Levka et Staska n'ont pas arrêté de faire des messes basses en nous montrant du doigt.

Xioucha[2] a été odieuse, selon sa bonne habitude. Sur le chemin du retour, j'en étais encore exaspérée. Ses ricanements et les bavardages d'Irina n'ont pas arrangé les choses. Je me sentais déçue sans raison, mais c'était bien ce sentiment-là, et il m'accablait. Pourquoi me suis-je conduite comme ça à l'école, aujourd'hui ? Quand donc apprendrai-je enfin à me contrôler ? Moi qui m'étais promis de ne pas m'approcher de Levka, je n'ai rien trouvé de mieux que de m'installer au pupitre juste à côté du sien. Pareil après, à la sortie. Là, je me suis mise à scruter les parages de tous mes yeux et, ensuite, quand Levka est apparu, j'ai crié frénétiquement avec les autres alors que je m'étais juré sur ce que j'ai de plus cher au monde de ne pas me laisser aller à ça ! Comment se fait-il que des décisions raisonnables soient suivies d'actions aussi totalement écervelées ?

[...] Qu'est-ce que la vie ? Et pourquoi est-ce qu'on vit ? À cela, on me répond : « Vis pendant que tu es vivante. » Facile à dire. Tu tombes amoureuse dans tes jeunes années, tu te maries, tu fais des enfants et, à la fin de ta vie, tu te retrouves à préparer les repas pour tout le monde, enfermée bien au chaud dans un marmonnement qui n'en finit pas. Et ce serait ça, la vie ? Com-

1. Nikolaï Keller (diminutif Kolia) : cousin de Nina.
2. Amie de classe de Nina (diminutif de Xenia).

ment peut-on avoir envie d'une vie pareille ? ! Moi, je veux devenir quelqu'un de grand. Les rêves, les rêves, les rêves. Voilà bien tout ce qui me permet de me sentir heureuse.

Oh, comme j'aime écrire ! Après, je me sens apaisée. Comme si une main inconnue avait remis de l'ordre dans mon cœur, en avait retiré tout ce qui pouvait me procurer de l'inquiétude. Sans rien oublier.

13 octobre 1932

En deuxième heure on avait gymnastique, mais le prof n'est pas venu. Comme les garçons n'étaient pas très sages, la maîtresse de la classe d'à côté a eu vite fait de débarquer. Avec son air d'ouvrière affichée au tableau d'honneur, elle nous a collé une rédaction à partir des mots suivants : « impérialistes, capitalisme, opportunistes, enthousiastes, ouvriers de choc, société nouvelle ». [...]

17 octobre 1932

Maman vient de rentrer. Elle a demandé à mes sœurs d'aller faire les courses. Comme de juste, la question s'est réglée dans les chamailleries. Pendant ce temps-là, je tremblais dans ma chambre comme si j'avais la fièvre, en priant Dieu pour qu'on ne se rappelle pas mon existence. À l'heure qu'il est, Genia et Lalia en sont toujours à se disputer. Ô Seigneur ! C'est drôle, mais c'est pathétique aussi. Force est de constater que nous nous entendons tous très mal. Papa et maman aussi se querellent souvent. Mais nous, on se dispute plus souvent encore. [...]

21 octobre 1932

Chaque fois que j'imagine en rêve quelque chose de noble, ce rêve s'écrase contre la réalité – affreuse mais éclatante. Qu'ils sont purs, les hommes et les garçons de mon imagination ; et que les vrais sont mesquins et dépravés ! Que la réalité est cruelle ! Avec quelle brutalité elle vous bouscule l'âme ! Pourtant Levka me plaît assez, avec sa silhouette si mince, si élastique.

Hier, on nous a fait rentrer en classe pour mauvaise conduite. Levka a couru jusqu'à mon pupitre et s'est emparé de mon stylo en s'écriant : « Oh, Louga a oublié son stylo ! » J'ai attrapé sa main avec force et, sur un « merci » moqueur, j'ai récupéré mon bien. Après, il est allé s'asseoir à sa place en silence. J'ai gardé longtemps la sensation de sa main fine sous mes doigts. Maintenant, je me demande s'il s'intéresse un tant soit peu à moi. Bien sûr, c'est difficile à dire, on ne voyait rien. Malgré tout, des étincelles d'espoir brillent en moi.

Vivre... Comme la vie est compliquée et simple à la fois ! Et si je m'empoisonnais ? J'en ai envie parfois. Plus exactement, je m'imagine en train de le faire, tout en sachant parfaitement que je ne le ferai pas[1]. Et pourquoi je ne le ferais pas ? À cette question, je ne peux que hausser les épaules et lever les sourcils d'un air perplexe. Prenez Genia et Lalia. Elles sont déjà à la fac alors que, moi, j'ai encore des années d'école à tirer. Ce n'est pas demain la veille que je pourrai annoncer chez moi sur un ton indifférent : « Je sors avec des amis. »

1. Les textes ont été soulignés par l'inspecteur du NKVD (futur KGB) après confiscation du journal, lors de la perquisition de 1937. Ces passages ont été joints au dossier en tant que preuves factuelles confirmant « les opinions contre-révolutionnaires de l'inculpée ».

22 octobre 1932

Je vais essayer de décrire cette journée dans ses moindres détails. Donc, je suis partie de la maison à une heure moins trois. Dehors, il faisait froid et humide. Depuis le matin, il tombait une bruine glacée. J'ai marché jusqu'à l'arrêt d'autobus, là où nous nous retrouvons d'habitude avec Ira et Xioucha. J'ai décidé de les attendre un peu. Je n'avais pas envie de faire le chemin toute seule. Mais elles n'arrivaient pas et la pluie continuait. On aurait dit que cette noirceur d'automne humide et terne ne finirait jamais. J'ai décidé de prendre le tram et je me suis dirigée vers l'arrêt.

Le chauffeur était déjà assis sur son siège. Je suis montée dans le wagon. Il n'y avait pas beaucoup de monde, mais la simple présence de ces quelques voyageurs a suffi à m'oppresser. Le silence désagréable qui y régnait, les visages de ces inconnus que j'avais à la fois peur et envie de regarder, tout m'intimidait. Je suis allée m'asseoir à une place libre sans regarder personne. Là, après un coup d'œil au jeune garçon assis en face de moi, je me suis tournée vers la fenêtre dans l'espoir d'apercevoir Ira ou Xioucha. Le tram a démarré. J'ai scruté la rue. Je ne distinguais qu'un défilé de silhouettes brouillées. Une tape sur l'épaule et un sonore : « Billet, citoyenne ! » m'ont fait reprendre pied dans la réalité. Je me suis retournée et j'ai tendu vingt kopecks au receveur en disant machinalement : « Un ».

Il n'y avait pas grand monde dans le vestiaire et peu de manteaux accrochés. Près de notre section, il y avait plusieurs élèves de ma classe, garçons et filles mélangés. En silence, je suis allée à l'autre bout. J'ai retiré mon manteau lentement, j'ai enfoncé mon chapeau dans la manche puis, sans raison, j'ai ouvert et refermé mon cartable. Je n'avais pas envie d'entrer seule dans la classe, mais je n'avais rien à faire là. J'ai donc monté l'escalier et traversé le préau. Après, je suis entrée dans la classe avec un groupe de filles qui arrivaient, elles aussi, du vestiaire.

Près de la porte, debout sur une table, il y avait d'un côté

Staska et Alka, de l'autre Levka, et ils se donnaient la main en se retenant de l'autre à une sorte de tuyau, sur le mur. « Essaie aussi, Louga. Monte, donne la main. » J'ai posé mon cartable. Assise sur un pupitre, j'ai tendu une main à Alka et l'autre à Levka. C'est bizarre, n'est-ce pas, mais j'ai senti du courant passer dans mon corps. Levka serrait doucement mes doigts. Soudain, quelqu'un a crié : « Faites gaffe ! », et tout le monde s'est égaillé comme une volée de moineaux. S'est instauré alors un silence anxieux. Un homme s'est encadré dans la porte. Il a promené les yeux sur la classe, puis il est reparti en marmonnant dans sa barbe. Levka a crié :

— Staska, pose-toi là !

— J'arrive.

Nous avions géographie en première et deuxième heure. Le prof nous a interrogés. Pendant tout le cours, nous avons échangé des petits mots avec les garçons. Plus facile à dire qu'à faire. Nous avons bien vu que les autres filles nous regardaient en ricanant, mais c'était trop tard. Nous étions dans cet état d'esprit où vous savez parfaitement que vous êtes en train de faire une bêtise, mais où vous la faites quand même parce que c'est plus fort que vous. En fait, je ne me souviens plus très bien si, à ce moment-là, j'avais conscience ou non de faire une bêtise. En réalité, je ne pensais qu'à Levka et à rigoler. Pendant la récré, nous avons repris nos esprits : nous nous sommes promis d'arrêter ces enfantillages.

Les cours ont passé à une vitesse fulgurante. En allemand aussi, il y a eu interro. Levka était assis soit derrière nous, soit à côté. Involontairement, je lui jetais des coups d'œil un peu craintifs, comme si je commettais une mauvaise action. Il a surpris mon regard et m'a lancé :

— Tu veux que j'éteigne la lumière ?

— Pas cap' !

— Quoi ?

— Chiche ?

Comme il se détournait sans répondre, je me suis dit qu'il n'avait pas compris. Mais si, parce qu'il a bel et bien éteint la lumière. La classe s'est retrouvée plongée dans une agréable pénombre. Le visage de la prof, assise en contre-jour, n'était plus qu'une tache sombre. Levka a rallumé. Puis il a éteint encore et de nouveau rallumé. « Qui fait des siennes, derrière ? C'est toi, Popov ? Allez, viens t'asseoir devant. » Elle lui a désigné un pupitre au premier rang, le nôtre. Il a changé de place en prenant un air soumis.

Le soir

À la maison, quand maman est rentrée, Maria Fiodorovna[1] a raconté que toute une famille d'une rue voisine avait été tuée pendant la nuit, à six heures du matin, le père, la mère et leur petite fille. L'histoire ne m'a pas fait grande impression. Une heure plus tard, en reprenant mon journal, je n'y pensais même plus.

Mais vers dix heures du soir, quelqu'un a frappé à la porte. Des coups très forts.

— Demande qui c'est, ai-je dit à maman qui s'était levée pour aller ouvrir.

— Qui c'est ?

— Nous, ont répondu mes sœurs.

Elle a ouvert. Genia et Lalia sont entrées, la mine sombre.

— Courez vite chez grand-mère, les filles. Elle vous a gardées à dîner.

— Non, a répondu Lalia d'une voix étouffée sans regarder maman.

— Qu'est-ce qui se passe ? Vous avez l'air désespérées.

— Je te le dirai tout à l'heure, pour le moment je ne peux pas, a laissé tomber Genia, le visage fermé, pendant que Lalia s'écroulait en larmes sur le tabouret, les coudes sur la table.

— Mais enfin, allez-vous me dire de quoi il s'agit ? Papa a été assassiné ?

— Non.

— Alors, quoi ?

1. Tante de Nina, sœur de son père, Sergueï Fiodorovitch Rybine.

J'ai pensé tout bas que Vania[1] s'était peut-être tiré une balle dans la tête.

— Mais parlez donc ! a insisté maman. Je commence à être inquiète.

— Maman... la famille de Choura a été assassinée...

— Quelle Choura ? s'est écriée maman sur un ton bouleversé. Kolebanskaïa[2] ?

— Oui. Ce matin. Tués dans leur lit pendant qu'ils dormaient. Le père a eu la tête tranchée, la mère le crâne défoncé. Choura vit encore mais...

— Qui a fait ça ?

— Un fou qui partage leur appartement[3]. Choura s'est réveillée et s'est précipitée à la fenêtre en hurlant, mais il a eu le temps de lui balancer sa hache dans la figure.

Je restais à écouter cette histoire sans que mon visage exprime quoi que ce soit. Un sentiment pesant, que je ne comprenais pas, m'envahissait et aussi la colère, une colère désespérée contre ce type immonde. Que la vie est laide ! Je me suis rappelé le récit de Kouprine[4]. Quelle horreur, quelle abomination ! Il faut s'imprégner de ce que sous-entend ce récit, se représenter Choura en train de se débattre, sa mère blessée gisant sous ses yeux. Quand je pense qu'hier elle est passée nous voir ! Elle était si gaie, si jolie... une jeune fille de quinze ans avec d'immenses yeux bruns, des joues et des mains toutes douces. Elle était si joyeuse, presque insouciante. Je me rappelle notre conversation. Et maintenant elle est à l'hôpital. Quelle horreur !

La pensée qu'après une tragédie pareille la vie pouvait

1. Diminutif d'Ivan, ami des deux sœurs aînées de Nina.
2. Amie des trois sœurs, dont la mère était amie avec la mère de Nina.
3. En raison de la crise du logement, les appartements de grande taille, réquisitionnés après la Révolution, abritaient plusieurs familles qui partageaient les sanitaires et la cuisine. Cette situation a perduré même après la fin du régime soviétique.
4. Alexandre Ivanovitch Kouprine (1870-1938) : écrivain russe célèbre. Son récit *La Tentation* traite de la nature du hasard. Un mari revient auprès de sa femme aimée après des années de tribulations ; au dernier moment, il périt sous les roues du train qui le ramenait à destination.

reprendre son cours normal a décuplé ma tristesse. Genia s'était assise devant sa planche à dessin, Lalia s'était couchée et maman faisait je ne sais plus quoi. Comme si de rien n'était. C'est affreux. Comme s'il ne s'était rien passé du tout. Quant à moi, je n'ai qu'une envie : tuer de mes propres mains ce salaud qui sera sûrement déclaré fou et s'évitera ainsi le peloton d'exécution. Je ne peux pas y croire. Ma joie et tous les événements de cette journée me paraissent insignifiants comparés à l'abomination qui s'est produite : quelque chose d'énorme, de net et sans bavure.

24 octobre 1932

L'ennui, l'ennui infini et le vide tout autour.

Selon sa bonne habitude, Levka me manifeste un intérêt égal à zéro, quand il ne me réserve pas des kilos de mépris. Ses yeux passent à travers moi sans me voir. J'ai bavardé avec lui plusieurs fois. Ça m'amuse beaucoup. Pourquoi mentir, ça me fait assez plaisir de voir qu'il me regarde.

Pendant les cours, je n'ai pas arrêté de me bagarrer avec les garçons. En gros, je me sentais en pleine forme. En allemand, Levka m'a soufflé sans vergogne. Le nez sur le tableau, j'avais du mal à garder mon sérieux. En revanche, à l'atelier, je ne me sentais plus très bien. Les yeux fixés droit devant moi, je sciais mollement mon bout de bois en chantonnant l'air de *Carmen*. J'avais mal au ventre et le cœur lourd d'angoisse. Mes yeux passaient d'Ira et de Zina à Levka, installé aujourd'hui face à nous, et aux autres garçons.

Vers la fin du cours, Xioucha s'est approchée de moi et m'a serrée dans ses bras. Puis elle m'a regardée en souriant. J'ai plongé les yeux dans son regard bleu limpide en chantant tout bas : « Si tu ne m'aimes pas, je t'aime, et si je t'aime, prends garde à toi », sans plus chercher à dissimuler mon angoisse. Xioucha m'a dit dans un rire, en levant légèrement ses fins sourcils : « Nina, j'ai envie de pleurer. » Comme je la comprenais !

Ça a été pour moi insupportable et merveilleux de sentir qu'il y avait au moins une personne sur terre qui savait ce qui se passait dans mon cœur.

Pendant tout le trajet du retour, nous avons discuté de Iou. I. et de ses relations familiales. Ça nous amusait beaucoup de l'imaginer chez elle – et pas seulement elle, Levka aussi. [...]

27 octobre 1932

Rien de spécial dans ma vie d'écolière. Levka ? En ce qui me concerne, j'ai l'impression que tout est fini. Aujourd'hui, j'ai surpris plusieurs fois son regard posé sur moi et je n'ai rien éprouvé du tout – juste un léger contentement. Après, quand je l'ai vu regarder d'autres filles, ça ne m'a presque pas dérangée. À vrai dire, tout ça est assez ennuyeux.

Iou. I. est venue au dernier cours, accompagnée de Kiriouchа[1]. Ira a dit qu'en le voyant Levka s'était précipité pour le prendre dans ses bras et l'embrasser. Je n'ai pas assisté à la scène, n'étant pas dans la classe à ce moment-là. Plus tard, alors que je quittais le vestiaire, mon manteau sur le dos, j'ai aperçu Levka et Kiriouchka près de la porte. La même pensée est revenue me lanciner : « Mais quels rapports ont-ils donc, dans cette famille ? » Maintenant, je sais au moins une chose : Levka aime son petit frère.

Hier, je suis allée au théâtre voir *Le Paquet sur le poêle*[2]. Au début, ça ne m'a pas tellement plu, puis le dénouement inattendu a rendu toute la situation plus intéressante. Pendant l'entracte, avec Ira, on est allées dans le foyer et on s'est mêlées à la foule bariolée des femmes en robes de soie. De les voir parader

1. Fils de Iou. I. d'un second mariage, demi-frère de Levka. Iou. I. est divorcée et Levka a souffert de la situation. C'est pourquoi Nina s'étonne des relations qui unissent les deux frères. (*N. d. T.*)

2. Spectacle du Premier Studio du Théâtre d'Art de Moscou, ou MKhAT (équivalent de la Comédie-Française), adapté d'un roman de C. Dickens. Célèbre mise en scène de 1915.

dans leurs chiffons avec tant de bonheur m'a laissé une impression déplaisante. [...]

2 novembre 1932

Je n'avais pas écrit trois mots que maman m'a appelée pour le thé. J'ai abandonné mon journal sur la table et suis allée retrouver tout le monde dans sa chambre. Il était onze heures et demie du soir. J'ai raconté à maman ma journée à l'école. Nous avons ri toutes les deux et dit des bêtises. Soudain, de violents coups à la porte ont retenti. Betka[1] s'est mise à aboyer furieusement. Je me suis levée d'un bond, prise d'un tremblement nerveux de tout le corps comme cela arrive parfois quand un bruit inattendu vous a fait sursauter. D'une main, j'ai attrapé Betka par la peau du cou et j'ai demandé : « Qui c'est ? », tout en me dirigeant vers la porte.

Une grossière voix d'homme a crié : « Le concierge ». J'ai compris tout de suite de quoi il s'agissait, même si j'avais encore un tout petit doute au fond du cœur[2]. J'ai reposé le chien et j'ai ouvert après une courte hésitation. Le palier n'était pas allumé et l'escalier était dans le noir lui aussi, de sorte que je ne distinguais que les contours de l'homme devant moi : un type à grosse moustache, portant une veste usée et une casquette. En apercevant un second visage, je me suis figée – le temps d'une seconde, peut-être – en me demandant si je les faisais entrer ou pas. Très vite, je me suis écartée pour les laisser passer : le concierge, deux militaires et deux simples soldats de l'Armée rouge.

Entre-temps, maman s'était encadrée sur le seuil de sa chambre.

— L'appartement est au nom de qui ? a demandé le premier homme (un Russe) qui portait une capote flambant neuve.

1. Betka ou Betty, le caniche de la famille.

2. Nina sous-entend : perquisition. En effet, quatre ans plus tôt, son père a été arrêté (ainsi que les membres de sa coopérative ouvrière) et exilé dans le Grand Nord pour une période de trois ans. Il vient d'en revenir. (*N. d. T.*)

— Lougovskaïa.

— Et Rybine, il habite ici aussi ?

— Oui, a répondu maman en désignant papa[1].

Après toutes sortes de formalités, ce même militaire a tiré de sa poche deux feuilles de papier qu'il a dépliées et tendues l'une à maman, l'autre à papa en disant :

— Voilà pour vous, et voilà pour vous. Combien de pièces occupez-vous ? a-t-il demandé à maman.

— Tout l'appartement.

— Donc, toutes ces pièces sont à vous ?

Le concierge est intervenu :

— Oui, la totalité. Puisqu'elle dit « tout l'appartement », ça veut dire que tout est à elle.

Pendant ce temps, le Russe demandait à papa :

— Est-ce que vous avez de la correspondance ?

— De la correspondance ? Non, je ne vois pas, je n'ai rien, a répondu papa d'une voix calme mais teintée de mépris.

— Bon. Et de la littérature ?

— Tout ce que j'ai est ici.

Il a ouvert l'armoire jaune et a désigné deux étagères avec des livres.

— Cherchez.

— Bon, eh bien, nous allons regarder les autres pièces, a déclaré le second militaire.

Lui, il portait un blouson de couleur fauve, la même casquette que l'autre, et un pantalon bleu marine très large.

— Je vous en prie.

Il est passé dans la chambre de Genia et Lalia, a retiré son blouson et l'a posé sur la table, puis s'est mis à fourrager parmi leurs livres et leurs cahiers. Restée dans le couloir, je me rongeais les ongles tout en observant le déroulement de la perquisition. J'avais l'air tranquille mais, à l'intérieur, je bouillais de colère et de haine pour ces deux types.

1. Rybine est le patronyme de la famille. Lougovskoï et Lougovskaïa pour les femmes sont un nom d'emprunt, d'origine révolutionnaire, formé d'après le nom de Luga – ville natale de Rybine. (*N. d. É.*)

Ce qui me frappait le plus, c'était l'antipathie incroyable qui se dégageait de leurs traits. Le premier, celui qui portait une capote, un blond aux yeux pénétrants, avait des lèvres minces qui s'étiraient vers le bas quand il souriait, ce qui lui donnait une expression particulièrement désagréable. Le second, celui en blouson, était un petit juif[1] avec des cheveux noirs coupés court, un nez typiquement juif, de petits yeux marron. Sur sa peau glabre rose vif, on voyait les endroits où poussait sa barbe.

Je suis rentrée dans ma chambre. Assise sur mon lit, j'ai continué à me ronger les ongles en essayant de cacher le tremblement de mes jambes. Soudain, j'ai entendu la voix de mes sœurs. Je me suis précipitée dans le couloir.

— Les filles sont de retour.

Elles sont entrées dans l'appartement, toutes tranquilles, et ont retiré leurs manteaux.

— Vous avez faim ? a déclaré maman en leur lançant un regard plein de sous-entendus. Il y a du pain dans la cuisine.

J'y suis allée aussi et pendant que Lalia et Genia buvaient du thé, je leur ai raconté ce qui se passait.

Je sentais la crainte se répandre sur mon visage malgré mes efforts. Je ne parvenais plus à contenir le tremblement de mes jambes. Dans la chambre, la fouille se poursuivait. Lalia est allée s'asseoir à son bureau et s'est employée à dessiner des caricatures. Genia a entrepris de lire un livre. Assise à côté d'elle, j'ai laissé aller mes yeux du petit juif au concierge, puis à Lalia et à maman qui était blanche comme un linge, piquée sur sa chaise.

À chaque remarque du militaire, nous essayions de trouver

1. La manière dont Nina décrit ce policier pourrait laisser croire à un certain antisémitisme de sa part. En fait, elle renvoie plutôt à une réalité historique conjoncturelle : le fort investissement de nombreux jeunes juifs révolutionnaires dans la bureaucratie bolchevique, et surtout dans la police politique – avant la purge du NKVD en 1939-1940, 40 % des hauts cadres du NKVD étaient juifs. Pour les opposants au régime stalinien, l'amalgame était d'autant plus facile qu'il s'accordait avec un préjugé ancien, profondément ancré dans les mentalités russes. Voir Alexandre Soljenitsyne, *Deux Siècles ensemble. Juifs et Russes pendant la période soviétique*, Fayard, 2003, en particulier pp. 142-144. (*N. d. É.*)

une réponse caustique et nous nous mettions à rire. Par exemple, il a secoué la tirelire en disant avec un sourire :

— Il y a beaucoup d'économies là-dedans ?

— Des fortunes ! s'est écriée maman.

— Et ça se retire avec une lame de couteau, a ironisé Genia d'une voix dégoulinante de mépris.

Ou encore, lorsqu'il a grimpé sur l'armoire pour fouiller parmi les papiers poussiéreux empilés au-dessus.

— Oh, mon pauvre, vous avez dû vous salir.

— Oui, un peu.

— Vous auriez dû nous prévenir de votre visite !

— Nous n'y manquerons pas la prochaine fois.

— Nous amasserons encore plus de poussière, tout spécialement, a rétorqué maman à mi-voix.

Le temps passait plutôt lentement. Lalia s'angoissait pour son journal et, moi, encore plus pour le mien. Au souvenir de ce que j'y avais écrit, j'étais épouvantée. Quand il est passé dans ma chambre, ma tension a atteint son paroxysme. Nous étions trois dans la pièce. Le garde rouge qui faisait les cent pas dans le couloir nous lançait des sourires par la porte ouverte. Très vite, le second inspecteur est venu rejoindre le premier dans la chambre. Papa arpentait le couloir.

— Il a passé sa vie à faire ça, a fait remarquer Genia.

— Qui ça, papa ?

— Oui, c'est marrant.

Quand il en a eu fini avec ma chambre, le blond est passé dans le couloir. Il avait retiré sa casquette. Ses cheveux épais et bouclés formaient un casque autour de sa tête. Il a ouvert l'armoire à linge et, sans se baisser, a écarté du pied de vieilles chaussures sales. Ensuite, il a soulevé le couvercle de la malle. Le contenu ne lui a pas paru très propre et il s'est tourné vers maman pour lui ordonner :

— Triez cela, s'il vous plaît.

— Ça n'entre pas dans mes obligations, a rétorqué maman sur un ton sans réplique.

Du coup, c'est le concierge qui a dû fouiller parmi nos vieilles bottes en feutre pleines de boue.

Nous nous étions tous rassemblés dans le couloir à regarder les enquêteurs mener leur inspection. Enfin la fouille s'est terminée et tout le monde s'est réuni dans la chambre de maman (sauf nous, les enfants). Je me suis mise à marcher devant la porte restée ouverte. Grâce aux bribes de phrases qui volaient jusqu'à moi, j'ai pu me faire une idée de leur conversation. Il était déjà vers les trois heures du matin et nous attendions toujours que ça se termine, assises sur le lit dans la chambre, en nous demandant avec angoisse s'ils allaient nous emmener avec eux ou pas. Enfin, nous avons entendu des pas. Nos cinq visiteurs sortaient sur le palier.

— Au revoir.

— Ne nous oubliez pas, venez plus souvent.

Ils ont ri et refermé la porte.

— Hourra. Tout va bien.

Le lendemain, à l'école, j'ai attendu impatiemment le moment de tout raconter à Ira. Ce n'est qu'à la fin du cours que j'ai pu m'y laisser aller.

5 novembre 1932

Aujourd'hui on nous a fait marcher en rang dans les rues, occupation déjà exaspérante en soi et que l'impossibilité de s'y soustraire rendait encore plus insupportable. Défiler, ça veut dire piétiner dans la boue et le froid par un jour d'automne morne et humide, en se serrant les uns contre les autres pendant les arrêts, les pieds transformés en glaçons, et en maudissant tout bas le pouvoir soviétique et tout ce qu'il invente pour se vanter devant les étrangers, etc. Ça veut dire aussi avoir les oreilles cassées par tous ces gens qui chantent faux et braillent en chœur à tue-tête. J'ai décidé de ne pas participer au défilé, après-demain. Cette décision a en partie calmé mon orgueil malmené.

8 novembre 1932

Chose extraordinaire, Ira est venue chez moi aujourd'hui. Elle mourait d'envie que je lui raconte ce qui nous était arrivé le 2 novembre et n'osait pas me le demander. Quel bébé ! J'ai répondu à ses questions. Elle a mis un certain temps à comprendre. Après, il s'est produit quelque chose d'extravagant : ses traits se sont altérés. Le seul mot « perquisition » la terrifiait alors que, pour moi, il n'a rien d'extraordinaire. Oui, elle est bien trop petite pour entendre des histoires pareilles. Qu'est-ce que j'ai ri en voyant sa tête ! Une petite fille qui considérait que ça ne se fait pas de parler de ces choses-là.

La porte refermée sur elle, je suis allée à la fenêtre et j'ai fouillé des yeux le trottoir qu'elle devait prendre. Je me disait tout bas en riant : Elle est trop petite, c'est encore un bébé.

Ô seigneur ! que les gens peuvent être naïfs ! J'ai eu bien raison, l'autre jour, de lui dire qu'elle était trop petite. Ah, ah ! Elle s'attendait à tout sauf à ça. Maintenant, elle doit penser avec terreur qu'on va emmener son père parce qu'elle sort de chez moi. Moi ! Quelqu'un dont l'appartement a fait l'objet d'une fouille. Ah, ah !

Ces derniers temps, tout est revenu au point normal. Je n'ai rien à écrire. La journée d'hier ne s'est distinguée des autres que parce nous sommes allées à l'enterrement de Nadiejda Allilouïeva, la femme de Staline. Il y avait foule. En voyant la masse de curieux tout excités pousser en avant pour tenter d'apercevoir le cercueil, je me suis sentie mal à l'aise. Les garçons défilaient à toute allure en tapant des pieds et en criant Hourra !

J'ai marché d'avant en arrière le long du cortège, prêtant l'oreille aux conversations. J'ai surpris plusieurs phrases où s'exprimaient un certain étonnement et aussi une joie mauvaise. J'ai éprouvé comme une sorte de pitié à l'égard de la morte. Cependant, la femme de Staline ne saurait avoir un tant soit peu de bonté. Surtout que c'est une bolchevique.

Pourquoi avoir publié dans les journaux un texte pareil, une telle déclaration ? Une tsarine, non mais je vous jure ! Ça n'a fait que renforcer le ressentiment contre elle. Ça m'a fait drôle d'entendre parler du fils de Staline. Je ne m'étais jamais imaginé Staline dans sa vie privée, au milieu des siens. Le soir, quand Genia et Lalia sont rentrées, je me suis violemment emportée contre tout le monde, tellement ça m'énervait de les entendre papoter, rire et s'extasier sur la beauté du catafalque d'Allilouïeva.

Elles ont ensuite parlé de leur institut[1] et de leurs cours de dessin. Une fois de plus, je les ai enviées. Ce n'était peut-être pas de l'envie mais quelque chose qui s'en rapprochait. Elles, elles savent dessiner, chanter, jouer du piano, danser et faire encore tout un tas de choses dont je ne suis et ne serai jamais capable. Pourtant, je ne suis pas pire qu'elles.

La seule chose que je possède, c'est ce malheureux journal sans utilité présente ni à venir. Ce n'est que du temps perdu. Et du temps, il en faut pour accomplir tout ce que l'on veut. Parce que toute activité quelle qu'elle soit demande obligatoirement du temps.

14 novembre 1932

Hier soir, j'ai attendu le retour de maman qui était allée au théâtre. À plus de minuit et demi, elle n'était toujours pas rentrée et tout le monde s'était couché. J'ai mis la bouilloire à chauffer sur la lampe à kérosène. Ayant enfilé mon manteau, j'ai entrepris de scruter la rue par le vasistas. Il n'y avait personne, pas un bruit. De loin en loin, un martèlement de pieds sur la terre gelée parvenait jusqu'à moi. Je tendais l'oreille, mais ces pas n'étaient jamais ceux de maman. Finalement, j'ai eu trop froid. Je suis redescendue du tabouret et suis allée m'asseoir par terre dans le couloir, emmitouflée dans mon manteau. Betty a rappliqué tout de suite. Elle s'est assise à côté de moi et

1. Les sœurs de Nina sont étudiantes à l'Institut du textile, où l'on enseigne aussi bien la technologie que le dessin sur tissu.

a tendu l'oreille, elle aussi. De temps à autre, une petite flamme rouge s'allumait et brillait au coin de ses yeux bruns.

Je m'étais presque convaincue que maman ne reviendrait pas, qu'elle était passée sous un tramway. J'essayais déjà d'imaginer comment je ferais sans elle, si ça vaudrait vraiment la peine de vivre, quand le bruit étouffé de la porte d'entrée de l'immeuble m'a fait sursauter. Betty a dressé les oreilles. La queue basse, elle est allée renifler sous la porte. Puis le bout de sa queue s'est mis à balancer. Je me suis approchée de la porte. L'oreille collée au trou de la serrure, j'ai écouté de toutes mes forces. Des pas lourds me sont parvenus. Betty s'est assise et a poussé un léger gémissement. C'était maman.

16 novembre 1932

[...] Aujourd'hui, j'ai parlé de la soirée [chez Natacha] à maman. Comme je le pensais, elle n'a rien contre. Même, on dirait qu'elle approuve. Je lui ai raconté toute l'affaire, sans rien lui cacher. Maintenant, je viens de laver la robe que je porterai ce soir. De toute façon, c'est la seule que j'ai. Je l'ai mise à sécher sur le poêle à kérosène.

[...] Nous sommes arrivées à la maison de Natacha. Nous avons grimpé l'escalier jusqu'au quatrième. On entendait du bruit et des rires de l'autre côté de la porte. Ira a sonné. Quelqu'un a ouvert[1]. Nous sommes entrées dans le vestibule et nous avons regardé tout autour de nous. Personne nulle part.

— Ne me dis pas que nous sommes les premières ?

— Mais non...

Dans le salon, il y avait un piano et une quantité de miroirs aux murs. Ne sachant que faire, nous nous sommes assises en

1. Le lecteur comprend que Natacha habite un appartement communautaire. L'espace était attribué à chaque famille en fonction du nombre de personnes qui la composaient. La grand-mère de Nina habite, elle aussi, un appartement communautaire mais Nina, sa mère et ses sœurs vivent seules. (*N. d. T.*)

silence, trop intimidées pour bavarder. Xioucha surtout, et elle commençait à m'énerver avec ses manières.

Heureusement, les autres n'ont pas tardé à arriver. Quelqu'un s'est mis au piano. Une partie de loto a démarré. Alka semblait parfaitement à son aise au milieu de toutes ces filles, j'en ai même été étonnée. Bientôt Levka est entré, accompagné de Iou. I. En le regardant sans en avoir l'air, j'ai vu qu'il avait la tête tournée vers nous. Il portait une casquette à la mode, à longue visière.

— Ah, Levka, s'est écrié Alka, tu vas me le payer !

— Regarde, il est encore en culotte de cheval, m'a soufflé Ira.

S'étant débarrassé de son manteau, Levka s'est assis à côté de moi.

— Tu en as mis un temps, lui a dit Alka.

— J'attendais ma mère. Elle n'a pas voulu me laisser venir seul.

Quelques minutes plus tard, Iou. I. s'est approchée de notre groupe.

— Arrêtez donc ce jeu. Courons et jouons à quelque chose de plus amusant.

Elle a rangé les cartons et nous a chassés dans l'autre pièce. Là, en cercle, nous nous sommes mis à jouer « au balai ». Qu'est-ce qu'on a ri ! Je manquais de vivacité. Au début, parce que je ne comprenais pas en quoi consistait le jeu, ensuite parce que j'avais décidé de ne pas être vive. Xioucha restait tout le temps près de Levka. Elle éclatait de rire chaque fois qu'elle croisait mon regard.

Après, on a joué aux charades. J'ai reçu pour gage d'être un oracle, j'ai dû m'incliner. On me présentait les enfants en me posant la question : « Et pour celui-là, ce sera quoi ? » « Un tramway lui coupera les jambes. » J'ai encore les rires dans les oreilles. Au début, les idées me venaient facilement et je ne répondais pas trop mal. Au bout d'un moment, je suis restée à sec. Cachée sous mon châle, je me suis sentie devenir rouge comme une tomate. Iou. I. m'a soufflé des réponses.

Xioucha a reçu pour gage d'embrasser quelqu'un. C'est moi qu'elle a choisie. Ensuite, on a aligné des chaises sur deux rangs, face à face, et tout le monde s'est assis. On a bandé les yeux à Xioucha. Alka m'a soufflé :

— Louga, tu changes de place avec moi ?

— D'accord.

Il a pris ma chaise, j'ai posé mon châle sur ses épaules et je me suis installée à sa place. Xioucha s'est avancée vers lui et l'a saisi par les épaules, carrément, s'apprêtant à l'embrasser. Je l'ai repoussée violemment en arrière et j'ai arraché Alka à sa chaise pour reprendre ma place au plus vite. Xioucha s'en est aperçu. Seigneur, qu'est-ce qu'on a pu rire ! En se rasseyant à sa place d'origine, les joues toutes rouges, Alka a déclaré : « Elle m'a quand même serré dans ses bras ! »

Pendant le thé, nous nous sommes assises pas très loin de Levka et d'Alka. Je ne me suis pas ennuyée, même si je regardais les gens sans rien dire, comme d'habitude. Je me sentais tout à fait à mon aise. Ira essayait de faire des plaisanteries. Venant d'elle, ce bavardage m'a déplu. Ensuite, on a dansé. Comme j'ai regretté de ne rien savoir faire, ni danser ni jouer du piano. Levka est resté tout le temps près du piano dans une pose de chanteur d'opéra, la main posée sur l'instrument. Quand on a recommencé à jouer au loto, il s'est placé debout à côté de moi et je frôlais ses genoux. En fin de compte, on s'est beaucoup amusé. Même si je n'aime pas les jeux de société, j'ai passé malgré tout une soirée très distrayante.

[...] [*17, 18, 24, 25 novembre*]

27 novembre 1932

L'hiver, l'hiver... Je crois bien que je ne l'ai jamais apprécié autant. Quelle merveille ! De la neige, de la neige partout, alignée en tas fragiles le long des rues. Les trottoirs s'ornent de sentiers sinueux jaune clair. Le ciel est gris et triste, paisible.

Quant aux arbres, aux maisons et à la terre, il n'en reste rien : tout est enseveli sous un manteau blanc. Vous marchez dans la rue en bavardant et, tout à coup, vous découvrez devant vous des arbres dressés dans une immobilité singulière, leurs branches hérissées en tous sens et recouvertes d'une épaisse couche de neige. À travers le grillage qu'elles forment, vous distinguez une maison, elle aussi figée dans le silence, une fenêtre éclairée par une chaude lumière. Puis, dans ce méli-mélo de branches argentées, qui forme comme une toile d'araignée, vous repérez les vagues contours des immeubles.

Vous regardez le crépuscule bleuté voguer alentour. Vous contemplez l'air figé par le froid, la légère couverture blanche et, bizarrement, vous sentez votre cœur se serrer, le bonheur et la joie vous envahir. Le patin à glace, le ski… Vous avez tôt fait de vous représenter une plate étendue peuplée d'une foule joyeuse. Vous entendez même crisser les patins. Ou encore vous imaginez un champ tout blanc, impassible, une forêt ensevelie sous la neige, des arbres immobiles et des skis étroits glissant le long d'une pente vallonnée.

Quelle chose étrange que la vie ! Tout à l'heure, j'étais consciente de tout sans que rien n'entrave ma perception. Maintenant, malgré tous mes efforts, je suis incapable de percevoir quoi que ce soit. Ce sentiment-là, c'est de l'amour ; celui-ci, c'est de la joie ; ce troisième-là, c'est encore autre chose. Mais à tous ces sentiments vient s'en mêler un autre, enfoui au plus profond du cœur : il ne se montre pas entièrement, juste un peu, comme une ombre indistincte, de sorte que je suis incapable de l'expliquer. Que de fois ai-je voulu l'étouffer en moi !

5 décembre 1932

[…] Aujourd'hui, je me suis réveillée à huit heures, bien décidée à réviser ma biologie. Dehors, le jour n'était pas encore levé. Jouissant de ces minutes de paix, je suis restée allongée dans un demi-sommeil, le nez enfoncé dans mon oreiller frais.

J'aurais volontiers prolongé l'instant. Hélas, ce n'était pas possible. « Et si je ne me levais pas ? » Cette idée traîtresse a fait son chemin. J'ai passé en revue les cours de la journée en me demandant que faire, à moitié endormie.

« Il faut y aller. Même un jour, ça compte ! » me disait une voix insistante. Une autre, tentatrice, me murmurait : « Mais reste donc dans ton lit. » Et des images de bonheur tranquille se dessinaient vaguement dans ma tête : une journée entière à ne rien faire ou, plutôt, à me livrer à des activités ne concernant que moi. Pendant un certain temps, j'ai été entièrement sous l'emprise de cette voix, mais la raison a triomphé. Je me suis levée et me suis plongée dans mes livres.

Toute la matinée, quelque chose me disait qu'on ne serait pas interrogés aujourd'hui. J'ai appris mes leçons quand même, mais sans m'inquiéter – dans le calme et la paix. Une fois à l'école, ce sentiment de tranquillité ne m'a pas quittée. Pourtant, les filles n'arrêtaient pas de répéter qu'on serait interrogés. Au fond de moi, je n'y croyais pas. J'étais d'un calme olympien, persuadée que rien ne pouvait m'arriver. J'ai jubilé intérieurement en constatant que mon pressentiment était juste.

[...] [*8, 11, 15, 21, 30 décembre 1932*]

4 janvier 1933

J'ai passé le soir du nouvel an comme tous les autres soirs : j'ai lu un livre chez grand-mère en attendant le retour de maman. Nous sommes arrivées à la maison vers minuit et, à minuit pile, *L'Internationale* a retenti à la radio. Ensuite, il y a eu un chœur. Oh, comme j'aime le chant ! Voilà pour le réveillon. Je viens de passer un long moment à patiner sur l'étang et maintenant j'ai mal aux jambes. Selon ma bonne habitude, je tue le temps en traînassant et, après, je regrette d'avoir perdu deux heures de ma vie. Malheureusement, je fais ça sans arrêt. Impossible de me débarrasser de cette habitude.

Aujourd'hui, par exemple, je n'ai pas quitté mon monde imaginaire, ça me faisait trop de peine. Je suis allée chez grand-mère pour la seule raison qu'il y a toujours du monde dans l'appartement et j'ai lu Tchekhov dans sa chambre. Mais, même en lisant, j'ai trouvé le moyen de rêver. Qui n'a pas de défauts ? Moi, par exemple, j'aimerais pouvoir faire un dessin superbe d'un seul trait de crayon, écrire une nouvelle formidable, jouer du piano et lire des quantités de livres, mais comment ? Tu n'as qu'à essayer, grosse maligne ! Mais à quel moment, quand tu dois aussi aller aux pommes de terre, suivre un cours d'allemand et faire du patin ?

La soirée chez Iou. I. se rapproche. Irina n'ira pas. J'aurais bien aimé faire comme elle, mais mon orgueil ne l'entend pas de cette oreille. Comment ça ? Tu ne serais pas capable d'aller à une soirée toute seule ? Et c'est ainsi que j'ai décidé d'y aller quand même, bien que ça me terrifie. [...]

[...] [*6, 10 janvier 1933*]

18 janvier 1933

Juste avant la fin des vacances, exactement deux jours avant la rentrée, j'ai ressenti brusquement un dégoût épouvantable pour les études. Je n'avais plus envie d'aller à l'école. Que d'heures perdues à potasser mes leçons quand j'aurais pu les utiliser à lire des livres intéressants, comme ceux que j'avais commencés pendant les vacances ! Mais non ! Je devais m'arracher à ce bonheur, me plonger dans des exercices qui ne servent pas à grand-chose.

Cet état d'esprit n'a pas duré parce que, ces derniers temps, je m'attache à suivre deux règles de vie. Elles m'aident si bien que j'arrive souvent à être heureuse, tout simplement. La première de ces règles, je l'ai tirée du dicton : « Que l'étude est amère, mais que ses fruits sont doux ! » Quand j'en ai assez de tout, cette phrase commence à tournicoter dans ma tête et m'apaise.

La seconde règle consiste me projeter dans l'avenir, ce que je fais à présent. Admettons que j'aie brusquement envie de manger. Je me dis : « Ne t'énerve pas. Tout à l'heure, ce sera encore meilleur. » Ou alors, si j'ai l'impression d'avoir le ventre qui brûle tellement j'ai soif, je me calme en me disant : « Patiente. Tout à l'heure, il y aura plein de bonbons et tu pourras boire autant de thé que tu veux. » Je suis allée en classe dans ma nouvelle robe. Au début, j'étais mal à l'aise à cause du présage[1], mais je me suis interdit de prêter l'oreille aux idées reçues. Ces deux jours de classe, le froid était tel qu'on avait les doigts tout bleus. On ne pouvait plus tenir nos stylos, sans parler des frissons qui nous secouaient des pieds à la tête.

Hier, on nous a renvoyés chez nous après le quatrième cours. Dehors, la nuit n'était pas encore tombée, le crépuscule était bleuté comme souvent en hiver. Le ciel, d'un bleu très clair audessus de nos têtes, commençait à peine à griser à l'horizon, comme si des nuages s'y entassaient, immobiles, ou bien de la fumée. Un monumental nuage noir et pommelé se détachait nettement sur cette ligne grise, immobile lui aussi, suspendu dans l'air glacé. On aurait dit l'éruption d'un volcan. Le long des rues, les réverbères formaient des lignes droites en pointillés de lumière.

Je marchais devant avec Ira, Xioucha traînait derrière. Ira n'a pas cessé de babiller pendant tout le trajet, de sorte que je n'ai plus eu qu'à me taire, m'étonnant tout bas de sa capacité à parler sans reprendre son souffle une seule fois. Elle fait ça tous les jours. Son bavardage idiot à propos de robes ou de couples divorcés – en fait, à propos de n'importe quoi – m'a énervée. Quand je pense qu'elle n'a que douze ans. Qu'est-ce que ce sera quand elle en aura quatorze ! Qu'est-ce que je pouvais faire, sinon hausser les épaules ?

---

1. Selon une croyance russe, l'élève qui porte un vêtement neuf recevra une mauvaise note ou, pis, sera recalé à son examen.

Le soir

Maman est rentrée entre neuf et dix heures. Elle m'a apporté mon manteau de fourrure. Je l'ai enfilé et je suis restée assise comme ça une bonne heure à écouter papa émettre de grandes idées et maman parler en même temps. Je les ai écoutés en silence, sans poser de question, ni même réagir.

Au début, j'ai tenté plusieurs fois de placer un mot mais papa me coupait en m'intimant de me taire. Après, beaucoup plus tard, j'ai baissé la garde et je me suis encore laissée prendre à l'hameçon. Pourtant, chaque fois, j'avais tourné longtemps ma langue dans ma bouche avant de prendre la parole, mais papa me grondait quand même. À la fin, je ne lui en voulais même plus. Je riais tout bas en me disant avec une joie mauvaise : « Tu t'es fait encore attraper. La prochaine fois, tu seras plus maligne. » Mais quand même, qu'est-ce que c'est difficile de se contrôler ! Cela fait longtemps que je me bats contre moi-même, mais je n'obtiens pas beaucoup de résultats. Enfin, s'il y a une chose que je sais faire, c'est me taire. C'est rare que je dise à quelqu'un ce qui me fait souffrir. À quoi bon ? Certaines gens ont l'horrible manie de répéter tout ce qu'on leur dit.

19 janvier 1933

Hier ou avant-hier, au cours de sociologie, Evtsikhevitch a parlé du renouvellement des cadres et des nombreuses institutions qui voyaient le jour actuellement. Au début, j'ai pensé que ce serait une bonne idée de lui demander pourquoi on fermait les anciennes. Pendant tout le temps où j'hésitais à poser ma question (dont j'avais déjà parlé tout bas à Ira), je me sentais parfaitement tranquille. Mais quand je me suis décidée à la poser devant toute la classe, mon cœur s'est mis à battre la chamade… J'ai ordonné à mon cœur de rester tranquille et attendu que Evtsikhevitch se taise. Mais les battements ne se calmaient pas du tout. Au contraire, ils étaient de plus en plus forts… Évidemment, quand j'ai posé la question, le prof m'a rembarrée et je n'ai plus eu envie de discuter.

21 janvier 1933

Moins 27 °C. Les vitres se sont recouvertes d'une dentelle de givre duveteuse. Je me suis préparée pour aller à mon cours chez T. S.[1] J'ai mis mon manteau et je suis sortie sur le palier. Des bouts de poésies allemandes potassées toute la soirée d'hier et ce matin tourbillonnaient dans ma tête. Tout en descendant l'escalier, je me suis creusé la cervelle pour les rassembler. J'entamais la descente du premier au rez-de-chaussée quand je me suis arrêtée. Subitement, tout mon allemand s'était envolé.

En bas, il régnait une demi-obscurité. La lumière du jour n'arrivait que faiblement par la fenêtre. Néanmoins, j'ai distingué au ras du sol des nuages de vapeur qui s'élevaient lentement et atteignaient déjà les premières marches de l'escalier. On entendait aussi un glouglou accompagné d'une sorte de gazouillis. Je me suis dit : « Le tuyau du chauffage a dû éclater » et j'ai repris la descente. Au fond, entre les marches et la porte de l'immeuble, il s'était formé une mare d'eau tiède qu'on devait franchir en marchant sur le radiateur étalé par terre en guise de pont. Oui, la tuyauterie avait bel et bien éclaté. La porte aussi était prise par le gel. Je l'ai ouverte comme j'ai pu et je suis sortie.

Le ciel sans nuages était d'un rose mat. Partout, aussi loin que portait le regard, tout baignait dans une lumière rosée. L'air était imprégné de cette teinte qui recouvrait toute chose d'une couche pâle, et tout semblait voguer dans de la brume. Le froid glacial sur mon visage a déclenché en moi une agréable sensation. La neige dure crissait et résonnait sous les pas. J'ai enfoncé mes mains dans mes poches et forcé l'allure, tout en marmon-

1. Tatiana Sergueïevna, professeur d'allemand.

nant ma poésie. Le gel s'attaquait à mon nez, il m'empêchait de respirer.

Et voici la maison d'Irina. (C'est toujours moi qui passe la chercher.) Je suis entrée dans la cour et j'ai refermé le portillon de bois. À droite s'élevait le mur aveugle du grand immeuble voisin, à gauche une petite maison d'un étage dont les fenêtres étaient couvertes de givre.

Je suis entrée dans le vestibule chaud. Tenant fermement la poignée de la porte extérieure pour qu'elle ne se rouvre pas, j'ai frappé fortement trois fois sur le capiton en cuir de la porte de l'appartement d'Irina.

Pendant un certain temps, personne n'a répondu. Puis finalement, des pas se sont fait entendre et Lioucha[1] a ouvert.

— Ira est là ?

— Oui.

— Nina ? a crié la maman d'Irina depuis sa chambre.

— Oui, ai-je répondu et je suis entrée dans la pièce.

— Bonjour ! ai-je crié d'une voix de stentor.

Ira était assise à la table, et fourrageait parmi des papiers.

— Qu'est-ce que tu fais ?

Elle n'a pas répondu. Alionouchka[2] a levé ses grands yeux bleus sur moi sans dire un mot.

— Écoute, Nina, a commencé O. A.[3], Irina n'ira pas au cours aujourd'hui. Notre papa a été arrêté.

Sa voix s'est brisée et nous sommes restées un moment en silence.

— Ah, ai-je acquiescé à mi-voix et je suis restée plantée là, indécise, sans savoir que faire.

— Ne dis rien à personne. N'explique pas à T. S. pourquoi Irina ne vient pas au cours aujourd'hui.

— Très bien, ai-je répondu d'une voix ferme et assurée.

Je savais que je ne dirais jamais rien à personne. Mille et une

1. Femme de ménage de la famille d'Irina.
2. Sœur cadette d'Irina.
3. Olga Alexandrovna, mère d'Irina.

pensées tournoyaient dans ma tête. La vue de cette famille plongée dans le silence me laissait pantoise. Alionouchka ne disait pas un mot, Irina et sa mère pleuraient.

Je me disais : « Qu'elle souffre à son tour autant que j'ai souffert. » Car la même chose nous est arrivée, il y a quatre ans. Nous aussi, ils nous ont enlevé papa.

Je me souviens, ce matin-là, je me suis réveillée au courant de rien. Grand-mère[1] était là. Elle m'a dit : « Tu vas à l'école. » J'ai demandé : « Papa a été arrêté ? » « Non. » Une fois qu'elle est sortie de la pièce, j'ai pleuré. Après, la fureur et la colère se sont emparées de moi, la rage contre ces gens qui avaient osé emmener papa.

Aujourd'hui, c'est à Irina qu'ils ont pris son papa. Ils ont détruit leur bonheur et leur tranquillité, réduit à néant la vie de toute sa famille, leurs habitudes, tout ce qui leur tient à cœur. Nous aussi, nous vivions bien, avant que papa soit arrêté. Mais après… nous nous sommes retrouvées plongées dans un tourbillon de privations et d'angoisses. Mais elles… elles qui mangent du beurre et boivent du café au petit déjeuner… Si jamais le père est exilé quelque part dans le nord du côté d'Oust-Sissolsk[2], elles perdront tout… Ira continuera d'aller à l'école, mais elle accumulera dans son cœur la haine contre ces gens. Oh, les salauds, les ordures ! Comment osent-ils faire des choses pareilles !

Je marchais de long en large dans la pièce, les dents serrées, m'arrêtant de temps en temps pour faire une réflexion. « Et O. A. ne travaillera pas. » Ma mère a travaillé, elle. Mais O. A. n'en sera pas capable. En trois ans de temps, elle vieillira de dix, mais elle ne travaillera pas. Et Ira ? Est-ce qu'après trois ans de séparation, elle en viendra à désaimer son père ? Moi, j'ai désaimé le mien. Pendant longtemps je n'ai pas pu me réhabituer à lui. C'est tout juste si je ne le vouvoyais pas.

---

1. Grand-mère de Nina du côté maternel, Anna Pétrovna Samoïlova.
2. Oust-Sissolsk : ancien nom (jusqu'en 1930) de Syvtyvkara, capitale de la république autonome des Komis. Un des hauts lieux du Goulag, dans le Nord.

Ah, bolcheviks, bolcheviks ! Jusqu'où êtes-vous tombés ? Que faites-vous ? Hier en classe Iou. I. a fait tout un discours sur Lénine. Et, bien sûr, elle parlé de la construction[1]. Comme ça m'a fait mal d'entendre des mensonges éhontés sortir de la bouche d'une femme que j'adore ! Que Evtsikhevitch débite des mensonges, d'accord. Mais elle ? Avec ses passions sincères, comment peut-elle mentir ? Et à qui, surtout ? À des enfants qui ne croient pas un mot de ce qu'elle raconte, qui sourient par-devers eux en silence, en se disant tout bas : « Tu mens, tu mens ! »

Aujourd'hui, j'ai fait un rêve abominable. Je ne m'en souviens pas en entier. Mais un passage reste inscrit dans ma mémoire. Un passage que, dans mon rêve, j'avais l'impression d'avoir déjà vu, mais en ayant oublié de quoi il s'agissait exactement. C'est un homme, torse nu, avec un beau visage tordu par la douleur. Un homme qui lutte contre un autre, semble-t-il. Et cet autre, le second, l'immobilise et pose son fusil sur sa poitrine. Ou plutôt, il l'enfonce si fort qu'on entend craquer les côtes du premier. Je suis prise alors d'un dégoût insurmontable. Un dégoût si violent que rien ne peut le combattre, et qui s'accompagne de hoquets comme si j'allais vomir.

6 février 1933

Je commence à m'intéresser à Dima L., un garçon de la classe qui doit avoir dans les douze ans mais paraît plus. Il a des cheveux noirs, qu'il coiffe en les aplatissant soigneusement de part et d'autre de sa raie sur le côté, des sourcils arqués, de petits yeux noirs et des lèvres minces qui s'étirent en un sourire méprisant.

Je l'ai observé comme je le fais d'habitude, en lui lançant des regards en coin mais sans établir le contact, car il a une façon de parler aux filles particulièrement hautaine. C'est un garçon évo-

1. Comprendre : la construction du socialisme. (*N. d. T.*)

lué et très intelligent, Je l'ai remarqué depuis longtemps, et ça a piqué mon orgueil. En gros, je le prenais pour quelqu'un de curieux mais, à la dernière réunion, il s'est exprimé si bien que j'en suis restée tout simplement ébahie.

Je viens de feuilleter ce journal et j'ai l'impression que ce qui occupait tellement mes pensées auparavant est complètement idiot. Pourquoi le temps file-t-il si vite ? C'est incompréhensible.

[…] [*13 février 1933*]

15 février 1933

En ce moment, je lis la biographie de Lermontov… En général, quand je lis la biographie d'un écrivain, je commence par chercher ce qu'il y a de commun entre lui et moi. Ce désir de communauté d'esprit avec quelqu'un m'est apparu il y a déjà pas mal de temps. Quand je découvre qu'il existe des traits physiques communs entre un auteur et moi (ce qui est excessivement rare), j'éprouve une sorte de contentement, comme si cela me donnait un espoir de devenir écrivain, moi aussi.

Sauf que je ne sais pas écrire. Est-ce que c'est ça, le talent ? Moi, je ne sais même pas écrire une page entière correctement. Je suis obligée de m'arrêter à chaque phrase pour réfléchir à la façon de l'écrire. Ça ne me mènera pas loin, n'est-ce pas ? Parfois je me dis que ça me viendra avec le temps. Je me dis que je suis encore petite. Mais Lermontov aussi a commencé à écrire à treize ans, et il a tout de suite écrit très bien.

Enfin, c'est difficile d'imaginer comment sera mon avenir. Avant, il y a un an, j'avais une quantité de doutes et ils étaient ancrés très profondément dans mon cœur. Maintenant, c'est comme s'ils s'étaient émoussés. Comme si tous mes ennuis avaient deux fois, même trois fois, moins d'effet sur moi que dans le temps. C'est une bonne chose, du moins en partie… C'est bizarre, même ce journal, je l'écris comme s'il n'était pas pour moi mais pour quelqu'un d'autre. Alors, bien souvent, j'ai peur d'écrire les choses comme il ne faudrait pas. Je fais de mon mieux pour étouffer cette impression, mais en réalité, ce n'est pas ça qui me cause un problème. C'est le fait que les sentiments, en règle générale, ne sont pas du tout obéissants. Vous dites une chose et, eux, ils en disent une autre. […]

[…] [*24 février, 1er, 12 mars*]

15 mars 1933

Aujourd'hui, je ne suis pas allée à l'école ni à mon cours d'allemand parce que je me sens mal ou, plutôt, parce que je suis d'une humeur si bête que je n'ai envie de rien. Pas même de lire. L'autre jour, Genia et Lalia m'ont conseillé de mentionner les livres que je lisais. C'est une idée assez intéressante. Surtout, elle a des chances de se développer car je m'efforce de faire des critiques de ce que je lis.

Dima L. commence à me taper sur les nerfs. C'est vrai qu'il est drôle, mais s'il pouvait être plus simple… Impossible de ne pas rire quand on le regarde : un vrai petit gentleman (mot qu'il adore), toujours tiré à quatre épingles et souriant d'un air hautain. Ses yeux brun foncé sont intelligents et souvent ironiques. Surtout, il a l'esprit vif et de grandes connaissances.

Est-ce qu'il le fait exprès ou est-ce que c'est naturel chez lui ? Je me pose la question quand je le vois rire comme un enfant. Malheureusement, je commence à penser que je ne suis qu'une simple mortelle. En partie, la faute en incombe à Dima L. car j'ai vu en lui un garçon pas comme les autres.

Hier, il a apporté à l'école un journal mural qu'il rédige lui-même. Il s'y moquait de plusieurs garçons. C'était très drôle. Tout le monde est accouru pour le lire. Pendant que les rires fusaient, lui, il faisait les cent pas à côté de son œuvre en jetant des regards en coin. Il a des côtés sympathiques, malgré ses bizarreries.

J'ai du mal à accepter l'idée d'être quelqu'un d'ordinaire.

C'est un peu vexant de penser que les autres possèdent également un monde intérieur compliqué et des émotions aussi profondes que les vôtres. En gros, c'est à peu près tout. Mais quand même… Dans les romans sur les adolescents, je n'en trouve jamais qui soient comme moi alors que, parmi les adultes, j'en rencontre qui me ressemblent. Ça me procure une certaine fierté.

17 mars 1933

« Les jours filent à vive allure
Comme les vagues sur le ruisseau. »

18 mars 1933

Où s'est donc envolé mon mot d'ordre : « Attends dans l'espérance » ? Il a disparu, j'ai cessé d'y croire. Je n'y crois plus et ne veux plus y croire.

24 mars 1933

Et voilà, la moitié des vacances est déjà passée. Passée dans l'ennui, les bêtises et l'absence d'intérêt. Qu'est-ce que la vie ? Je vaque à mes occupations avec une sorte d'arrière-goût déplaisant, en me demandant toutes les cinq minutes : Qu'est-ce que c'est que la vie ? Il y a bien une réponse, une réponse assez juste et toute simple : « La vie, c'est une plaisanterie vide et bête. » Facile à dire. Parce qu'en même temps, on n'a pas envie de croire que la vie soit effectivement une plaisanterie. Et bête, qui plus est.

Hier soir, j'ai marché dans les rues en regardant le crépuscule bleuté autour de moi et les nounous criardes qui rameutaient les enfants sur le boulevard. J'observais les grandes maisons très hautes, les gens qui se pressaient et je me disais tout bas : « Qu'est-ce que la vie ? Aller dans les magasins, crier sur les enfants ? Pourquoi ces immeubles ont-ils été construits et ces rues pavées avec tant de soin ? » Ce matin, je suis allée chez Xioucha pour lui demander si elle voulait m'accompagner au théâtre. En même temps, je me demandais avec une mélancolie lancinante « À quoi bon tout ça ? Le théâtre, tout, tout. C'est quoi, la vie ? »

[…] Pour couronner le tout, voilà que papa s'est vu refuser son passeport[1]. Une tempête folle s'est levée dans mon cœur. Je ne savais que faire. La fureur, une fureur impuissante, m'emplissait tout entière. J'ai commencé par pleurer. Je me suis mise à courir en rond dans ma chambre ; je jurais tout ce que je savais. *J'en suis venue à la conclusion qu'il faut tuer ces salauds*[2]. C'est drôle à entendre, mais ce n'est pas de la blague. Pendant plusieurs jours, couchée dans mon lit, j'ai rêvé à la façon dont je le tuerais, ce dictateur. Les promesses qu'il fait à la Russie, ce salaud, cette ordure, alors qu'il la mutile, ce vil Géorgien ! Quoi ? La Grande Russie et le valeureux peuple russe sont entre les mains d'un immonde individu, mais comment est-ce possible ? Comment la Russie qui s'est battue pendant des siècles pour sa liberté, qui l'a enfin atteinte, comment cette Russie a-t-elle pu s'ensorceler elle-même ? Je serrais les poings de fureur. *Le tuer*, [mots illisibles], et le plus tôt possible. Me venger et venger papa. [*idem*] Le tuer. [*idem*]

Ce jour-là, pendant que se décidait le destin de papa, j'ai été incapable de rester à la maison, il fallait que je sorte. Le temps était humide, un brouillard froid s'étalait sur les rues sombres. De temps en temps, il se produisait des trouées dans cette couche grise et vivante ; l'espace d'une minute, on pouvait voir les choses distinctement puis, de nouveau, tout se noyait dans la

1. Il s'agit de l'autorisation de résider à Moscou inscrite dans le passeport intérieur des Moscovites. Qui ne l'obtient pas, doit quitter la ville dans les dix jours.

2. Ces phrases en italiques ont été barrées par la mère de Nina, Lioubov Vassilievna, après qu'elle eut lu en partie le journal.

brume. Par intermittences, des silhouettes humaines indistinctes émergeaient des ténèbres détrempées pour y disparaître aussitôt. J'ai regardé ce brouillard morne avec dégoût. C'est alors que l'idée : « Qu'est-ce que la vie ? » m'est venue à l'esprit pour la première fois.

29 mars 1933

C'est fini, plus de papa ! Il est parti ce matin. Où ça ? J'ai peur d'écrire le nom de l'endroit, les murs pourraient le voir et le rapporter à qui de droit. Quoi qu'il en soit, il ne vit plus avec nous. Quelle importance ça fait, d'ailleurs, l'endroit où il est parti ? [suivent douze lignes soigneusement effacées, impossibles à lire] Il est parti, malade et aveugle d'un œil et, moi, je suis à la maison à noircir les pages de mon journal.

Le soir

Il s'est passé en fait peu de chose, mais les événements se sont succédé à une allure telle qu'on dirait qu'il s'en est produit des quantités. Des pensées nouvelles, des émotions nouvelles et des sentiments nouveaux se sont déversés sur moi en un flot incontrôlable… Si je les décris l'un après l'autre, mon récit ne créera pas l'impression exacte que je cherche à rendre.

C'est très mal que je sois déjà en train de me calmer, que soit déjà en train de s'effacer mon sentiment qu'il se passe quelque chose de supérieur, quelque chose qui m'a procuré ces étranges moments de mélancolie douloureuse. Je sens que je rentre dans ma routine. Oh, comme tout devient bête et laid, alors que j'ai une telle soif d'émotions ! D'émotions capables de faire naître en mon cœur une sorte de lutte, car je commence à vivre selon une morale. Ces émotions spirituelles, je les récolte dans une quantité de choses différentes : dans la musique ; dans la beauté de la nature ou des gens ; dans la vie. Mais pas dans la vie que je vis et que vit la foule, dans une vie d'action, une vie qui a du sens, une vie de lutte où les souffrances découlent elles aussi des émotions. […]

Vers cinq heures, pendant que je lisais un livre dans la chambre de grand-mère, papa est entré. Comme toujours ces derniers temps, je l'ai regardé avec des yeux interrogateurs. « Alors ? » Je vais rarement plus loin que cette question. À quoi bon ? Ces derniers jours, je me suis mise à aimer papa très fort. Avant, je n'avais pas beaucoup de sentiment pour lui. Maintenant, c'est-à-dire depuis qu'on lui a refusé le tampon dans son passeport, en d'autres termes, depuis qu'on lui a ordonné de quitter Moscou dans les dix jours, c'est complètement différent : je l'aime quand il se montre révolutionnaire. J'aime ses idées d'homme, d'homme d'action, d'homme qui conserve ses opinions, qui ne les troque pas contre des avantages matériels. Ces derniers temps, il s'est fortement tassé, son teint est devenu jaune et les rides se sont creusées sur son visage sévère et maussade.

30 mars 1933

Hier, je n'ai pas eu la patience d'écrire tout ce que je voulais. Pour raccourcir, je dirai que papa est allé à la milice pour savoir si on l'autorisait à rester à Moscou deux jours de plus, selon l'avis du médecin. Nous avons attendu son retour avec impatience. Une heure a passé. Il ne revenait pas. Une autre demi-heure. Nous avions convenu que, si on lui refusait, il irait directement trouver maman à son travail. Sonia[1] regardait par la fenêtre ou se promenait dans tout l'appartement d'un pas angoissé en marmonnant ; grand-mère restait allongée sur son lit, se contentant de regarder la pendule de temps en temps. Il ne servait plus à rien d'espérer le retour de papa, mais l'espoir est le propre de l'homme et j'espérais contre toute attente, comme les autres.

1. Sonia : Sofia Vassilievna Keller, sœur de la mère de Nina, mère de Nikolaï.

Vers huit heures, quelqu'un a ouvert la porte[1]. J'ai levé la tête de mon livre et j'ai tendu l'oreille. Est-ce que c'était papa ? Pour une fois, mon espoir ne m'a pas trahie. Je me suis remise à ma lecture en écoutant le bruit de ses pas. Quand la porte s'est ouverte lentement, j'avais les joues brûlantes. Je me suis sentie rougir. De bonheur. Je me réjouissais qu'on lui ait accordé ce malheureux répit de deux jours.

Papa s'est assis en souriant. Des questions insignifiantes ont commencé. « Enfin, vous voilà de retour, a dit grand-mère. J'ai bien cru que mon cœur allait lâcher. Dans le temps au moins, j'arrivais à m'endormir, mais maintenant… » Sa voix a tremblé, vacillé et s'est brisée sur des notes hautes. Elle a fondu en larmes et s'est effondrée sur son lit en hoquetant. Papa a commencé à se justifier. Sonia est allée lui chercher des gouttes.

J'ai jeté un coup d'œil à papa. Son visage n'était pas fermé, il y avait presque un sourire, un sourire un peu perdu figé sur ses traits. Il était gêné. J'ai cru voir briller des larmes dans ses yeux. Je lui ai lancé un reproche. En entendant ma voix, j'ai été la première surprise : elle était sonore, incertaine et haletait entre les mots, comme si j'avais quelque chose qui me gênait dans la gorge et que je devais me forcer pour expulser les phrases de ma bouche.

Grand-mère s'est vite calmée. Penchée sur mon livre, j'ai pensé : « Quelle femme extraordinaire ! Ce n'est pas une femme, mais un ange du ciel. Comment était-elle dans sa jeunesse pour avoir, à soixante-sept ans, un cœur aussi merveilleux ? D'habitude, dans leurs vieux jours, les gens prennent l'habitude de râler et de se plaindre. De sa part, je n'ai jamais rien entendu de tel de toute ma vie. Comme nous la traitons mal, tous autant que nous sommes. Jamais à sa valeur, ni autrefois ni maintenant. C'est la faute de Sonia, elle lui parle sur un ton… En cet instant, j'ai éprouvé pour grand-mère un amour très fort et une tendresse mêlée de pitié.

1. Un autre habitant de l'appartement communautaire où la grand-mère de Nina occupe une chambre. (*N. d. T.*)

Plus tard, Genia et Lalia sont arrivées et, tout de suite après, A. G. Liachok[1]. C'est un homme fort, très empâté, avec un visage large et bienveillant, un gros ventre et de grosses cuisses élastiques moulées dans son pantalon. Avant, je ne l'aimais pas. J'éprouvais une répulsion physique pour son corps énorme, son visage placide, presque apathique. Je voyais en lui un homme remarquable au premier sens du mot, et je n'arrivais pas à le regarder sans dégoût. Il suscitait en moi une sorte de mal au cœur, comme à la vue d'une vipère. Mais maintenant, depuis le début de cette affaire, mes sentiments ont changé. J'ai commencé à voir en lui un homme, un vrai, un révolutionnaire, et c'est tout. En fait, quelqu'un comme papa.

Nous étions vraiment à l'étroit dans la chambre de grand-mère et Sonia a lâché sur un ton énervé : « Rentrez donc chez vous, les gamines. » Genia et Lalia ne se le sont pas fait dire deux fois. Ramassant leur manteau au passage, elles se sont dirigées vers la porte sans prêter attention à Liachok qui leur disait bonjour, et elles ont filé vers la sortie. C'était très gênant parce que Liachok, la main tendue, s'écriait : « Genia, Lalia, bonjour ! » et qu'en plus, il agitait les doigts en l'air comme pour les retenir. Du coup, je leur ai crié aussi : « Genia, Lalia ! On vous parle ! » Mais elles ne se sont pas retournées.

Pendant ce temps, grand-mère, qui leur avait préparé un café, revenait vers sa chambre en lançant : « Ouvrez-moi la porte. » Personne ne l'écoutait. J'ai crié à Kolia[2] : « Ouvre donc à grand-mère ! » Puis j'ai vite salué A. G. et j'ai filé derrière mes sœurs. Elles étaient vexées, elles ne voulaient pas rester une seconde de plus dans la chambre. Grand-mère a réussi à les convaincre de boire le café à la cuisine.

Bien sûr, je n'ai pas tardé à les rejoindre et je m'en veux beaucoup. Je suis même très fâchée contre moi. Depuis le temps

1. Andreï Grigorievitch Liachok : socialiste révolutionnaire de gauche, membre de la direction de l'artel (coopérative ouvrière) La Fourmi. Arrêté en 1929 et déporté avec le père de Nina, il était revenu à Moscou après son exil.

2. Nikolaï Keller, cousin de Nina, fils de Sonia et de Sergueï Alexandrovitch Keller.

que j'essaie d'apprendre à me taire ! Impossible d'y arriver. Non, non, tu ne t'exclameras pas !

C'est surtout ces temps-ci que je parle beaucoup. Il est temps que je me reprenne en main.

En ce moment, je lis *Anna Karénine*. Ce livre me laisse une impression très forte. C'est vrai que Tolstoï est un artiste s'il a pu écrire aussi bien et de façon aussi vivante. Surtout, s'il a pu décrire les émotions des gens avec autant de justesse. J'avais déjà commencé ce livre, il y a deux ou trois ans, mais je ne l'avais pas fini. Je ne comprenais pas des choses qui me paraissent très claires aujourd'hui. Il y a même certains passages que je relis deux ou trois fois.

31 mars 1933

Demain, l'école recommence. Je sens déjà que ce dernier trimestre sera difficile. J'ai envie de plonger dans le sommeil pour ne pas me laisser distraire, je voudrais fonctionner comme une mécanique bien remontée, faire mes devoirs et ne plus avoir aucune envie pendant un temps. Comme ça, ces deux mois passeraient plus vite, je pense. Et après, ce sera « là-bas ». Un là-bas qui ouvre devant moi une vie vaste et heureuse. J'oublierai totalement l'école et les études.

Cette dernière bataille doit être menée admirablement, c'est indispensable. À présent, tout me paraît facile et même intéressant. Mais je sens qu'une fois passées les deux premières semaines, quand le printemps sera là, l'envie de courir les champs me reprendra, l'envie de m'enfuir loin de l'école, loin de mon quotidien. C'est intéressant de voir comment les choses se passeront après la reprise des cours. J'ai déjà organisé dans ma tête comment j'allais passer le dernier trimestre. Ce n'est pas possible que je n'aie pas assez de volonté pour vivre ces deux petits mois comme il faut, comme le dicte ma raison. Je dois me forcer à dominer mes envies.

Aujourd'hui, papa retournera à la milice pour voir ce qu'ils disent. Sonia l'accompagnera, ainsi que Noskova, une dame simple et très sympathique, proche amie de Sonia, qui est membre du soviet de Moscou. Elles l'ont pris sous leur aile, comme dit papa pour rire. À la milice, elles ont quelqu'un qu'elles connaissent. Avec son aide, elles espèrent obtenir qu'on reporte le départ de papa.

Tout a été relativement calme après ma première crise de fureur et de désespoir. À la maison, la vie était presque complètement redevenue normale – en tout cas, vue de l'extérieur. Le soir, papa se plongeait dans ses études ; le matin, il lisait son journal, arpentait sa chambre et quittait la maison. Nous avions cessé de le critiquer et nous n'avions plus non plus de ces disputes entre sœurs pour un oui ou pour un non. Pour cette raison ou pour une autre, il se trouve que j'accomplissais les tâches domestiques presque avec plaisir. Je ne boudais plus, enfin, que rarement, quand j'en avais vraiment par-dessus la tête.

Maintenant, papa nous a de nouveau quittées. « Eh bien, adieu, Nina. Nous ne nous reverrons peut-être pas ! » Il m'a fait une dernière recommandation à propos des fleurs, et il est parti. Il a dit qu'on lui donnerait peut-être encore une prolongation de cinq jours. Si papa a de l'espoir, ça veut déjà dire beaucoup. Je l'aime, contrairement à ce que j'ai pu penser autrefois, et ça me fait plaisir, parce que je souffrais d'en douter, c'était une torture pour moi.

30 avril 1933

En ce moment, la radio transmet tout le temps des danses. Je me représente des salles brillamment éclairées, des miroirs, du parquet et des couples qui tournoient follement.

1er mai 1933

Je ne suis pas allée au défilé. Jusqu'à aujourd'hui, je n'étais jamais restée à la maison pour le 1er mai. Mais… rien n'est éternel et j'ai trahi mes habitudes. En général, j'y vais avec maman, mais elle a profité de ces jours de congé pour aller voir papa à Mojaïsk[1] et je suis restée toute seule. Quel ennui ! Comme tout me semble vide et morne en l'absence de maman, comme j'ai le cœur lourd et triste !

Quand je suis sortie dans la rue, j'ai été frappée par un phénomène à peine croyable : la ville était déserte. À croire que tout était mort. Il y avait seulement, de temps à autre, un paquet de jeunes gens qui déambulaient en se rengorgeant dans leurs habits du dimanche ; sinon mes souliers étaient les seuls à frapper le trottoir, les seuls à faire retentir un écho dans la rue. Par cette chaude journée ensoleillée qui frémissait d'une vie invisible, ça m'a fait une drôle d'impression de voir en pleine lumière une rue absolument morte.

Je suis passée chez Ira. Dans la cour, les arbres commençaient à sortir leurs feuilles. De toutes petites feuilles vert clair, très douces et tendres, pointaient délicatement des bourgeons qui s'entrouvraient. Quand je suis rentrée à la maison, la radio transmettait le défilé sur la place Rouge. On entendait un orchestre qui jouait une marche et des hourras au loin. Que ces sons m'ont paru doux, familiers !

2 mai 1933

Demain, il y a école. Je m'en réjouis presque. À la maison tout est trop affreux. S'il n'y avait pas les cours, je n'aurais pas envie d'aller à l'école, je me trouverais de quoi m'amuser ici.

---

1. Le père de Nina a trouvé un travail dans le village de Marfine Brod, dans le district de Mojaïsk, à une centaine de kilomètres à l'ouest de Moscou.

Mais maintenant… maintenant, j'ai envie de fuir loin de tout ce temps libre que je suis obligée de combler en faisant du bachotage. À l'école, le temps passe plus vite.

Ah, vivement que maman revienne ! Maman ! Comme la maison est vide et effrayante sans toi ! Comme j'ai le cœur serré et malheureux. Je n'ai plus envie de vivre. Qu'est-ce qui me retient de mourir ? Pourquoi est-ce que je ne m'empoisonne pas ? Pourquoi ? « Ô vie, pourquoi me séduis-tu avec tes illusions ? Si Dieu m'en donnait la force, je te détruirais[1]. » Je ne sais pas pourquoi, mais je ne peux pas détruire ma vie. Est-ce parce qu'elle n'a pas encore atteint l'horreur totale ou parce que Dieu ne m'en donne pas la force ? J'aimerais bien me libérer de mon hypocondrie. Oui, je vais m'en débarrasser mais pas complètement. Parce que je ne m'en sens pas capable.

Le soir

Comme je n'ai pas envie de faire mes devoirs ! Mon Dieu… J'ai envie de tout jeter par la fenêtre, de tout envoyer promener et de vivre. Vivre, oui, c'est ça que je veux. Je ne suis pas une machine qu'il suffit de remonter pour qu'elle marche sans jamais s'arrêter ni se reposer. Je suis un être humain. Je veux vivre ! Oublier tout ! C'est bien qu'il y ait école demain, ça me reposera un peu de moi-même. Mais, en même temps, j'ignorerai la société. C'est vrai. Qu'ils aillent se faire voir ailleurs, finalement. Il n'y a que Genia qui puisse se passionner pour la société, qui puisse rester des heures à lire ce qu'en ont dit Lénine et Staline, à étudier les exploits réalisés par notre grande Union soviétique. Mais vivre, vivre ? Que les chiens t'emportent, sale vie !

Je recommence à me poser la question : « Qu'est-ce que Levka est devenu pour moi ? »

---

1. Citation tirée du poème d'Alexis Vassilievitch Koltsov (1809-1842) « Faire ses comptes avec la vie » (1840), dédié au grand critique littéraire Vissarion Grigorievitch Belinski (1811-1848).

«La passion s'est enfuie et sa fougue alarmante
Ne tourmente plus mon cœur.
Mais cesser de t'aimer, cela m'est impossible!
Tout ce qui n'est pas toi est vain et mensonger,
Tout ce qui n'est pas toi est morne et sans vie.»
[Ici, je rajoute de ma plume:
Vain et mensonger comme tu l'es, toi aussi.]
«Et cependant, de cette vie vulgaire je ne puis me défaire.
Ô amie, ne jalouse pas cet amour,
Mon amour pour toi n'a pas varié.»

A. Tolstoï[1].

5 mai 1933

Ce soir, j'ai passé la soirée à lire *La Fumée*, de Tourgueniev. Cela faisait longtemps que je n'avais rien lu de lui. Je découvre dans ce récit qui me paraissait si mauvais et ennuyeux l'année dernière un grand nombre de qualités. C'est avec bonheur que j'ai prêté l'oreille aux belles et douces modulations de son discours. En m'enthousiasmant pour la beauté et le calme de ses phrases, je me suis convaincue encore davantage que je n'avais pas le moindre talent. De ce que j'ai lu, je garde le souvenir d'une sorte de boule sombre pesant sur moi. Ou bien je n'ai pas encore été amoureuse, ou bien ce sont ces personnages, avec leur esprit particulier. Je ne sais pas, mais ça m'énerve de voir le héros se transformer en toutou dès qu'il tombe amoureux. Comme mon discours est encore peu évolué! Je ne parviens même pas à exprimer des impressions toutes simples.

1. Poésie d'Alexis Konstantinovitch Tolstoï (1817-1875): «La passion s'est enfuie» (1858).

13 mai 1933

On dirait que janvier vient tout juste de se terminer, ce mois de janvier où je me disais avec terreur que j'avais encore tant de choses à apprendre et, maintenant, il ne me reste plus qu'un demi-mois. Encore deux semaines et je serai libre. Parfois les doutes me déchirent : est-ce que je serai heureuse quand j'aurai fini l'école ? Ces souffrances qui m'accablent, est-ce qu'elles cesseront enfin ? Tout ne va rester pas comme avant, quand même ! Ce serait épouvantable !

Ces deux ou trois derniers mois, je me sens mal. Je n'ai encore jamais souffert autant de me sentir laide. Ce matin, je n'ai pas cessé d'aller me regarder dans le miroir, et pas une seule fois je ne me suis vue sans dégoût. Je ne peux même plus sortir dans la rue tellement je me trouve moche. Comme ça me fait mal de marcher à côté de tous ces gens simples et ordinaires, de respirer le même air qu'eux, de sentir des centaines de paires d'yeux passer sur moi en cachant peut-être leur dégoût ! C'est épouvantable.

Voilà déjà deux ans que je m'étonne que Genia, Lalia, maman, papa et tous les gens qu'on connaît, mes amies aussi, puissent me regarder, bavarder et rire avec moi comme avec les autres ; qu'ils puissent supporter mon horrible regard. Moi, je ne peux pas supporter les gens qui louchent[1]. Les tares physiques sont toutes affreuses, mais celle-là, c'est la pire. [...]

Hier, j'ai passé presque toute la journée à me demander ce qui me retenait de m'empoisonner. C'est une porte de sortie facile et très simple, j'en aurais fini avec toutes mes souffrances. Qu'est-ce qui m'en empêche ? Qu'est-ce qui m'oblige à marcher dans les rues en jetant des coups d'œil en coin aux passants ? Qu'est-ce qui m'oblige à étudier ces leçons odieuses que je déteste ? Qu'est-ce qui m'oblige à ne pas réagir alors que ça me déchire

1. Nina est affectée d'un strabisme – en fait plus léger qu'elle ne le laisse supposer.

le cœur, quand Levka chuchote en passant devant moi : « Louga la bigleuse » !

En fait, il y a un bon moyen de se libérer de tout ça. Mais oui ! Je peux en terminer avec toute cette souffrance ! Comment cette vie, abominable et remplie de douleurs, se débrouille-t-elle pour me prendre dans ses filets ? Comment est-ce qu'elle s'y prend pour me retenir, elle qui n'est qu'une « plaisanterie bête et vide » ? Car je continue de rêver à une jeunesse merveilleuse, tout en sachant que les portes m'en sont définitivement fermées. Avec mes yeux qui louchent, je rêve encore d'être une jolie jeune fille. Est-ce que ce n'est pas le comble de la bêtise ?

18 mai 1933.

Mon dernier espoir s'est effondré. Ah, la vie est bien une plaisanterie bête et vide ! Et méchante, par-dessus le marché. Il y a peu de temps encore, je rêvais à l'été avec bonheur, je me disais que je serais heureuse. Maintenant je ne l'espère même plus. Comment est-ce que je pourrais trouver le calme en sachant que d'ici à trois mois je recommencerai à vivre une vie tout aussi bête et vide et que je tremblerai encore aussi fort que maintenant au cours de biologie en attendant que le prof m'interroge ? En sachant que je vais recommencer à potasser pendant des heures des matières dont je n'ai rien à faire ? Comme je serais heureuse si on pouvait me laisser seule dans mon coin, si on me donnait un livre et qu'on me permettait de rentrer en moi, d'oublier tout ce qui se passe dans le monde ! Oui, peut-être qu'alors je serais pleinement heureuse. Hier soir, mes lunettes ont disparu. Elles se sont égarées dans l'appartement, perdues. Impossible de remettre la main dessus. Ce genre dc choses me met dans un état de fureur incroyable. Vous êtes là, à les chercher, à les chercher sans les trouver, et vous ne savez même pas contre qui tourner votre colère. À croire que tout le monde s'est donné le mot pour gâcher mon humeur : quelqu'un m'a pris mes lunettes, quelqu'un a caché mon ballon, ou alors c'est Xioucha qui l'a pris, je ne sais pas.

Et pour couronner le tout, voilà qu'ils lancent cet emprunt « Première année du second plan quinquennal[1] » qui me rend carrément folle. Hier, je n'ai plus pu me retenir, j'ai arraché l'affiche avec les slogans collée sur la porte de notre immeuble. À l'école, hier, la prof de biologie nous a donné un devoir pour l'été ; elle nous a demandé de le faire parce que c'était un ordre du gouvernement, paraît-il. Du gouvernement ! Comment osent-ils nous donner des ordres, ces salauds qui se sont regroupés pour faire danser le peuple au doigt et à l'œil ! Et nous, on doit leur obéir, comme si on était obligé d'écouter n'importe quel salopard de youpin et de nous incliner devant Staline.

Aujourd'hui, Genia a déclaré qu'elle irait à la manifestation pour le lancement de l'emprunt. « Tu vas y aller ? » me suis-je exclamée. Je n'en croyais pas mes oreilles. « C'est obligatoire. Je n'ai pas discuté, parce que ça ne sert à rien. » « Eh bien, allez-y ! Exigez donc qu'on le lance, cet emprunt ! Quant à moi, il n'est pas question que j'aille à cette manif ! » « Nous aussi, on était comme toi quand on était encore à l'école », a rétorqué Genia sur un ton tranquille où perçait de l'ironie. Immondes personnages ! Et ils osent nous déclarer : « C'est un ordre ! » Comme ça, en toute tranquillité et indifférence ? Mais quelle vilenie, quelle bassesse !

Ah, peuple russe ! Que peut-on objecter aux paysans et aux masses ouvrières qui végètent dans l'ignorance si les gens instruits, les étudiants, accomplissent pareilles ignominies sans en être gênés le moins du monde ! Ces étudiants ! Ils seraient sûre-

1. Des obligations d'État destinées à financer des programmes spécifiques (comme les plans quinquennaux) furent lancées en Russie soviétique. La population les acquit prétendument de son plein gré, mais en réalité sous la contrainte. Ces obligations n'arrivant jamais à terme, il s'agissait en fait d'une forme d'imposition. Ce n'est que dans les années 1980 que le remboursement fut organisé. Mais les souscripteurs ne récupérèrent que le centième des sommes versées en quarante ans, la plupart d'entre eux s'étant depuis longtemps débarrassés de ces titres. Chaque lancement d'obligations était l'occasion d'une campagne de propagande et s'accompagnait de manifestations de soutien.

ment les premiers à traiter d'imbécile celui qui aurait l'idée de s'opposer au gouvernement. C'est d'ailleurs ce que Genia m'a rétorqué sur un ton anodin : « J'y vais pour qu'on ne me regarde pas de travers ». Ah, ah ! Perdre la bienveillance du gouvernement, la grande peur des étudiants ! Dans ces conditions-là, que peut-on attendre des masses ?

Non, les Russes ne sont pas capables de conquérir la liberté, ils ne peuvent pas vivre en liberté. Depuis le jour où les Slaves ont installé les Varègues [1] sur le trône, ils ont toujours été sous la botte de quelqu'un. *Et ils le seront toujours.* « La liberté, c'est ce dont le peuple russe a le moins besoin » a dit Tourgueniev. Il faut bien reconnaître qu'il avait raison, malheureusement. Non, il n'a pas besoin de liberté, parce qu'il ne sait pas comment la conserver.

21 mai 1933

[...] Ces derniers temps, tout – vraiment tout – m'exaspère et me fâche : les bavardages animés de Genia et Lalia, leurs disputes, leurs opinions sur la politique et le régime insupportable sous lequel nous vivons actuellement. Je suis arrivée à un point d'exaspération tel que je ne peux plus répondre sans me fâcher aux questions de la famille sur l'école. Je suis arrivée à mon maximum de repli sur soi. Je ne supporte pas que les autres essaient de s'insinuer dans mon monde intérieur – même à peine. Ça m'est intolérable. Je sens bien que je fais de la peine à tous ceux pour qui je compte, mais je n'y peux rien. Non, ce n'est pas que je n'y puisse rien, car je peux tout dire, ce n'est pas difficile. La seule chose, c'est qu'après j'éprouve une sensation de disharmonie... et j'ai peur que le monde que je me suis bâti s'écroule définitivement.

1. Vikings qui, aux VIIIe et IXe siècles, pratiquèrent en Russie un commerce actif entre la Baltique, la mer Noire et la Caspienne, intervenant activement dans la vie des villes. Ils donnèrent aux Slaves leur première dynastie, les Rourikides. (*N. d. T.*)

24 mai 1933

Hier, au premier examen, j'ai reçu un «bien» (Ira aussi). Je considère que ce n'est pas ma faute, mais celle de la prof parce qu'elle ne nous a donné ni le temps ni les livres pour réviser le sujet et, aussi, parce qu'elle ne nous a pas tout expliqué en entier. C'est pourquoi je ne suis pas trop fâchée. Mais, quand même, au fond de moi je suis contrariée. C'est le seul examen auquel je pense en n'ayant pas l'esprit vraiment en paix.

Hier soir, je suis restée longtemps chez grand-mère avec maman à attendre papa[1]. Il est arrivé vers minuit alors que nous ne l'espérions plus. J'étais sortie de la chambre et j'étais dans l'entrée en essayant de cacher ma déception.

La conversation a commencé. Il m'a mitraillée de questions. Il a raconté comment c'était là-bas et m'a invitée à lui rendre visite dès que l'école serait terminée. J'ai accepté, bien sûr, mais… et mes plans pour l'été? Est-il possible que j'aie pour destin de ne jamais voir mes rêves réalisés?

D'après papa, tout est bien dans son village. Il y a des merisiers, des lilas, une rivière tout près et, tout autour, des bois de bouleaux et de noyers, et aussi des buissons avec des centaines de rossignols. Je m'interdis de me représenter la nature là-bas. J'ai peur que mon imagination ne me peigne un tableau aux couleurs trop vives. J'essaie de ne pas y penser du tout. Je sais déjà par expérience combien l'imagination peut être trompeuse et la déception douloureuse, combien il est difficile d'abandonner les merveilleuses images vues en rêve pour les remplacer par une réalité mesquine. Oui, je le sais trop bien. Mais, maintenant, les lilas dansent déjà devant mes yeux, de même que les grappes légères et transparentes des merisiers, le feuillage frisé des jeunes bouleaux et les petits rossignols chanteurs. Je crois bien ne les avoir encore jamais entendus chanter de ma vie.

---

1. Le père, interdit de résidence à Moscou, vient donc en secret voir les siens. C'est pourquoi tous les passages du journal indiquant sa présence à Moscou ont été soulignés par l'inspecteur. (*N. d. T.*)

[...] [*25, 27 mai 1933*]

2 juin 1933

Me voilà de retour à Moscou. Je suis rentrée hier soir, j'en étais partie le 30 au matin. Ai-je été déçue par la nature au village de papa ? Oh, que non ! J'ai été ébahie, au contraire, époustouflée.

On avait quitté Moscou, maman et moi, par le train de neuf heures. Il y avait pas mal de monde dans le wagon. Le train se traînait avec une lenteur exaspérante, les roues tambourinaient bruyamment. Des bouffées de vent froid entraient par la fenêtre ; le ciel était maussade, recouvert par une couche épaisse de nuages bas. Des champs, des forêts, des petits hameaux défilaient sous nos yeux et, tout en bas de ce tableau, des sapins plantés très serrés dévidaient à l'infini une ligne vert sombre où venaient se mêler bizarrement de rares bosquets d'acacias d'un vert très tendre. Par la fenêtre ouverte, je regardais les bouleaux, les sapins et parfois des pins à cime touffue.

Peut-on vraiment décrire la nature avec des mots, la décrire de telle sorte qu'on puisse se la représenter dans toutes ses couleurs naturelles ? Oh non, les mots ne sauraient transcrire ce « quelque chose » inaccessible. Seul un artiste véritablement génial peut y parvenir. Depuis le moment où j'ai commencé à écrire, j'ai eu pour but de dépeindre la nature. Je me suis beaucoup battue pour ça, sans aucun résultat. J'ai donc décidé de la peindre non plus avec des mots, non plus avec des crayons de couleur, mais avec un pinceau. Parce que, dans le temps, je savais dessiner, quand même ! Après l'école, il faudrait que j'aille à l'Institut du textile. Que je m'inscrive en section artistique. Évidemment, je devrai faire beaucoup d'efforts. Mais, finalement, quand on a un but, c'est plus facile de vivre. Je me suis fermement décidée à atteindre celui-là.

Après Golytsino, le train a accéléré. À certains moments, il fonçait même si vite que je ne pouvais plus lire les verstes[1] sur

1. Mesure de longueur utilisée avant la Révolution équivalant à 1 067 mètres. (*N. d. T.*)

les poteaux. Soit dit en passant, il m'est venu dans le train une idée originale : « Et si je me rééduquais moi-même ? Pourquoi ne pas faire de moi quelqu'un d'heureux ? » Je savais déjà par expérience que devenir quelqu'un d'heureux en restant telle que j'étais ne marcherait pas, parce qu'il faudrait quand même que je change un peu.

Dans mes rêves, je me vois sous les traits d'une jeune fille pleine de feu, assoiffée de bonheur. Et surtout, jolie ! (Ne riez pas s'il vous plaît.) [...] C'est dans cet état que je suis arrivée à destination : décidée à me transformer.

3 juin 1933

Après avoir fait quelques pas le long des voies de chemin de fer, fort nombreuses, nous avons aperçu papa. Il marchait à notre rencontre en s'appuyant sur une grosse canne blanche. De toute sa silhouette maigre et un peu voûtée, de son visage tanné envahi par la barbe, il émanait une grande fatigue. Le temps lui avait arraché ses forces.

Nous sommes entrées avec lui dans la partie de la gare signalée par les panneaux « salle d'attente » et « buffet ». À droite de l'entrée, une file d'attente s'était formée devant un stand de journaux. Papa s'y est placé. Maman et moi, nous nous sommes approchées d'une petite table et nous avons posé nos affaires sur les chaises pour l'attendre. Au bout de quelques minutes, papa nous a rejointes avec un journal et nous avons pris le chemin de sa maison. Nous avons traversé la ville d'un bout à l'autre puis suivi un chemin de terre détrempé. Il passait au milieu d'une étendue de champs verts et bruns, c'est-à-dire labourés, jusqu'à l'horizon.

Le ciel gris pesait, menaçant, au-dessus de la terre vallonnée, le vent soufflait avec de fortes bourrasques et s'enfuyait plus loin. L'enthousiasme qui avait succédé à ma décision d'être heureuse déclinait peu à peu. Bientôt, j'ai dû me contenter de l'avoir prise et ne pas m'énerver inutilement. Au détour d'une petite colline, le méandre étincelant d'une petite rivière est apparu. Sur la berge en face, s'étendaient de petits bois de bouleaux et des taillis. En descendant la colline, nous avons aperçu un hameau[1] entouré d'arbres, au pied duquel serpentait une rivière au cours rapide parsemée d'îlots. Sous l'enchevêtrement d'herbes et de broussailles, on distinguait du sable jaune.

Nous avons passé un petit pont et entrepris d'escalader un chemin glissant. Devant nous s'élevaient deux maisonnettes en pierre d'un étage reliées par une arche au stuc délabré. Le chemin passait dessous. Une fois dans la cour, nous avons grimpé un perron aux marches branlantes et débouché dans un couloir. Papa a ouvert la porte tout au fond. Nous sommes entrés. J'ai découvert une chambre basse de plafond, aux murs tendus de papier peint bleu clair. Ma première impression, malgré la légère odeur de moisi, a été agréable. Une pénombre plaisante régnait dans cette pièce éclairée par une petite fenêtre. Disposées dans des pots en verre, des branches de merisier étalaient leurs grosses grappes de fleurs blanches.

Une table recouverte de papier blanc était placée contre la fenêtre. Le long du mur, un lit en fer tout simple avec une couverture matelassée bleu marine. Au-dessus, dans le coin, une étagère supportant diverses babioles. Une seconde étagère, identique à l'autre, faisait face à la fenêtre. En dessous, une table de nuit, elle aussi recouverte de papier blanc. Une série de cannes à pêche en noyer était posée par terre. À droite de la porte, il y avait un petit poêle en brique. En fait, cette pièce minuscule était sale et repoussante, mais il y avait le papier blanc sur la table et la table de nuit, les branches odorantes, la pénombre bleutée…

1. Le hameau de Marfine Brod, où le père de Nina vit son exil.

4 juin 1933

Je n'ai encore jamais passé un moment aussi agréable. Un air particulier, inhabituel et poétique, soufflait dans ce trou perdu. Comme c'était bien, en revenant de la rivière, frigorifiée, trempée et mourant de faim, d'allumer le poêle et de se chauffer pour aller ensuite s'affaler sur le lit et s'y reposer, physiquement et moralement.

Comme je me sentais bien, comme j'avais le cœur léger ! Le soir, je l'écoutais battre tandis que j'attendais le retour de papa, assise à la table à côté de maman, tombant de sommeil. Comme j'ai aimé lire Tourgueniev au son plaintif d'une guitare qui me parvenait de l'autre côté de la cloison, pendant que la machine de la fabrique frappait ses coups légers, réguliers, et que les gouttes de pluie s'écrasaient sur la vitre avec un bruit sourd ! Avec quel plaisir je m'allongeais sur la paillasse dure, enveloppée dans la chaude couverture matelassée et m'enfonçais dans un sommeil profond, sain, et sans rêves.

Le lendemain soir, malgré la pluie, nous avons décidé d'aller encore une fois à la pêche. La Moskova déployait ses méandres comme un ruban clair au milieu des champs et des bouquets de saules pleureurs. C'est là, parmi les arbres, que nous nous sommes installés pour pêcher. Derrière nous, entre les branchages, la fabrique faisait une tache blanche ; devant, la rivière bouillonnait avec bruit, lançant des gerbes d'eau aux passages plus étroits, furieuse contre ces îlots qui lui bloquaient la voie.

Je me suis assise sur un petit panier renversé, emmitouflée dans une pelisse. La pluie tambourinait avec colère sur la toile cirée. Un vent dur et violent projetait ses bourrasques sur les arbres. Je le regardais passer comme une vague sur les cimes bouclées des bouleaux, je regardais les troncs minces s'incliner avec soumission et j'écoutais le feuillage gémir. Il faisait nuit quand nous sommes rentrés à la maison. La bruine froide s'était changée en une chaude averse d'été. C'était agréable de marcher sous ses coups vivifiants.

Le lendemain matin, nous nous sommes préparées au retour, maman et moi. Le vent s'était un peu calmé. Il ne pleuvait plus et le ciel avait échangé ses nuages sombres contre une pellicule gris jaune qui planait immobile, suspendue dans les airs. Un épais brouillard blanc montait de la rivière. Vers dix heures du matin, nous sommes sorties de la maison. J'ai dit au revoir à papa en l'embrassant avec une chaleur particulière parce que j'étais un peu gênée de ne pas rester avec lui.

Le chemin de terre jaune s'étendait devant nous à perte de vue. Au bout de plusieurs heures de marche, nous avons aperçu Mojaïsk. Nous avons rejoint la grand-route, dans la banlieue, en coupant par des cours et des vergers. Des maisonnettes vétustes s'élevaient le long des rues. Nous avons escaladé une colline escarpée par une route boueuse, pleine de fondrières, qui nous a menées dans le centre-ville. Nous avons traversé une place et suivi un petit boulevard jusqu'à la gare.

De rares arbres maigrelets éparpillés dans l'herbe égayaient la ville, ainsi qu'un unique rond-point non loin du monument à Lénine, qui devait en être un des joyaux. La personne qui l'a construit a dû vouloir faire une caricature sans imaginer que son œuvre ornerait un jour un lieu aussi prestigieux. C'est un petit nain avec des jambes trop courtes et une énorme tête chauve, debout sur un socle peint façon marbre. À ses traits et à sa pose d'orateur, la barbiche dressée en l'air, on devine que cet homme est Lénine, même si, de dos, il ressemble à un amas de pierres tailladées.

Il n'était pas encore midi quand nous sommes arrivées à la gare, exténuées. Et nous avons pris le train pour Moscou.

[…] [*10, 20,24, 28 juin*]

4 juillet 1933

Mojaïsk – Marfine Brod

Aujourd'hui, le temps est infect et j'avoue que je m'ennuie passablement. Je n'ai strictement rien à faire. Genia et Lalia dessinent. Je lirais volontiers, mais voilà, je n'ai pas de livres : tout est resté dans ce paquet de malheur[1]. Encore une chance que nous ayons emménagé dans une pièce plus spacieuse. Elle est à peu près trois fois plus grande que l'autre et elle a une très belle vue. Les murs sont chaulés et deux fenêtres grandes du sol au plafond donnent sur le parc. Le soir, le soleil couchant jette ses rayons chauds à travers la vitre jusque sur le plancher.

Plusieurs fois, nous (c'est-à-dire Genia, Lalia et moi) avons entamé des discussions sur des sujets d'actualité, comme la situation des ouvriers, la culture et d'autres choses du même ordre. Elles s'évertuaient à défendre la situation actuelle alors que, moi, je la rejetais, même quand j'étais à bout d'arguments. J'ai mis fin aux débats, mais sans renier une seule de mes opinions. Je ne peux pas être d'accord avec mes sœurs. Pour elles, le socialisme est un régime véritable et les horreurs d'aujourd'hui sont dans l'ordre des choses.

8 juillet 1933

Le cinq au soir, papa et maman sont allés à Moscou. Comme je m'ennuie, et comme ça me fait bizarre de regarder le lit vide de maman. En écoutant la chouette pousser son ricanement affreux et son hululement interminable, je pense que ma chère maman est loin, très loin de moi. Ces deux derniers jours, la pluie tombe sans discontinuer, elle ne s'arrête que pour reprendre son souffle. Hier et aujourd'hui, nous avons fouillé les bois mouillés à la recherche de champignons. Trempées et grelottant dans nos

---

1. Allusion imprécise à un bagage perdu ou oublié.

jupes noircies par l'eau, nous nous faufilions entre les bouleaux, sous leurs branches d'un vert vif d'où tombaient des milliers de gouttes froides au moindre souffle de vent. Soudain, le soleil a émergé en gerbes immenses, éparpillant ses rayons dans toute la forêt. Une infinité de petits incendies ont scintillé dans les gouttes de pluie suspendues aux feuilles et aux brins d'herbe. Tout s'est mis à étinceler, des myriades de petits soleils m'ont regardée depuis la voûte des arbres.

L'autre jour, j'ai traité les jeunes d'aujourd'hui de « chiffes molles[1] », à commencer par Genia et Lalia. N'est-ce pas la vérité ? Peut-on comparer les étudiants d'autrefois avec ceux de maintenant ? Y a-t-il le moindre rapport entre les étudiants d'aujourd'hui, mal dégrossis pour la plupart, prêts à toutes les ignominies pour obtenir un avantage aussi minime soit-il, et les jeunes gens pleins de vie du siècle passé, intelligents, sérieux (sauf de rares exceptions), capables de souffrir pour leurs idées ?

J'ai décidé de changer d'attitude. Premièrement : être heureuse de vivre, toujours de bonne humeur. Deuxièmement : tâcher de ressembler, ne serait-ce qu'un peu, à ces jeunes gens du passé. Oh, oui, je sais que je peux être comme eux… Il suffit que je fasse un petit effort, et je serai quelqu'un de complètement différent.

12 juillet 1933

Cela fait maintenant deux jours que je me torture dans l'indécision : rentrer à Moscou le 15 avec maman, ou rester ici avec papa jusqu'au 17. Les deux possibilités m'attirent, je ne sais vraiment pas quoi décider.

Hier soir, ma sœur Genia était particulièrement grognon, ce qui lui arrive souvent, je dois dire. Elle s'est prise de bec avec

1. L'expression est employée par le père de Nina, dans les lettres qu'il adresse à ses filles ; voir celles publiées en annexes de ce livre. (*N. d. T.*)

tout le monde et a été odieuse avec moi. Elle m'a déversé sur la tête des tombereaux d'injures et de critiques désobligeantes. J'étais folle de rage ! Depuis que je suis ici, ma vanité et mon orgueil subissent mille vexations. La frustration accumulée dans mon cœur bouillonne et ne demande qu'à sortir. Pourtant, je n'ai pas réagi. J'ai ravalé l'offense et attendu le moment où je pourrais ne plus parler à Genia, ne plus la voir. « Je vais m'efforcer d'être froide et retenue avec elle, me suis-je promis. Je ne discuterai plus et j'aurai le moins possible de rapports avec elle. »

Mais ce ne sont que des résolutions en l'air, car comment les tenir quand on vit dans la même pièce, qu'on partage le même lit et qu'on est perpétuellement en contact dans les obligations de la vie familiale ?

L'été se passe donc en disputes interminables. Nous en sommes venues à une telle mesquinerie que nous ne nous passons même plus les tasses. À la moindre demande, nous nous jetons : « Débrouille-toi toute seule. » J'avoue que je suis assez forte à ce jeu-là. Mes sœurs me rendent folle à me demander tout le temps : « Donne… Apporte… Ferme », etc. Bref, nous sommes à couteaux tirés. C'est devenu pire encore quand on s'est retrouvé toutes les trois ensemble, sans maman. Il s'est produit des choses incroyables. On n'arrêtait pas de crier l'une sur l'autre. Du matin au soir, l'air retentissait de « Brute !… Imbécile !… Idiote !… »

C'est insensé, la brutalité qui peut jaillir de nous ! Ces jours à la campagne sans maman, je me les rappelle avec horreur. D'où peut bien nous venir ce laisser-aller, ce manque de contrôle sur soi, ces bassesses ignobles ? Comme la vie mutile les gens ! Est-ce que maman était comme nous quand elle était jeune ? Et nous, est-ce que nous avons déjà été comme ça ? Bien sûr que non ! En fait, ce n'est pas difficile à comprendre. Comment ne pas devenir mesquin quand on doit compter chaque morceau de pain ? Comment ne pas se fâcher et crier quand la faim vous aiguise les boyaux ?

C'est après avoir réfléchi à tout ça que j'ai finalement décidé de retourner à Moscou le 15. Je me suis dit : « Assez souffert pour l'été. Il est temps de rentrer. » Et puis, Moscou me manquait trop, mes habitudes, ma chambre, ma façon de passer le temps, tranquillement.

[...] [*13, 20 août 1933*]

21 août 1933

60 kopeks le kilo de pain blanc ! 50 kopeks le litre de kérosène. Moscou grommelle. Dans les files d'attente, les gens se disputent et maudissent la vie. Ils sont méchants, affamés, épuisés. Nulle part on n'entend s'élever un mot à la défense des bolcheviks haïs. Au marché, les prix s'enflamment à cause du prix du pain qui a augmenté, tout comme les autres produits de première nécessité. Involontairement, on se demande : où en serons-nous dans quelque temps si, aujourd'hui, le pain a déjà doublé de prix, si les pommes de terre, introuvables dans les magasins d'État, se vendent 5 roubles les 50 grammes au marché ? Qu'est-ce que les ouvriers mangeront cet hiver si, en plein été, il n'y a déjà pas un légume sur les étals, rien ?

Les magasins de Moscou se divisent en plusieurs catégories : les magasins de commerce où toutes sortes de produits sont offerts à ceux qui le désirent. Dans ces magasins-là, il y a toujours de l'animation. Des demoiselles en beaux atours, embijoutées et peinturlurées, se pressent aux comptoirs. C'est ce qu'on appelle l'aristocratie soviétique (en secret, bien sûr). Elle se compose en majorité de juives et d'épouses de hauts dignitaires ou de communistes. Dans ces grandes salles imprégnées de parfums variés, pas un acheteur ne vient du peuple.

Ces magasins de commerce se trouvent dans les grandes artères de Moscou. Leurs immenses vitrines sont richement décorées. Apparemment, personne ne pense que la marchandise proposée coûte des prix astronomiques et que c'est justement pour ça qu'il n'y a pas un ouvrier parmi les clients. Ça fait déjà presque deux ans que le gouvernement s'adonne à ce genre de spéculation. Après avoir anéanti impitoyablement les *nepmans*, ceux qui s'étaient enrichis grâce à la NEP, il est en train de créer des nepmans d'État.

À côté de ces magasins luxueux, se trouvent de modestes échoppes à peine visibles. Leurs vitrines sont petites mais bourrées de marchandises. Plus d'un passant séduit s'est vu arrêter par le panneau : « Distribution réservée » au moment de pénétrer à l'intérieur, car tout le monde ne peut pas se fournir dans ces magasins-là.

Il y a aussi les *Torgsin* [1], situés le long de la Tverskaïa et surtout de la Petrovka. On les reconnaît à leur grande pancarte placée au-dessus de la porte, au milieu de toutes sortes de panneaux multicolores. C'est une sorte de vitrine de la production, comme au temps d'avant la guerre. Il y a là tout ce que l'on peut imaginer. Comparés à ces boutiques, les magasins de commerce paraissent miséreux. Ici, les ventes fonctionnent à plein régime parce qu'en réalité les étrangers n'ont aucun problème à commercer avec les citoyens soviétiques. Pour être admis dans ces Torgsin, il suffit d'apporter son or. Ces boutiques sont la preuve par neuf que notre monnaie s'est dévaluée. Notre rouble ne vaut pas plus d'un kopek en or.

Enfin, il y a la quatrième catégorie de magasins, la plus nombreuse. Elle regroupe les coopératives d'État, les échoppes privées, etc., éparpillées dans les quartiers éloignés du centre, à l'écart des rues chic de la ville. Elles sont désertes, la plupart du temps, sauf les jours où les ouvriers et les employés touchent leur maigre salaire. Se forment alors des files interminables où les cris le disputent aux jurons.

1. Abréviation signifiant : commerce avec les étrangers.

Le soir

Les deux ou trois premiers jours à Moscou, j'ai été d'une humeur massacrante. Je me disais avec terreur : « Qu'est-ce que ça va être plus tard si j'en suis déjà là ! » J'ai passé des soirées entières à m'ennuyer, à traîner d'un coin à l'autre dans l'appartement, passant de pièce en pièce en me disant que j'allais devenir folle. Le désespoir et l'ennui emplissaient mon cœur ! Le son du piano et des chansons mélancoliques se répandait dans la pièce. « Seigneur ! Que m'arrive-t-il ? me demandais-je, en pleine mélancolie. Ce n'est pas possible que ça continue comme ça tous les jours ! » (L'idée de l'opium me revenait sans cesse à l'esprit.) La rage et le mécontentement me soulevaient. J'avais l'impression que mes nerfs allaient exploser à tout instant. J'étouffais dans cette atmosphère compacte. Je me rongeais les ongles, je me prenais la tête, j'avais envie de pleurer… Mais je supportais tout. Je parlais avec maman, le visage tranquille, puis je me détournais et me mordais les lèvres, en retenant mes larmes à grand-peine. J'éprouvais l'envie de me jeter au cou de quelqu'un, de me serrer très fort contre le cœur de quelqu'un qui m'aime et qui me comprenne, et de pleurer sans me retenir, comme un enfant. Oh, que je me suis sentie seule dans ces moments-là, abandonnée et inutile !

[…] [*28 août*]

31 août 1933

Des choses étranges se passent en Russie. Famine, cannibalisme[1]… Ceux qui arrivent des provinces racontent de drôles de

1. Référence à la famine consécutive à la « dékoulakisation » lors du passage au collectivisme (1928-1934), qui aboutit à l'anéantissement de l'agriculture traditionnelle et à la réquisition de presque toutes les récoltes pour les besoins de l'armée et de l'industrialisation du pays.

choses. Ils disent qu'ils n'ont pas le temps de ramasser les cadavres dans les rues, que les villes de province sont remplies de paysans en guenilles et affamés. Partout il y a des vols horribles et du banditisme.

Et l'Ukraine, ce grenier à blé, qu'en reste-t-il ? On ne la reconnaît plus. Ce n'est plus qu'une steppe morte et silencieuse. Disparus, le haut seigle doré et les céréales aux épis poilus. Ils ne se balancent plus sous le vent. La steppe ne donne plus vie qu'aux mauvaises herbes. On n'y voit plus ces gros bourgs joyeux avec leurs *khatas* [1] passées à la chaux. On n'entend plus résonner les sonores chants ukrainiens. Çà et là, on rencontre bien des villages, mais ils sont morts, désertés. L'Ukraine s'est enfuie. Et les fuyards se déversent dans les grandes villes en un flot ininterrompu.

Combien de fois les a-t-on a renvoyés chez eux en longues files compactes, là-bas, vers une mort certaine ! Mais la lutte pour la survie a pris le dessus. Des gens mouraient dans les gares et dans les trains, et les autres atteignaient quand même Moscou. Et l'Ukraine, alors ? Oh, les bolcheviks vous avaient prévenus, et c'est bien ça le malheur ! Les malheureux lopins de terre semés au printemps sont désormais récoltés par l'Armée rouge qu'on envoie là-bas faire les moissons.

[…] [*4 septembre*]

5 septembre 1933

« Automne. À l'ombre des bosquets, près de la rivière,
La jument rousse secoue sa crinière.
On entend le cliquetis bleuté de ses fers. » [2]

---

1. Chaumières paysannes d'Ukraine. (*N. d. T.*)
2. Citation erronée de *L'Automne* (1910), poésie de Sergueï Alexandrovitch Essenine (1895-1925).

Première crise de pessimisme juste après la rentrée des classes. Crise pas trop forte et qui n'a pas duré, mais là n'est pas la question. L'important, c'est que cela me démontre que je ne suis pas capable de tenir un mois entier.

[...] Hier, à la réunion des pionniers[1], Lisa a répandu d'ignobles calomnies sur les filles qui avaient quitté les pionniers et sur moi. Déjà, avant, personne ne l'aimait, maintenant c'est pire encore. Nous en avons discuté entre les cours, et nous avons décidé de la boycotter[2]. Aujourd'hui, presque toute la classe s'est ralliée à notre idée. Oh oui, nous nous vengerons ! Nous ne permettrons pas qu'on se moque de nous. Nous lui ferons ravaler sa langue de vipère. Un boycottage de toute la classe, ce n'est pas une plaisanterie.

28 septembre 1933

Ces cours, mon Dieu, il y en a des quantités ! Gredins de bolcheviks ! Ils s'en fichent bien, des enfants. Ils ne pensent pas une seconde que nous sommes des êtres humains, nous aussi. Ce Boubnov[3], un je-ne-sais-quoi mais pas un homme, ne trouve rien de mieux que d'exprimer tout ce qui lui passe par la tête. Dans ses articles sur l'école, il soutient qu'il faut relever le niveau des études et la discipline. De tous ces gens, il n'y en a pas un qui comprenne une chose pourtant toute simple : en faisant ça, ils n'aboutiront qu'à rabaisser le rendement scolaire. Je sens moi-même que j'étudie maintenant beaucoup moins bien qu'avant. Mon intérêt pour les études a disparu. Tout me dégoûte.

1. L'organisation des pionniers, non obligatoire, regroupait les enfants de huit à quatorze ans. Ne pas y appartenir, comme Nina, était le signe d'une volonté de se démarquer extrêmement suspecte, puisque les enfants s'y engageaient à suivre un code d'honneur et de bonne conduite. (*N. d. T.*)

2. Le boycottage était fréquent dans les écoles soviétiques.

3. Andreï Sergueïevitch Boubnov (1884-1938), commissaire du peuple pour l'Éducation, à qui l'on doit les réformes scolaires des années 1930.

Ce matin je me suis dit : « Vivement que je grandisse, que je quitte ce pays de barbares ! »

[…] [*2 octobre 1933*]

17 octobre 1933

Aujourd'hui, je suis allée me promener avec Xioucha au monastère de Novodevitchi. Quand nous y sommes arrivées, nous avons dû attendre un moment au coin pour laisser passer une automobile. C'était une voiture bizarre. De loin, elle ressemblait aux ambulances ou aux voitures spécialisées dans le transport des malades, avec de grandes fenêtres et beaucoup de lumière à l'intérieur…

Elle roulait lentement et elle est passée tout près de nous, de sorte que j'ai parfaitement vu les hommes assis à l'intérieur, sur les bancs le long des parois. Ils étaient cinq ou six. Deux en civil, les autres en tenue militaire.

Ils ne disaient pas un mot et ne faisaient pas un geste, ils avaient l'air tendu et regardaient fixement les passants. [une ligne barrée]. Le militaire assis le plus près de nous nous a examinées longtemps en passant à notre hauteur. Il a même tourné la tête pour continuer à nous regarder. Ce n'est pas possible ! Est-ce qu'on s'est trompées ou est-ce que c'était vraiment lui[1] ? Je n'y ai pas cru sur le moment, et je n'y crois toujours pas maintenant. N'empêche, nous avons accéléré le pas. Plus vite, plus vite, il faut entrer dans le monastère pour le voir !

Nous courions presque. Au dernier arrêt, il y avait beaucoup de monde. De rares lampadaires éclairaient faiblement les rues. Je suis arrivée avec Xioucha aux portes du cimetière. [une ligne barrée]. Par une petite porte percée dans le portail en fonte, on

1. Lui, c'est-à-dire Staline qui, d'après les rumeurs, se rendait fréquemment sur la tombe de sa femme Nadiejda Allilouïeva, enterrée dans le cimetière de Novodevitchi.

apercevait l'allée goudronnée qui partait de l'entrée et de rares silhouettes. À droite on distinguait vaguement des baraques d'ouvriers. Devant nous, plongée dans une obscurité totale, s'amorçait la descente vers l'étang et les épaisses murailles du monastère qui s'étiraient tout du long. Au loin on apercevait les saules noirs tordus qui se penchaient vers l'eau et, plus loin encore, la large rangée de lumières indiquant le quai.

Le lieu avait un aspect sombre et désert qui n'était pas rassurant. Nous étions dans la rue, devant le grand portail, et nous parlions à voix basse, en chuchotant. « L'automobile est peut-être là, derrière le mur. Près de l'étang, il n'y a personne. » Mais là-bas, il faisait si noir que nous n'avions pas le courage de nous enfoncer dans cette obscurité terrifiante. Nous sommes restées longtemps sur place à bavarder en attendant que quelqu'un passe sur le chemin.

Finalement, un type nous a doublées et s'est dirigé vers l'étang. Nous lui avons emboîté le pas le long de la descente abrupte. La muraille était inquiétante. L'eau était immobile. Des lampadaires s'y reflétaient çà et là. Au loin, sur la berge, se trouvait un groupe de maisons. Derrière nous, des voix de femmes ou peut-être d'enfants résonnaient comme un encouragement. Nous avons avancé d'un bon pas jusqu'au tournant. À partir de là, la lumière de la ville n'arrivait plus, tout était noyé dans les ténèbres. J'ai entendu des appels devant, et des phrases que se lançaient des hommes. « Rentrons. De toute façon, nous ne verrons rien. »

Nous avons fait la remontée au petit trot. Sous les voûtes du portail, nos pas ont résonné avec un bruit sourd. Des sapins touffus se serraient le long de l'allée, on ne voyait ni les tombes ni les croix. Ici, tout était saccagé. Les hauts clochers de l'antique église blanche se détachaient sur le fond noir du ciel, et l'or des coupoles étincelait. Quelques sapins bleus, très fins, montaient la garde autour d'un petit caveau. En fait, que cherchions-nous ?

[…] [*18 octobre 1933*]

20 octobre 1933

Papa a un ami très proche du nom de Piotr Ivanovitch[1]. La première fois que je l'ai vu, je me souviens, c'était à la comptabilité. Après, il a été exilé dans le Nord pour avoir vécu sous un faux nom. Il a passé six ans là-bas et il en est revenu à peu près à la même époque que papa. Il y a environ deux ans, au printemps, Piotr Ivanovitch est passé à la maison. C'est moi qui ai ouvert la porte. Ayant retiré son manteau, il m'a fourré dans les mains un peu timidement, ou plutôt honteusement, une paire de gants gris. « Tenez, ça pourra vous servir. »

Je les ai pris et je l'ai remercié en pensant par-devers moi : « Il est tombé sur la tête, ou quoi ? » Je les ai regardés, dégoûtée. C'était des gants ordinaires, bon marché, avec des doigts plus longs que d'habitude. Prise de répulsion, je les ai jetés dans un coin de la malle et les ai recouverts avec d'autres choses.

Cet événement m'est longtemps resté en mémoire et j'ai toujours fait de mon mieux pour éviter P. I. Il suscite en moi une sorte de répulsion. En fait, je devrais chasser de ma tête cet étrange incident, parce que, sous tous les autres plans, P. I. est quelqu'un de formidable. Il parle lentement, en espaçant les mots comme s'il chantait. Il a un visage tranquille et bienveillant. Un peu flegmatique, pourrait-on dire.

[…] [*29 octobre 1933*]

1. Piotr Ivanovitch Komarov, ancien responsable de la partie financière dans l'artel que dirigeait le père de Nina.

30 octobre 1933

Aujourd'hui, je ne devais pas aller en classe. Oh, comme j'attendais ce jour de congé ! Je l'espérais depuis le début de la semaine et enfin il était arrivé ! Mais voilà... On m'a gâché cette journée. Qu'est-ce que c'est que cette vie ? Il faut que je sois à l'école à neuf heures. Dans dix minutes, Xioucha sera là, je me mets en route. Quelle chose affreuse que cette vie humaine ! C'est un tissu de contradictions où il n'y a ni justice ni vérité. Tout y est mensonge, tout y est tromperie. Tromperie, même au cœur de la vérité. Dans tout, absolument tout ! Et cette tromperie existera toujours. L'égalité ne régnera jamais sur terre, les hommes ne verront jamais le jour où il sera impossible d'opprimer ni d'humilier son prochain, où il n'y aura plus de puissants pour diriger les autres ni de faibles privés de tous les droits. Car la vie est une lutte et, dans la lutte, c'est toujours le plus fort qui gagne. Le fort, on le porte aux nues pendant que le faible rampe à ses pieds.

Et la femme, dans tout ça ? La femme est un chien qui s'efforce de comprendre son maître, qui tente d'occuper la même position que lui sans jamais y parvenir. Qu'est-ce que c'est que cette libération de la femme ? C'est un mirage, voilà tout.

8 novembre 1933

Il aurait mieux valu qu'il n'y ait pas eu de congé [1], qu'on nous ait gardés en cage pendant tout ce temps, mais on nous a libérés. On nous a permis de déployer nos ailes, de respirer à pleins poumons et, ensuite, on nous a emprisonnés de nouveau. [...]

J'ai passé des fêtes d'Octobre bizarres. Le 6 novembre, je

1. Congé pour les fêtes de la révolution d'Octobre, célébrée le 7 novembre selon le calendrier grégorien adopté après la Révolution.

suis allée avec Lalia au Maly voir *Lioubov Iarovaïa*[1]. Ça faisait longtemps que je n'étais pas allée au théâtre. J'en avais tellement perdu l'habitude que je n'en avais même plus envie. Maintenant, je rêve d'y retourner. Je dois avouer qu'à ce jour je n'avais encore jamais rencontré d'acteurs véritables. Ceux que j'avais vus jouaient bien, mais comme cette fois-là, jamais ! C'était une merveille. Extraordinaire !

Ma vie se poursuit comme à l'accoutumée, sans intérêt, remplie de petites choses inutiles. Sur scène, ces petites choses n'existent pas, la vie y est belle. Belle dans les moments de désespoir comme dans les moments de bonheur. Vous la découvrez ni salie ni abîmée. Du coup, vous commencez vous-même à vivre. En regardant les souffrances d'autres gens, vous vous sentez heureux, vraiment vivant. Vous oubliez tout le reste, vous n'avez plus devant vous que ces gens nouveaux qui débordent de cette chose inconnue qui s'appelle la vie.

Je ne peux vivre que la vie d'autrui. Ne plus m'appartenir, ne plus être moi mais, au contraire, éprouver ce que ressentent les autres. Je n'avais pas imaginé qu'on puisse jouer de cette façon-là, sans rien de faux. Non, je ne trouve pas les mots pour décrire l'impression formidable que cette pièce a produite sur moi. Pendant l'entracte je suis restée à ma place dans un état bizarre, continuant à voir Lioubov Iarovaïa et à entendre sa voix où perçaient les larmes. Oh, mon Dieu. Comme elle jouait bien[2] ! Et le lieutenant Iarovoï ! Comme sa voix tremblait lorsque, se prenant la tête entre les mains, il s'écriait : « Liouba, je ne peux pas te quitter » !

En les regardant, je souffrais doublement : je souffrais avec eux et je souffrais pour eux. Je me suis demandé : « Pour quoi ces gens se sont-ils battus ? Au nom de quoi ont-ils volontairement gâché leur vie, l'ont-ils perdue et ont-ils finalement péri ? » Face à leur destin, j'étais prise d'une grande amertume. J'étais

1. *Lioubov Iarovaïa*, pièce de Constantin Andreïevitch Trenev (1876-1945), montée en 1926.
2. Il s'agit de l'actrice Vera Pachennaïa.

blessée pour eux, pour ces gens pleins de noblesse, mus par un idéal élevé. Comme nos vils bolcheviks se sont moqués d'eux en faisant de leurs rêves une ignoble caricature ! Sur leurs souffrances, sur leurs vies offertes au nom d'une grande idée, ils ont construit leur propre bien-être, édifié la richesse de Staline et plongé le peuple dans la souffrance. Après le théâtre, la vie que nous vivons m'est apparue encore plus sale et ignoble.

Hier, je suis allée avec Genia voir *Le Démon* [1]. J'ai de la chance en ce moment. Pour la deuxième fois, je vais au théâtre sans payer. Ce spectacle-là était dans un tout autre ton. À certains moments, je n'écoutais même plus, je me rappelais *Lioubov Iarovaïa*.

9 novembre 1933

Aujourd'hui, je ne suis pas allée à l'école. Je resterai toute la journée à la maison. Dehors, il neige. Je sortirais bien me promener, mais c'est impossible. Pas le temps… Pourquoi faut-il que je me tourmente ? Pourquoi faut-il que je reste des heures entières à potasser mes leçons dans l'espoir de recevoir des « très bien [2] » si c'est pour tout oublier, comme j'ai oublié tout ce que j'ai appris l'année dernière, si c'est pour ne pas m'en souvenir mieux que Alka ? Qu'est-ce que ça ferait si je laissais tout tomber, si je ne recevais plus que des « mal » ? Au moins, je serais libre du matin au soir. Je sortirais me promener, je dessinerais, je jouerais du piano ou encore j'écrirais. Et tout ça, quand l'envie m'en prendrait. Ce serait formidable. […]

Il y a des jours où j'ai une envie folle de me rouler dans la neige. Mais je sais bien qu'en fin de compte ça ne m'apporterait aucune joie tellement j'en ai perdu l'habitude. Comme j'étais bête, l'année dernière, quand j'écrivais toutes ces choses sur

1. Opéra d'Anton Grigorievitch Rubinstein et P. Viskovatov d'après le poème de Mikhaïl Iourievich Lermontov. Mise en scène du théâtre Bolchoï.
2. Le système de notation soviétique comportait cinq niveaux du « très bien » au « mal ». (*N. d. T.*)

Levka ! Que c'était naïf et en même temps vieux jeu ! Aujourd'hui, quand je relis ces passages, je m'étonne d'avoir pu écrire toutes ces imbécillités. Dans deux ans, il est probable que je barrerai ces lignes.

Je ne suis pas allée à la manifestation. La veille, je m'étais couchée tard et je n'avais pas envie de me lever de bonne heure. Le matin, j'ai écouté les hourrahs et l'orchestre à la radio. Je me suis sentie un peu frustrée de ne pas participer à la vie sociale. [quatre lignes barrées].

La jeunesse est belle dans son aspiration à lutter, dans sa volonté de justice. Elle cherche la vérité et l'atteint. Mais, après, quand la vie lui a donné de l'expérience, son désir de lutter disparaît. Elle se réconcilie avec le monde, avec le mensonge, s'y intègre, et la vilenie alentour cesse de la choquer. Moi-même, à présent, je suis résignée. Pas mal de choses qui me révoltaient autrefois ne me touchent déjà plus. Au début, je me suis réjouie de vivre plus tranquille. Mais, finalement, il n'en sort rien de bon.

11 novembre 1933

Adieu, Russie pas lavée
Pays d'esclaves et de seigneurs
Et vous, capotes bleues
Et toi, peuple soumis.
Peut-être sur l'autre versant du Caucase,
Saurai-je me cacher de tes pachas
De leur œil qui voit tout
De leur oreille qui entend tout[1].

Aimer à ce point sa patrie, aimer autant les gens qui la peuplent, et vivre au milieu d'une masse sans instruction – voilà qui est encore plus terrible. Vivre parmi ce peuple russe, grossier et

1. Célèbre poésie de Mikhaïl Iourievitch Lermontov (1814-1841) : « Adieu Russie » (1841). Suivent deux lignes barrées.

sauvage, qui ne comprend rien. Peuple féroce et impulsif comme peut l'être une bête fauve qui ne reconnaît que la nourriture et les os qu'on lui jette, qui ignore l'honneur et la fierté.

Vivre dans un état de fureur perpétuelle contre tout, les choses et les gens, à commencer par les couches les plus basses, les paysans illettrés. [une ligne barrée] Haïr cette foule imbécile, soumise jusqu'à l'absurde mais aussi, parfois, révoltée jusqu'à l'atrocité, et consacrer toutes ses forces à lui venir en aide. Il n'existe pas sur terre un seul État qui puisse égaler par son immensité, ses talents et son obscurantisme notre pauvre « Russie pas lavée ».

12 novembre 1933

Dans un mois et demi, ce sera mon anniversaire. Ça ne me réjouit pas. Il est passé depuis longtemps, le temps où j'y pensais longtemps à l'avance, où je comptais les jours et les heures. Aujourd'hui, je suis incapable de me réjouir, même en me forçant. […]

[…] [*14 novembre*]

18 novembre 1933

« Être un monstre, c'est une malédiction ! »… L'autre jour, n'ayant pas école, je me suis levée tard et de mauvaise humeur, au bord des larmes. Et soudain, sans crier gare, voilà qu'une idée m'est venue comme si elle me tombait du ciel, une idée qui m'a charmée par sa nouveauté : « Tout arrêter et travailler à la maison. » En un instant, ma mauvaise humeur s'est envolée. Rester seule dans l'appartement pendant des journées entières, quelle merveille ! Je me suis représentée ce que serait cette nouvelle vie : je jouerais du piano, je me promènerais, j'écrirais, je dessinerais, je lirais deux fois plus de livres et, bien sûr, j'étudierais.

Tout au long de cette journée où je n'avais pas classe, je n'ai fait que penser à ça tant cette idée me séduisait. Après, quand les jours d'école ont recommencé, je n'ai plus eu le cœur gros : je me couchais le soir et me réveillais le matin avec une même pensée en tête : « Bientôt, bientôt… » De temps à autre, je me mettais à douter, évidemment. « Peut-être que ce n'est pas réalisable ? Quelle bêtise t'es-tu encore inventée ! » Et alors, je traînais, l'âme en peine. Je détestais l'école à un point indicible. Tout me répugnait, les élèves comme les profs. À l'idée d'être interrogée, j'étais terrorisée. Tout à l'école m'était atroce.

29 novembre 1933

Quand et comment la chose s'est-elle faite, je ne sais plus et, d'ailleurs, quelle importance ? Toujours est-il que je ne vais plus à l'école. Je reste à la maison, toute seule, et je suis d'une humeur radieuse. Assise toute seule, je ris beaucoup, ou bien je me mets à courir dans toute la maison. Je joue des heures au piano, je lis un peu. Chaque jour, Xioucha vient me voir pour m'apporter des nouvelles de l'école, de cet endroit avec lequel je ne voulais plus avoir de rapports. Comme il m'exaspère, ce lien que je suis bien forcée de conserver. D'un autre côté, c'est déjà bien qu'une partie de mes désirs se soient réalisés.

Le temps passe très vite et sans que je m'en rende compte. À présent, j'étudie moins mais avec grand plaisir. Pour la première fois aujourd'hui, mon repos a perdu un peu de son attrait. C'est parce que Genia est de cette humeur désagréable qui était la mienne naguère, et qu'elle me l'a repassée. Mon insatisfaction d'autrefois reprend de la voix, et aussi ma colère contre la vie. Pendant le déjeuner papa a dit pour plaisanter : « Et si on partait tous les deux en voyage à travers la Russie, puisque de toute façon on ne me délivrera jamais de passeport[1] ? » Je me suis écriée : « Oh oui, tout de suite ! », et un frisson de plaisir m'a secouée.

1. Comprendre : l'autorisation de résider à Moscou, tamponnée sur le passeport.

Immédiatement, des images captivantes se sont dessinées dans mon esprit… Des forêts, des champs, des visages nouveaux, des villes inconnues… Des cours d'eau bruyants, des rivières paisibles. Un entrelacs sombre de branches et de feuilles, une herbe épaisse et odorante, un tapis d'aiguilles de pins humides, la mer à perte de vue, du seigle ondulant sous le vent… le vent, agréable brise d'été… Et, par-dessus le tout, le ciel… un ciel bleu et lointain, tantôt pris de fureur, tantôt empli de tendresse, tantôt nuageux et tantôt limpide… à peine rieur le soir et turquoise le matin…

S'enfoncer dans une forêt où l'homme n'a jamais posé le pied, s'allonger sous des bouleaux aux troncs moussus et presser son corps contre la terre ; se laisser tomber dans une herbe claire qui sente bon la santé et, les mains sous la tête, regarder en l'air les branches entremêlées former un dôme qui palpite sous l'effet de toutes ces petites feuilles en train de se battre, de bruire et de briller au soleil ; suivre des yeux le bercement régulier des cimes de bouleaux minces et blancs comme la neige, et entrevoir le ciel tout bleu, radieux, sans un nuage et baigné de soleil.

À quoi bon étudier et se plonger dans les livres ? Je ne suis pas faite pour les pièces étouffantes ni pour la foule. La liberté, la liberté, voilà ce dont mon cœur a soif ! Me fondre dans la nature, c'est cela que je veux ! Prendre mon envol très haut au-dessus de la terre et partir avec le vent… Jusque dans des contrées lointaines et inconnues. Hélas, on me tient enfermée, on me tourmente, on me torture, on m'écartèle. On empoisonne ma vie.

5 décembre 1933

Ma seconde semaine à la maison s'est déroulée très vite et sans que je m'en rende compte. La perspective de retourner à l'école m'épouvante. Pourtant, ça va se produire, et très bientôt. Les examens de fin de trimestre ont déjà commencé et maman dit que je dois les passer. Je vais encore rester cinq jours et puis, j'y retournerai. Ça ne me paraît plus aussi affreux qu'avant, mais j'ai peur que ça ne le redevienne très vite. En ce moment, je me sens en pleine forme. Mon humeur est paisible. C'est parce que je ne vois personne, parce que je ne parle à personne, parce que je passe mon temps toute seule et qu'il n'y a personne pour me rappeler ma laideur bigleuse.

Alors je l'oublie. Mais il suffira que je rencontre quelqu'un que je ne connais pas et que j'échange avec lui deux ou trois mots, pour qu'immédiatement je me remémore avec une sensation intolérable ce regard affreux qui est le mien. J'essaie toujours de ne pas regarder mon interlocuteur en face, de me détourner, de pencher la tête sur le côté, mais en même temps que je fais ça, une fureur compacte s'insinue dans mon cœur contre le monde entier et contre moi-même. C'est déjà affreux de se sentir laid, mais c'est encore plus affreux de se trouver parmi des gens normaux et de deviner qu'ils voient votre laideur. Les autres pensent que je suis sauvage, mais ce n'est pas vrai.

Comme on a raison de dire : « L'âme d'autrui est une forêt profonde. » Personne ne saura jamais ce que ma laideur a fait de moi. À présent, je suis doublement un monstre : un monstre sur le plan physique et un monstre sur le plan moral. Le premier a engendré le second. Une chose est sûre, c'est que cette monstruosité physique a défiguré mon cœur. Elle l'a façonné à sa ressemblance et a fait de lui une effroyable boule de contradictions. C'est elle qui m'a forcée à garder le silence, à être méchante, à souffrir. Alors que tout au fond de mon cœur, brûle parfois le désir fou d'être quelqu'un comme Genia, comme Lalia, comme maman et le reste du monde. Le fait de savoir que ça n'arrivera jamais m'est insupportable.

[…] [*15, 16 décembre 1933*]

20 décembre 1933

Je suis à la maison… Le temps est chaud et calme. Les nuages saupoudrent une petite neige légère qui n'est même pas froide, qui rafraîchit le visage. À l'ouest, le ciel remonte en décrivant une ligne plus bleue et l'on voit le lointain entre les nuages. Donc, je suis à la maison. Je m'ennuie un peu par moments, je me languis du froid, des horizons bleutés et du ciel clair qui vire au bleu.

Je me suis promis de sortir me promener tous les jours pendant les vacances. Si Xioucha restait à Moscou, nous irions patiner ensemble et courir sur le mont aux Moineaux. Mais elle ira à la campagne, et c'est la seule personne avec qui je peux me promener. Et maintenant ? Sortir toute seule dans les rues en tournant la tête de tous côtés pour voir s'il n'y a pas un voyou dans les parages ? Non, c'est impossible.

L'autre jour, j'ai surpris une conversation entre maman et papa à mon sujet. Papa disait : « Elle est tellement limitée qu'elle ne s'intéresse à rien si ça ne la touche pas directement. Elle en vient à ne plus savoir parler. » Ça m'a fait de la peine et ça m'a vexée. Au début, j'ai voulu parler avec papa et puis, j'ai changé d'avis. À quoi bon m'humilier encore ?

Je n'aurai pas la vie facile sur terre. À quoi suis-je bonne ? À vérifier des chiffres dans un bureau ? À faire la classe à des enfants méchants qui se moqueront de moi ? Ce n'est pas un destin enviable, mais je n'arriverai à rien de mieux. Peut-être qu'à ce moment-là mes rêves m'auront quittée et que tous mes espoirs se seront éteints. Mais alors, ce sera encore plus dur de vivre ! Je comprends maintenant que les vieux se rappellent leur jeunesse avec tant de joie attristée. Quand tout cela finira-t-il ? Je veux dire ma nostalgie, ma mélancolie ?

[…] [*21 décembre*]

22 décembre 1933

Marfine Brod

Tout à l'heure, vers quatre heures, je suis sortie avec Betka. Il faisait encore jour. Il n'y avait personne dans les champs et tout était tranquille. J'ai pris le chemin qui descend vers la rivière, marchant sans m'arrêter derrière une dame. J'ai honte de l'avouer, mais tout à coup j'avais peur, moi qui aime tant la solitude. Je dois dire que c'était ma première promenade toute seule, et je me sentais un peu drôle de ne pas avoir à mes côtés quelqu'un que je connaisse.

Par bonheur, des gens suivaient le même chemin. De temps à autre, j'en croisais d'autres qui revenaient de la rivière. Derrière moi, marchait un monsieur. Un paysan est passé à cheval sur un drôle de trotteur moreau. Si je me débrouille pour faire plus souvent des promenades, je crois que je n'aurai plus peur quand je rencontre un homme que je ne connais pas. Les hommes ont déjà gâché ma vie et ils le feront encore, je le sais. À qui la faute ? À maman. Pourquoi m'a-t-elle insufflé, dès mon plus jeune âge, une peur honteuse des hommes, pourquoi ne permettait-elle pas de sortir seule ?

Comme il m'a été dur d'admettre que je comptais pour du beurre aux yeux des hommes et qu'en même temps je me soumettais malgré moi à leur jugement ! Comment se libérer de cette soumission aux hommes quand on est en permanence en leur pouvoir ? Ma peur d'eux m'a fait perdre de belles minutes de solitude dans les bois ou les champs, pour ne pas dire des heures. La perspective de tomber sur un « salaud » qui m'insulte me terrorisait. J'ai encore du temps devant moi pour changer. Dès la première occasion, je lutterai. Déjà, je n'ai plus peur de sortir seule dans la rue quand il fait noir ni de descendre un escalier plongé dans la pénombre. C'est déjà un grand pas d'accompli.

[…] [*24 décembre*[1]]

26 décembre 1933

Moscou

Au début du mois, j'ai supplié maman de me prendre un rendez-vous chez l'oculiste. Ma laideur ne me laissait plus de repos. L'école et des contacts avec certaines gens étaient trop brûlants dans mon souvenir. Tous les jours, je lui rappelais de m'inscrire pour une visite à l'hôpital, mais elle n'écoutait pas. Elle s'en sortait prétextant qu'elle n'avait pas d'argent. En réalité, elle trouvait ça inutile. Elle n'avait pas complètement tort, parce qu'il ne peut être question d'une opération. Mais j'espérais malgré tout et j'attendais. Maintenant que je suis tout le temps à la maison et sans voir personne, j'ai oublié mes yeux. J'ai cessé d'en parler à maman.

Mais voilà qu'hier, et de nouveau ce matin, elle a évoqué le sujet d'elle-même, demandant à papa de me prendre un rendez-vous. Et il a accepté sans discuter – lui qui jusque-là ne voulait pas en entendre parler. Leur attention subite m'a paru très suspecte. Est-ce qu'ils auraient lu mon journal ? Ce n'est que dans ces pages qu'ils ont pu découvrir mes angoisses. C'est tout à fait possible qu'ils l'aient fait. Bizarrement, ça ne m'a pas peinée. Qu'ils agissent comme ils l'entendent ! Quelle importance, qu'ils le lisent ou pas, du moment qu'ils ne m'en parlent pas ! S'ils m'en parlent, je ne me tairai pas. Je les insulterai comme ils le méritent !

J'ai des rapports exécrables avec mes proches. Habituée à vivre seule et repliée sur soi, je suis devenue incroyablement indépendante. Je ne supporte pas qu'on me fasse des remarques ou qu'on lise ce que j'écris. Je n'ai pas envie d'être ainsi, mais

1. Dans la Russie soviétique, Noël n'est pas fêté ; c'est pourquoi ce jour-là ne fait jamais, chez Nina, l'objet d'une mention particulière. Dans le calendrier en vigueur avant la révolution d'Octobre, la fête de Noël était célébrée à la date correspondant au 6 janvier dans le calendrier grégorien.

il suffit que quelqu'un me dise un mot pour que je me fâche, et bien souvent j'explose. C'est surtout avec papa que j'ai des relations tendues. Pourquoi ? Je n'en ai pas la moindre idée. Nous avons plus ou moins le même caractère, ça vient sans doute de là.

Je lui parle très peu. D'ailleurs, je parle en général si peu que ça en devient risible. Mais quand il nous arrive de nous adresser la parole, nous finissons toujours par nous disputer. Immédiatement, je sens gronder en moi un agacement auquel je ne peux résister. Qu'est-ce que c'est que cette diablerie, à la fin ? C'est plus fort que moi, je ne peux pas me contrôler. Papa a toujours été un peu râleur, mais ce défaut empire en vieillissant (comme chez la plupart des gens). Il râle contre tout : la radio, maman, les enfants, et moi en particulier. Dame, je suis toujours là, moi, à portée de main. Pour lui, râler c'est aussi indispensable que manger ou dormir.

Cependant, ça ne m'empêche pas d'éprouver du respect pour lui, et même un très grand respect. S'il y a une autorité à laquelle je me réfère, c'est bien mon père. Ses paroles sont tout pour moi (en sciences et en politique, il convient de préciser). [Une phrase barrée]. Pour moi, ses discours imprégnés de colère sont la vérité vraie. Et plus il est coupant, plus ça me plaît. Papa est formidable. Pour un simple paysan, devenir quelqu'un de cultivé, d'intelligent et d'extraordinairement évolué, c'est extrêmement difficile. Naturellement, nous ne lui arrivons pas à la cheville.

Si nous n'avons pas une très haute opinion de nous-mêmes, papa en a une plus basse encore. En fait, il vilipende la jeunesse soviétique tout entière. Et nous, nous en sommes les représentantes les plus limitées. Le fait que nous soyons des femmes aggrave notre cas car, pour lui, toutes les femmes sont des nullités. Il n'est pas le seul à penser ainsi. Bien des hommes pensent pareil. Une chance que je n'aie pas de frère, parce qu'il y aurait alors une différence colossale dans la façon dont papa s'adresserait à lui et à nous.

1er janvier 1934

L'autre jour, je suis sortie dans la rue pour bavarder avec Ira. Avec elle, pas besoin de se creuser la cervelle pour trouver un sujet de conversation, elle parle sans arrêt. Ce qu'elle me racontait ne m'intéressait pas. Ça me faisait plutôt rire, de me retrouver à marcher avec elle tout en l'écoutant me décrire ses tribulations parfaitement frivoles. Elle ne devait pas être très gaie non plus, sans doute, mais c'est avec un plaisir énorme qu'elle me décrivait sa vie et ses moments passés en compagnie des amis absolument charmants de V., une amie à elle de quinze ans, assez mignonne, qui a un soupirant grec de trente ans. Fox-trot et flirt pendant toute la soirée.

Qu'Ira, du haut de ses treize ans, puisse faire des choses pareilles, je ne l'aurais jamais cru si elle ne me l'avait pas raconté elle-même. Dans ce domaine, elle est cent fois plus vieille que moi. On voit déjà la jeune fille en elle : jolie, mince et pleine d'entrain, elle peut parler avec n'importe lequel des cavaliers qui l'invitent à danser. Elle prétend qu'elle s'est ennuyée au début mais reconnaît qu'après elle s'est drôlement bien amusée.

C'est ainsi que doivent être les jeunes filles, et non pas des monstres comme nous, qui croyons à l'égalité, qui exigeons d'être traitées comme des êtres humains. Mais qui nous a fourré des idées pareilles dans la tête ? Pourquoi est-ce que nous sommes gênées quand un homme paie pour nous dans le tramway, quand nous allons au théâtre sans payer notre place ? Qu'est-ce que c'est que ces bêtises ? Il serait temps de comprendre que nous ne sommes rien d'autre que des femmes, et qu'il est ridicule d'attendre que les hommes nous traitent différemment.

Je suis persuadée que le jour où le Grec l'aidera à passer son manteau, qu'il se jettera à ses pieds pour lacer ses bottines, Ira ne sera pas épatée, mais ravie. Et elle aura bien raison ! Lalia aussi considère normal que les hommes cèdent leur place aux femmes dans le tramway. Moi, je trouve ça honteux. Pour me réjouir de recevoir ces os à ronger que les hommes jettent aux femmes, il faudrait que j'admette qu'un homme m'est de cent coudées supérieur, que j'aie cessé d'espérer être un jour à leur niveau. En un mot, quand ça arrivera, ça voudra dire que je serai devenue femme, et c'est avec un petit sourire mi-ironique mi-fâché que je prendrai note de la politesse excessive dont feront preuve les messieurs en s'adressant à moi.

Aujourd'hui, papa m'a fait clairement sentir mon statut de femme : « Ah, c'est sûr que vous ne valez pas les garçons ! Les garçons, c'est bien. Vous, vous êtes des petites filles. » Et je suis restée plantée devant lui à sourire sans me fâcher. Bien sûr qu'il a raison ! Comment osons-nous nous comparer aux garçons ? Puis je me suis rappelée mes rêves ; je doute qu'ils se réalisent.

7 janvier 1934

J'étais seule dans l'appartement et c'était le bonheur. Je me disais : « Il y a deux solutions : l'une, c'est de changer ma vie, mais ce n'est pas possible ; l'autre, c'est d'en finir définitivement avec cette vie. Mais ça non plus ce n'est pas possible. Il ne reste donc qu'une seule solution. » Et là, je n'ai pas pu m'empêcher de rire en constatant l'absurdité à laquelle j'avais abouti sans le vouloir. « Il ne me reste plus qu'à continuer à vivre sans rien changer à ma vie. Est-ce que c'est impossible, ça aussi ? Nous avons donc trois solutions, toutes les trois impossibles. Mais parmi elles, la dernière est la plus possible des impossibles. »

J'avais le cœur lourd. Lourd à cause de mon impuissance. « M'empoisonner ? Oui, je le peux », ai-je conclu après réflexion, mais pas comme avant, pas en secret. Au contraire, en pleine légalité. « Si seulement quelqu'un, pour rire, avait la bonne idée de me proposer un flacon d'opium, je ne dirais pas non. Je le boirais au contraire. Mais sans que personne le sache… Non, c'est impossible. » Bizarrement, j'ai pensé à maman avec effroi. Qu'est-ce qu'elle en penserait, qu'est-ce qui lui arriverait, et aux autres aussi, mais surtout à elle ?

Tout ce qui est inévitable me cause des angoisses. Et justement, aucun de mes rêves n'est réalisable. Ma solitude aussi me tourmente effroyablement. Pourquoi est-ce que je n'arrive pas à m'en libérer ? Mais voilà, je n'ai nulle part où la fuir. Hier je me suis promenée sur le mont aux Moineaux avec Genia et Lalia. Ça a été mon premier moment de bonheur ces jours-ci. J'étais gaie, je n'ai pas pensé une seule fois à mon affreuse bobine. Tout simplement, je n'étais pas avec moi-même, pour une fois. Mais après, de retour à la maison, tout est redevenu comme avant. Tout m'a exaspérée : mes sœurs, mon père, ma mère. Maman surtout. Ah, si je pouvais vivre sans moi-même… !

Plus que tout le reste, c'est mon visage qui me tourmente. Il me tourmente très souvent, et aussi – tout autant – le fait d'être une femme. Je suis une femme. Existe-t-il une chose plus humiliante que ça ? Je suis une chienne. Mais je suis aussi un être humain, et ça m'humilie, ça me fait honte de devoir servir papa et Kolia pendant le déjeuner. De quel droit restent-ils tranquillement assis à table à bavarder et à rire alors que je dois me lever à leur demande pour leur apporter une cuiller ou une assiette ? Admettons que je sois pire qu'eux, ça ne m'empêche pas d'être un être humain, une personne libre ! Et je veux être libre !

Mais pas eux ! Eux, ils me briseront pour arriver à leurs fins. Faire de moi une esclave humiliée, voilà ce que papa s'évertue à obtenir : il veut que je ne me pose jamais la question qu'il m'a pourtant lui-même enseignée : « En vertu de quel droit ? » Est-il possible que je finisse un jour par me rendre ? Non, jamais !

11 janvier 1934

Tout à l'heure, j'étais dans la cuisine et je dessinais. Il n'y avait personne à la maison en dehors de Betka. Et voilà que des coups ont été frappés à la porte, des coups qui n'étaient pas notre code[1], mais très insistants. J'ai continué à dessiner. J'ai

1. Depuis l'été 1933, la famille avait convenu d'un code pour frapper à la porte. Le père de Nina, interdit de séjour en ville, pouvait ainsi prévenir les siens de sa présence à Moscou.

l'habitude. Je n'allais pas ouvrir, sachant que ces gens n'étaient pas des nôtres ! Si papa n'avait pas été en situation d'illégalité, je n'aurais rien eu à craindre, mais puisqu'il habite chez nous sans passeport, on peut s'attendre à tout – notamment à ce que la milice débarque inopinément. En ce moment, juste avant le XVIIe congrès, c'est la chasse aux sans-papiers. Mais de quoi ont-ils peur, on se le demande !

L'inconnu a sonné et frappé longtemps. J'ai repoussé crayons et papier, j'ai retiré mes chaussures et je suis allée dans le couloir tout doucement. À ce moment-là, une dame est sortie de l'appartement voisin et a dit d'une voix forte : « Ils ne sont probablement pas là. – Mais pourquoi est-ce qu'il y a le chien, alors ? » a répondu un homme. Et il a recommencé à frapper pendant un moment. Assise sur la malle, Betka aboyait de toutes ses forces. Moi, j'étais debout à côté d'elle, le cœur battant à tout rompre.

Betka a fini par se taire. J'en ai conclu que le type était parti. Vingt-cinq minutes plus tard, un léger coup à la porte a retenti. On a dû frapper trois fois, me semble-t-il, mais je n'en suis pas sûre. Le chien s'est remis à aboyer et, moi, à me dire sans bouger : « Il faut que tu fiches le camp d'ici tout de suite ! » Mais ce n'était pas possible. Papa pouvait arriver d'une minute à l'autre, il fallait que je sois là pour lui ouvrir. « Bon, eh bien je vais attendre jusqu'à quatre heures. Après je prendrai Betka avec moi et je filerai chez grand-mère. Est-ce que ce type allait revenir ? » Il me restait une demi-heure à attendre. Je n'ai pas su à quoi l'occuper. J'étais terrorisée, incapable de me concentrer sur quoi que ce soit. Maudits bolcheviks. Je les déteste. Tous des hypocrites, des menteurs et des ignobles individus…

17 janvier

Ce soir, à onze heures bien passées, pendant que nous buvions le thé, Nikolaï[1] est passé pour nous dire tout bas que le

1. Nikolaï Keller, cousin de Nina.

syndicat de l'immeuble avait décidé d'effectuer une fouille dans la nuit. « Partez dans la seconde, a-t-il dit à papa. Tout de suite, tout de suite. » Papa était calme et même bienveillant. Sans doute à cause du côté inhabituel de la situation. Il a fini son thé et a mangé un morceau de pain. J'ai quand même noté une certaine urgence dans ses gestes, une inquiétude contenue. Et j'ai pensé involontairement : « Quelle maîtrise de soi et quelle volonté faut-il posséder pour rester calme dans des minutes pareilles ! » Pour ma part, je me sentais près de défaillir, j'avais le cœur qui battait à tout rompre.

[...] [*18 janvier*]

31 janvier 1934

Qu'est-ce qui m'arrive ? Il n'y a pas trois ou quatre jours de ça, j'étais heureuse ; à l'école, je riais et bavardais beaucoup. Et subitement tout a changé : c'est de nouveau l'ennui et la mélancolie. Je voudrais bien comprendre d'où me viennent ces changements, mais je n'y arrive pas. Jusqu'au 28, tout allait très bien. Mais il est vrai que ce jour-là, je ne suis pas allée à l'école. Papa m'avait pris un rendez-vous avec Strakhov[1]. C'est drôle, pendant les vacances, juste avant la rentrée, mes yeux me causaient une grande souffrance intérieure. Après une coupure aussi longue, j'avais peur que ma laideur me fasse encore plus mal. Eh bien, pas du tout ! Elle ne m'inquiète plus, elle ne me fait ni chaud ni froid. J'ai complètement oublié mes yeux. Au point que le jour dit, je ne voulais même plus aller chez le docteur. Non, « ça » ne me dérange plus du tout.

Strakhov a annoncé qu'il fallait opérer. Il ne m'a pas étonnée. Il ne m'a pas fait peur non plus, parce que je me suis habituée à cette idée depuis un bon bout de temps. Ça ne m'a pas réjouie

1. Célèbre oculiste de l'époque.

pour autant. Au début, l'idée de disparaître quelques jours à l'hôpital m'a amusée. J'étais d'excellente humeur : ce qui était jadis un rêve impossible se réalisait ! Ce qui auparavant me semblait incroyable et inquiétant était devenu un événement normal, habituel.

Le rêve, c'était bien, justement parce que c'était un rêve. Je m'étais habituée à lui, je l'aimais… Mais maintenant qu'apparaît la possibilité d'en faire un réalité, je suis prise de panique. J'ai la sensation que ce n'est pas la chose à faire. Je me suis imaginée qu'après l'opération je deviendrais quelqu'un de normal mais, en fait, je sais bien que ça ne me rendra pas plus heureuse. Qu'on m'opère ou pas, je m'en fiche. Je n'y pense plus. Qu'est-ce qui a bien pu gâcher mon humeur, si ce n'est l'opération ? Ce n'est pas possible que mon entretien à l'école y soit pour quelque chose. Non, ce n'est pas ça du tout.

En fait, c'est parce que je ressens mon inutilité, toute l'horreur de la vie d'aujourd'hui. C'est ça qui me pèse : voir l'injustice, le mensonge, la cruauté et savoir que je ne peux rien faire. Qu'est-ce qu'on peut faire ? Est-il possible que l'homme ne parvienne jamais à la liberté ? Est-il possible que la liberté soit une illusion et que la lutte infinie menée par l'humanité depuis des siècles n'ait servi à rien ?

Hier matin, un stratostat a décollé en l'honneur du XVIIe congrès du Parti. Faisant fi du mauvais temps, trois casse-cou[1] se sont élevés jusqu'aux nuages au péril de leur vie et se sont enfoncés dans le brouillard. D'après les données reçues du stratostat, ils sont montés jusqu'à vingt kilomètres six cents mètres d'altitude. Les dernières informations sont parvenues à

1. Le 30 janvier 1934, Andreï Vassenko (1899-1934), Pavel Fedossenko (1898-1934) et Ilia Oussyskine (1910-1934) s'élevèrent à vingt-deux mille mètres d'altitude à bord du stratostat *Ossoaviakhim*. Mais l'appareil subit une avarie au cours de la descente et s'écrasa près du village de Potinkski Ostrog, district d'Issar, dans la république autonome de Mordovie. Les trois pilotes sont enterrés sur la place Rouge.

la terre entre trois heures et quatre heures de l'après-midi, alors que le stratostat entamait sa descente.

Et là, tout s'est terminé. Plus de nouvelles de toute la journée et de toute la nuit. Ce n'est qu'aujourd'hui que les débris d'une nacelle ont été retrouvés, ainsi que des cadavres sans plus rien d'humain : ceux des trois risque-tout emportés par leur ballon dans la lointaine stratosphère. Ils étaient allés là-haut, loin, très très loin, tout seuls au milieu d'un espace infini où l'air n'existe plus. Et soudain, ils ont senti le vent recommencer à siffler dans leurs oreilles. Ils fonçaient vers la terre, le souffle coupé, à une vitesse hallucinante. Mais, tout en bas, ce qui les attendait, c'était une mort affreuse.

10 février 1934

J'ai quinze ans. On me dit que ce sont les meilleures années de la vie. Je ne crois pas. Quand j'étais petite, j'étais très heureuse de ma bêtise enfantine. Heureuse parce que je ne lisais pas de livres et que je ne savais rien. Maintenant j'ai compris que le bonheur, c'est de la blague. Sur terre ça n'existe pas. De temps à autre, vous pouvez croire qu'il est là, tout à côté de vous ; vous n'avez qu'à tendre la main pour vous en emparer. Mais c'est un mirage. Qu'est-ce que le bonheur ? Un petit lapin dans le soleil qui court à travers la steppe et bondit dans votre main. Dès que vous fermez le poing, il vous échappe, se promène comme une petite tache dorée sur votre visage et sur vos doigts.

Comment continuer à vivre ? Dans les conditions qui sont les miennes, c'est impossible. Ah, si seulement il existait quelqu'un capable de m'indiquer le chemin ! Je suis comme un enfant perdu dans une grande ville inconnue. Il marche pendant toute une journée, pendant toute la journée du lendemain et il demande : « Où est ma maison ? » Mais les gens s'en moquent. D'ailleurs, qui peut le savoir, où est sa maison ? Chacun est occupé par sa propre maison, et l'enfant se retrouve à marcher pendant toute une semaine, deux semaines, un mois entier, dans les rues inconnues d'une ville inconnue. Jusqu'à ce qu'il finisse par se cogner la tête contre une pierre ; il tombe et les lourdes roues du tramway roulent sur lui.

Ma situation est pire encore. Je ne peux même pas continuer d'avancer au hasard parce que je suis au bout d'une impasse. Qui me tendra la main ? Qui aidera l'enfant à retrouver sa « maison » ? Les gens n'ont pas envie de m'apprendre à vivre.

Est-ce que j'ai honte de dire que je souffre ? Est-ce que j'ai honte d'ouvrir mon cœur ? Mais l'ouvrir à qui ? À papa qui nous méprise, qui ronchonne tout le temps que nous sommes bouchées, qui nous traite presque d'idiotes ? À papa qui croyait me consoler en me promettant de m'emmener au théâtre et au cinéma quand je lui demandais en pleurant de me retirer de l'école ? Comme si je faisais un caprice ! Comme si je m'abaissais à pleurer devant lui pour une broutille !

J'ai déjà assez honte de n'avoir pas su retenir mes larmes, de lui avoir donné le prétexte de me traiter, même tout bas, de gamine frivole. Et je devrais ouvrir mon âme à ce monsieur ? Lui confier mes angoisses et mes rêves ? Aujourd'hui encore, il me proposerait de m'emmener visiter le musée polytechnique ! À maman, oui, je pourrais parler, mais à quoi ça servirait ? Elle comprendrait peut-être que la vie me pèse, mais elle ne comprendrait pas mes raisons. Elle aura pitié de moi, mais elle ne me montrera pas le chemin et, le lendemain, cette conversation se sera perdue au milieu de préoccupations qu'elle doit affronter pour nourrir la maison.

Aux filles non plus (mes sœurs) je ne dirai pas un mot. Il y a peu de chance pour qu'elles compatissent à ma douleur et, de toute façon, elles ne m'apprendront rien car elles n'ont que dix-huit ans. […] Papa dit que la vie est un combat et qu'il faut se battre. Mais comment se battre ? Pourquoi se battre et pour obtenir quoi ? Se battre contre la mélancolie ?

17 mars 1934

Depuis le 4 mars, je reste à la maison. J'ai eu plus d'une fois envie d'écrire dans mon journal sans jamais m'y décider. Mes yeux me font mal. Il faut encore que je recopie tout ce que j'ai écrit à l'hôpital. Et aujourd'hui je n'aurai pas le temps d'écrire beaucoup parce qu'il est déjà plus de huit heures et que maman sera bientôt rentrée. Comme je suis restée longtemps à l'hôpital ! Quinze jours entiers. La vie là-bas m'a plu. J'ai un vague souvenir de ma convalescence, je m'en souviens comme d'un rêve agréable : des journées passées au lit, les yeux fermés, parfois à prêter l'oreille aux conversations des malades mais, le plus souvent, à somnoler de fatigue.

Je me suis vite adaptée. De parfaits étrangers qu'au début je regardais avec dégoût me sont devenus proches et compréhensibles. Le chagrin nous rapprochait, ainsi que la peur, la vie en commun dans une même salle, des envies et des intérêts identiques. À présent, je regrette de n'avoir pas écrit plus tôt, quand j'étais encore à l'hôpital, parce que je commence à oublier. Tout s'est rassemblé en un tas chaotique de souvenirs indistincts.

Depuis que j'ai replongé dans l'horreur de la vie à la maison, dans un ennui dû à l'inaction, à des envies indéfinies qui me vrillent le cerveau, je commence à regretter l'hôpital.

Brusquement, j'ai eu envie d'y retourner. Ce soir, avec Genia, je n'ai pas pu cacher ma mélancolie plus longtemps. J'ai voulu lui parler de ma solitude. J'ai longtemps cherché comment amener la conversation sur moi. J'avais envie d'ouvrir mon cœur, mais quelque chose continuait de m'en empêcher. À la fin, je me suis décidée à lâcher une petite phrase : « Ah, je retournerais bien à l'hôpital ». Genia n'y a pas fait très attention. Si elle avait été plus attentive, je crois qu'elle m'aurait comprise. Compris combien je me sens oppressée.

18 mars 1934

Il n'y a pas si longtemps, j'ai dit à Genia :

— Est-ce que tu me donnerais une fiole d'opium sachant que je veux m'empoisonner ?

— Pourquoi pas ? Bien sûr que je pourrais.

— Eh bien, moi, je ne pourrais pas… Genia, tu parles sérieusement ?

— Absolument.

— Tu m'en donneras une ?

— Oui, mais tu la trouves toi-même !

— C'est bon. Mais ne me raconte pas de salades. »

Après ça, pas très longtemps après, me rappelant cette conversation, je me suis dit : « Il faut que je m'empoisonne. C'est idiot de continuer à vivre en sachant que rien ne changera jamais, que toute ta longue vie sera comme aujourd'hui et comme hier, faite uniquement de tourments, d'une mélancolie sans espoir à propos de quelque chose mais tu ne sais pas quoi. C'est bête de vivre comme ça. »

Mais comment en terminer avec la vie alors qu'il me reste encore tant de choses à faire ? J'ai encore tellement envie de vivre, et tous mes désirs sont liés à la vie. Je me demande : « Est-ce qu'à la fin de ce mois je serai arrivée à la dernière page de ce cahier ? » Et, la minute d'après, ayant recouvré mes esprits, je me dis : « Qu'est-ce que ça peut te faire, maintenant, la fin du mois de mars ? » Mais voilà, c'est difficile de mourir quand on n'a pas tout mené à terme dans sa vie. Il faut se forcer. J'ai déjà eu le temps de vivre et de tout connaître. Si je ne le fais pas maintenant, plus tard je le regretterai.

Maman vient de me crier :

« N'écris pas trop, tu vas t'abîmer les yeux. »

Qu'est-ce que ça peut faire ? Je n'en ai plus besoin à présent ! Pourquoi est-ce que je me suis fait opérer ? Ah oui, je voulais plaire ! Mais là non plus, je n'ai pas eu de chance. Aujourd'hui, en regardant mes sœurs, je me suis donné du mal pour que mes yeux restent droits. Ça m'a été insupportable de sentir qu'il y en avait un qui continuait à partir sur le côté. Et tout à l'heure, en m'examinant longuement dans le miroir je me suis dit : « Je suis exactement comme avant. Ça suffit, j'en ai assez ! Il est temps que je meure. » Sauf que je n'ai pas envie de mourir. Est-ce que j'aurai la force au dernier moment, au moment décisif ? Il faut que j'aille chercher de l'opium chez grand-mère. Bon, j'y vais de ce pas… Oh, comme c'est dur…

21 mars 1934

Ce jour-là, je ne me suis pas empoisonnée. Pourquoi ? Surtout que j'étais allée chercher l'opium chez grand-mère. Mais voilà, pour diverses raisons, je n'ai pas réussi à lui demander de me donner la fiole. En réalité, je ne me serais pas empoisonnée même si je l'avais eue entre les mains, et je le savais avant même de partir chez grand-mère. Si j'y suis allée quand même, c'était pour remplir un devoir déplaisant mais obligatoire : me justifier à mes propres yeux. De toute façon, je n'aurais jamais avalé le poison : j'ai encore trop envie de vivre.

Cela dit, si je m'apprête à mourir, je dois penser à mon journal. Que lui arrivera-t-il ? Il va de soi qu'en ne trouvant pas de lettre d'adieu, tout le monde se jettera dessus en pensant que c'est le seul moyen de comprendre une décision aussi étrange. Ils le liront, ils commenceront à en discuter et à en faire la critique. Je vois déjà les sourires en coin que suscitera mon trésor quand ils découvriront ce que je cachais à tout le monde, ce que j'aimais d'un amour particulier et ce qui m'infligeait tant de souffrances.

Quelle horreur si mon journal tombait entre les mains de papa ! Que je sois morte ne changerait rien à l'affaire : ça ne me fait pas moins de peine de savoir qu'on me dénigrera, qu'on me traitera d'idiote, de gamine limitée, de rêveuse sentimentale et d'hypocondriaque. Tout ça a beau être vrai, peut-être, ce n'est pas en ayant sur moi ces idées-là qu'ils me comprendront, qu'ils comprendront ma mélancolie. Ils ne comprendront pas que je souffrais pour de vrai, même si c'était pour des bêtises. Que je souffrais à un degré auquel peu d'entre eux ont souffert. Et, dans dix ou quinze ans, mes sœurs raconteront à leurs enfants sur un ton de regret empreint de mépris qu'elles ont eu jadis une sœur un peu bizarre qui s'appelait Nina. […]

[…] [*24 mars*]

26 mars 1934

Je ne sais pas pourquoi, je me suis rappelé l'été et les quelques jours passés à la campagne, là où ma tante travaille. Comme c'était bien, là-bas : une petite rivière sinueuse, les inévitables bosquets de saules et les bouleaux le long des berges, des hameaux éparpillés çà et là. J'étais seule tout le temps et j'avais peur de tout : du bruissement du feuillage, du craquement des pins. Mais, en même temps, les bois, l'inconnu, tout m'attirait vers la liberté et, malgré mon angoisse effroyable, je finissais par me lancer à l'aventure.

La maison de ma tante se dressait à l'orée d'un petit bois à flanc de coteau. Les pins poussaient au milieu de broussailles épaisses. L'étroite allée qui menait vers un marais était bordée jusqu'au bas du remblai de jeunes sapins aux ramures fournies. J'errais souvent le long d'étranges corridors étroits, m'accrochant aux fourrés. Leurs branches aux aiguilles tenaces emmêlées comme une toile d'araignée ne laissaient pas passer les rayons du soleil. Parfois, je grimpais en haut des pins avec effroi mais aussi avec un plaisir secret, et je restais longtemps perchée, loin de la terre.

Un jour, j'ai suivi le chemin sur lequel débouchait l'allée, tout au bout. Il était bordé de bouleaux, et des lièvres ensoleillés sautaient vivement dans l'herbe tendre. Peu à peu, ce chemin s'est transformé en un petit sentier qui se perdait dans un marécage. Mes pieds enfonçaient dans l'herbe humide. Alentour, tout brillait et scintillait dans les rayons étincelants du soleil. J'ai scruté les ombres noires des fourrés et les feuillages qui frissonnaient en essayant de tout emmagasiner dans ma mémoire.

Le plus souvent, je passais mon temps au cimetière. Je me frayais un chemin parmi les croix oubliées, éparpillées sous les pins. Elles étaient recouvertes par la végétation et couronnées de framboisiers incroyablement touffus. J'y restais des heures à cueillir des fruits. Le soir, j'allais assister à la fenaison, je regardais les longues ombres bleues des arbres éclairés par les rayons bas d'un soleil pâle. Plusieurs fois, je suis allée jusqu'à un grand étang. Je sautais par-dessus le caniveau, je cueillais les myosotis qui poussaient dans l'herbe détrempée.

Et voilà, j'arrive au bout de mon cahier… Pas trop tôt ! Je ne sais pas pourquoi, j'attendais ce moment avec une grande impatience. À présent, surgit la question : où cacher mon journal ? S'il y avait une fouille à la maison et qu'on le découvre ? Qu'on tombe sur les passages à propos de Staline dans lesquels j'utilise des mots que la censure réprouve ? Et s'il se retrouvait entre les mains de flics qui le lisent en rigolant de mes émois amoureux ? Oui, je dois absolument le cacher.

DEUXIÈME CAHIER[1]

28 mars 1934

Eh bien, j'aurai quand même réussi à commencer un deuxième cahier au mois de mars ! Dehors, on sent le printemps. La neige a fondu presque entièrement. Même à la campagne, on n'en voit plus qu'à de rares endroits. Les potagers sont gorgés d'une eau printanière et, sur les plates-bandes roussies, les choux de l'année dernière dressent tout droit leurs tiges desséchées qui ressemblent à des piquets. Sur les mamelons et les monticules, l'herbe de l'an passé commence à peine à verdir. La rivière s'est élargie. L'eau a une teinte d'acier qui lui vient de la glace qu'on distingue encore sous les flots, bien ancrée sur le fond. Elle s'agite avec brusquerie et projette sur la glaise humide des berges des vaguelettes toutes en longueur, qui frisent à peine sur les cailloux.

Le vent, fort et constant, se rue sur les bosquets solitaires et crie dans les branches encore nues. Le mont aux Moineaux, de l'autre côté de la rivière, paraît minuscule. La terre, gluante de neige fondue, forme des plaques noires sur les pentes, çà et là. Le vrai printemps n'est pas encore là. On verra quel effet il produira sur moi. Pour l'instant, il me laisse de marbre. La seule chose que me fait ce vent jeune et revigorant, c'est de me forcer

1. Ce deuxième cahier va du 28 mars 1934 au 6 avril 1935.

à respirer plus profondément, plus activement. Sinon, je ne ressens rien.

L'école reprend dans trois jours. Je suis bien contente de ne pas y penser. Je fais comme si j'avais encore deux semaines de vacances. Tous ces jours-ci, je me suis passionnée pour les fleurs. J'ai planté des graines avec maman et, maintenant, j'examine les pots une bonne dizaine de fois par jour dans l'espoir de voir apparaître les petites pousses. Je bâtis des plans grandioses concernant l'avenir de mes plantations (même dans ce domaine, les rêves ne me quittent pas). Je vois déjà le chêne montant jusqu'au plafond, le thuya devenu gros et duveteux. Comme ils embelliraient ma chambre ! Mais ce n'est qu'un rêve.

En ce moment, je lis un livre qui m'est interdit *De l'autre côté de la porte*[1]. On me l'a déjà pris des mains et, après ça, je ne l'ai plus vu pendant longtemps. Tout à l'heure, je suis tombée dessus par hasard, alors il va de soi que je n'ai pas raté cette occasion de le lire. À vrai dire, si ce n'était qu'un roman scabreux, je n'y tiendrais pas autant que ça. Mais il se trouve que ce sont les notes d'un médecin vénérologue. J'y découvre une quantité d'informations. Par conséquent, j'ouvre grand mes yeux sur des choses de la vie que je considérais jusque-là à travers le voile de l'ignorance. J'ai encore bien des illusions à perdre.

[…] [*29 mars, 5 avril 1934*]

11 avril 1934

La deuxième semaine de six jours vient de s'achever. Finalement, c'est supportable. Je travaille beaucoup moins. J'ai décidé de m'offrir une pause, de ne recommencer à bûcher qu'à partir du premier mai, avant les examens. L'école m'entraîne et je me laisse porter. Je ne pense plus à l'hôpital, à la Zaria avec ses

1. Traité du médecin vénérologue Lev Semionovitch Fridland (1888-1960), réédité cinq fois.

yeux bizarres qui la faisaient ressembler à une Japonaise, à la Nioura toute mince, minuscule, qui avait un gentil visage, une voix douce et haut perchée. J'ai même oublié la belle Nina et ses grands yeux expressifs ombrés de longs cils.

De temps en temps, rarement, les hautes chambres blanches repassent devant mes yeux comme une vision agréable, les lits doux et propres, la silhouette sévère et sympathique du Dr Strakhov ou encore la salle d'opération baignée de soleil. Mais à ces souvenirs agréables s'ajoutent involontairement ma déception que l'intervention n'ait pas réussi. À présent, je pense très peu à mes yeux. J'ai tellement dû y penser avant que, maintenant, ils m'ennuient. Et puis, mes derniers espoirs se sont écroulés. Ma colère s'est changée en une sourde soumission.

Les examens aussi, j'essaie de ne pas y penser. C'est trop angoissant et c'est encore loin. L'école m'a prise dans ses filets. Là-bas, je me repose de moi-même, j'oublie mes rêves de bonheur et l'obligation d'étudier encore pendant de longues années. Là-bas, vous n'êtes pas toute seule. Autour de vous, il y a des dizaines d'enfants dans une situation plus ou moins semblable à la vôtre. Vous êtes en contact avec des professeurs que vous connaissez déjà et avec d'autres qui sont nouveaux. Les uns vous plaisent, les autres pas. Là-bas, vous pouvez apprendre des choses que vous ne supposiez pas et les voir se produire sous vos yeux.

Changer de classe, parfois en courant dans les escaliers, apaise l'âme et les pensées. Vous parlez entre les cours. Pendant la leçon, vous pouvez dire ce que vous pensez à vos camarades et ça vous procure une certaine satisfaction. Je n'ai de problème avec personne : je suis en bons termes – même excellents – avec toutes les filles. Quant aux garçons, nous n'avons aucun rapport avec eux.

La répartition des élèves dans les différentes classes est très réussie. La nôtre est formidable. Nos deux voyous, Leïdman et Gorelova, ont été renvoyés depuis longtemps, nous n'avons plus avec nous que Levka P., Boudoulia, Antipotcha, Tolka, Filia, Timocha, Zinok, Linde, Sakharov et Ouklon. Des garçons bien élevés pour la plupart, sages et sympathiques. Ils vivent de leur côté, sans se mêler à nous.

Levka Popik est toujours aussi long et drôle à voir. Maintenant, je l'aime bien. Il a une bobine marrante et il est toujours de bonne humeur. Ses yeux bleus brillent, étincellent. Presque chaque jour, son nom est reporté dans le journal de classe, mais ce n'est pas un houligan pour autant. [...] Boudoulia, son copain, est un petit gars amusant, au rire sonore communicatif et aux grands yeux bleu clair. Quant à Antipa, c'est un intellectuel jusqu'au bout des ongles. Il est bon en classe et ses blagues sont spirituelles. Il a un visage tout à fait ordinaire et une voix un peu nasillarde. Tolka n'est dans notre classe que depuis cette année (c'est un redoublant). N'empêche, il est très sympathique. Son sourire lui va si bien que, quand il rit, il devient assez beau, avec ses fossettes et la malice qui scintille dans ses yeux.

Timochka, lui, a tout d'un jeune paysan, avec son visage placide. Le moins sympathique de tous, c'est Zinok qu'on appelle ainsi parce qu'il a depuis toujours un faible pour Zina Tiourina. Il y a eu pas mal d'histoires très déplaisantes à cause de lui, c'est pour ça qu'on ne l'aime pas beaucoup. Les garçons se moquent de lui à longueur de temps. Il est de caractère renfermé, pour ne pas dire secret. Quand on le regarde, on pense presque tout de suite : « Méfie-toi de l'eau qui dort. »

Sakharov, je ne le connais pas du tout. Il est arrivé dans notre classe en cours d'année. Il est un peu bizarre et ne parle pas. Son silence lui vaut pas mal d'« insatisfaisant ». Sa voix est basse. Avec son teint mat et ses grands yeux couleur d'agate, il a l'air d'un Tsigane. Enfin, il y a Ouklon, un maigre surnommé le « poivrot » à cause de son long nez grenat. Il est un peu empoté. Je ne sais pas pourquoi, c'est le meilleur ami de Linde.

12 avril 1934

Quand je suis retournée à l'école, deux garçons m'intéressaient : Levka et Linde[1]. Comment est née mon attirance pour Levka ? L'année dernière, quand il a débarqué dans notre classe, ce beau garçon aux yeux bleus, fils de Iou. I.[2], nous a paru formidable, à la fois différent et tout à fait simple, plein de gaieté. J'ai tout de suite éprouvé pour lui un intérêt inhabituel qui s'est transformé en quelque chose de plus important. Après un mois passé à l'observer, puis un deuxième, j'ai compris que c'était un gamin ordinaire. Si mon petit cœur a continué à battre pour lui, c'était surtout par habitude parce qu'en fait mon sentiment avait disparu.

À présent, mon intérêt s'est fixé sur Linde. C'est un original plus encore que Levka. Il ne se distingue pas par la beauté de ses traits, mais il vous retient par son esprit. [...] Je me demande souvent ce qu'il a de particulier. « Ou bien c'est un génie comme on a rarement la chance d'en rencontrer un, ou bien c'est un crétin tout aussi exceptionnel. » J'aimerais bien le savoir. [...]

18 avril 1934

Vivement l'été... ! Je n'ai plus cœur à rien. Kolia et grand-mère me traitent de paresseuse sous prétexte que je pense aux vacances. Mais ce n'est pas vrai. Il faut bien avoir envie de quelque chose, n'est-ce pas ? et rêver.

En ce moment, je suis toute seule dans l'appartement. Maman est chez une amie, et papa n'est pas là non plus. J'ai des relations extrêmement mauvaises avec lui. Parfois je ne peux pas le supporter et souvent je le déteste. C'est surtout quand il com-

1. Dima (Dimka) Linde, entré dans la classe de Nina l'année précédente.
2. Iou. I. : il s'agit de Ioulia Ivanovna, professeur de Nina, responsable de la classe.

mence à me poser des questions qu'il est épouvantable. Hier, nous nous sommes disputés parce qu'il m'avait traitée d'idiote et dit toutes sortes de grossièretés. Je me suis promis de changer ces relations insupportables. J'ai décidé de lui parler mal moins souvent et d'être plus caustique, mais aussi de ne rien lui demander, de ne pas être gentille avec lui.

Son obstination me rend folle. Souvent, je bénis le ciel de ne pas vivre au XVIIIe ou au XIXe siècle, quand le père était le seigneur tout-puissant de la famille. Sous sa férule, nous n'aurions pas eu la vie douce. Mon antipathie pour lui atteint un degré tel que je regrette parfois d'avoir un père. Parce que si je n'en avais pas, je pourrais au moins me l'imaginer bon et gentil.

Genia et Lalia disparaissent toute la journée à leur institut. Lalia n'a pas de problème avec ses études, Genia a plus de mal. Elle me fait pitié. J'ai maintenant des rapports assez bons avec mes sœurs. Sans doute parce que nous ne nous voyons presque pas. Il y a trois jours, j'avais une envie irrépressible de tout raconter à Genia, d'être totalement sincère avec elle, mais je n'ai pas pu. Je ne peux pas m'appeler la loucheuse… Ça me fait trop honte. J'en ai même pleuré ce soir-là, sans qu'elle me voie. […]

[…] [*22 avril, 6, 8, 9 mai 1934*]

18 mai 1934

La paresse et l'apathie me gagnent de plus en plus. Je ne me serais même pas décidée à écrire aujourd'hui s'il ne s'était pas passé hier cette histoire dont je n'arrive pas à me libérer. Hier, donc, vers huit heures du soir, Xioucha est passée me chercher pour aller jouer au ballon chez Ira. Nous serions parties dans l'instant si Genia, je ne sais plus comment, n'avait entamé une discussion à propos des garçons de notre classe. Et voilà que Xioucha ne trouve rien de mieux à dire que :

— Eh bien, moi, je sais quel est le garçon qui court après Nina.

Je me suis mise à rire :

— Après moi ! Ça m'étonnerait. On ne peut pas en dire autant de toi.

Et Xioucha de continuer :

— Un grand.

— Qui ça ? s'est écriée Genia. Un blond ou un brun ?

— Un blond avec des yeux bleus.

Que pouvais-je faire ? Éclater de rire et partir jouer ? N'empêche que c'était vache de sa part. Infect, même ! Je ne pouvais pas laisser passer ça, je devais exprimer ma contrariété, donner à Xioucha une bonne leçon pour s'être permis de raconter des salades. J'ai jeté le ballon et dit méchamment :

— Je ne pars plus. Vas-y toute seule !

J'étais très en colère. Je me suis assise à mon bureau et je me suis plongée dans un livre.

— Allez, Nina, fais la paix ! Sinon je vais me dire qu'elle a raison, a dit Genia.

Sa phrase m'a fait hésiter et je me suis précipitée à la suite de Xioucha pour la faire revenir, mais elle était déjà partie. Après, je me suis traitée de tous les noms pour avoir voulu me réconcilier. J'ai essayé de m'occuper. Impossible de me concentrer. Comme quoi, une chose qui n'en vaut pas la peine peut vous mettre la tête à l'envers. J'ai fini par sortir, incapable de rester à la maison. […]

Ennui et désespérance, comme avant. Je n'ai vraiment pas envie de réviser ma géographie et, demain, c'est l'examen. Maman m'a appelée pour aller faire une promenade avec elle. J'ai refusé. Je n'en ai pas du tout envie. Qu'est-ce que je ferais entre papa et elle ? <u>Papa recommencera à me tourmenter avec ses grands discours rationnels. Ces derniers temps, je ne le supporte plus. Tout ce qu'il dit m'exaspère. Je lui parle grossièrement, en prenant un air ironique. J'ai beau me promettre de changer, c'est toujours pareil entre nous</u>.

[…] Tout à l'heure, je suis sortie. Le temps était à l'été. Les parfums vous faisaient tourner la tête. Genia et Lalia sont à la campagne, Maman et papa sur le mont aux Moineaux. Moi, je n'ai envie d'aller nulle part. Mais en même temps, je ne supporte pas de rester à la maison. Je suis aux aguets, tendue ; je prête l'oreille à tous les bruits de pas et de voix dans l'escalier. À tout moment, quelqu'un de chez le syndic ou de la milice peut débarquer pour s'informer des faits et gestes de papa. Ce n'est pas agréable. […]

[…] [*20, 27 mai*]

1er juin 1934

Il n'y a pas bien longtemps, je me demandais encore avec passion quand je passerais enfin en septième, quand j'en aurais fini avec l'école de sept ans[1]. J'ai l'impression que c'était hier. À l'époque, ça me paraissait abominablement loin, un rêve inaccessible. Et voilà qu'il est réalisé : je suis admise en septième. Ça ne me fait aucun plaisir. La perspective de finir bientôt l'école me laisse tout aussi froide. Je me demande pourquoi et je songe : « Après, ce sera la même chose, étudier et toujours étudier. D'abord terminer l'école de neuf ans, ensuite faire des études supérieures. Pour faire quoi, après ? Travailler ? Mais là, ce sera pire encore, parce que, tant que vous étudiez, vous êtes porté par une sorte d'espoir, alors que le boulot… » […]

Hier, je suis allée à l'école récupérer mon dossier scolaire. J'ai des « très bien » dans presque toutes les matières, mais je ne suis pas citée au tableau d'honneur parce que je n'ai pas accompli de travail social[2]. Dommage. L'année prochaine, j'ai la ferme

1. L'école secondaire se divisait en deux cycles. Le premier durait sept ans. Après cela, l'élève était dirigé soit sur l'enseignement professionnel ou l'apprentissage, soit sur le second cycle de deux ans supplémentaires, ouvrant sur les études supérieures. (*N. d. T.*)

2. Activité non scolaire tournée vers le bien général, comme le soutien scolaire aux petites classes, organisation de sorties, etc., généralement supervisée par les organisations de jeunes (pionniers ou komsomols). (*N. d. T.*)

intention de ne plus rien faire à l'école. Si je ne change pas d'avis, tout ira bien.

À l'école, on nous a fait attendre plus de trois heures, mais le temps a passé vite et dans la bonne humeur. Le prof responsable de notre classe nous a donné des devoirs pour les vacances et, à partir d'une heure, nous avons travaillé. Je suis tombée sur Levka, venu à l'école pour la même raison que moi. Je ne peux m'empêcher d'éprouver pour lui un sentiment différent de celui que j'ai pour les autres. Est-ce qu'il me plaît ? Sans doute. Mais pas du tout comme l'année dernière. À l'époque, c'était un sentiment plus fort, plus précis. Il n'a pas complètement disparu, il s'est mué en une sympathie qui s'exprime par mon désir de le voir plus souvent, de parler avec lui, de faire une activité qui nous réunisse.

Rien à voir avec ce que j'éprouve pour Linde. Lui, il m'est souvent antipathique. Je ne veux avoir avec lui ni conversations ni rencontres. Pourtant, en sa présence, j'ai toujours envie qu'il ait de moi une meilleure opinion que celle qu'il a des autres filles. Il n'y a pas très longtemps, je suis tombée sur lui dans la rue. C'était le 29 mai. J'étais allée passer l'examen de chimie et je revenais de l'école sur les coups de huit heures du soir, plongée dans mes impressions de l'examen. J'avançais d'un pas vif, sans prêter attention aux passants et je n'ai rien vu. J'ai seulement senti que je venais de croiser quelqu'un. Je me suis retournée. C'était Linde. Avec son pantalon court et sa *tubeteïka* [1], il avait l'air un peu gauche. Je me suis retournée plusieurs fois, toujours en souriant. Dommage que je n'aie pas vu son visage. S'il n'était pas passé si près de moi, je ne l'aurais même pas remarqué. Il avait dû me reconnaître à la dernière minute, car il m'avait presque heurtée et s'était vivement écarté. C'était ce mouvement qui m'avait tirée de mes pensées. [...]

Quel dommage que je sois myope ! Le temps qu'il me faut pour regarder un visage. Que ce doit être agréable d'être belle !

---

1. Petit chapeau rond brodé traditionnel porté par les hommes d'Asie centrale. Ce détail suggère que Linde est originaire d'Ouzbékistan. (*N. d. T.*)

Une sensation qui doit vous aider à tenir la tête haute, consciente d'être admirée, au lieu de baisser les yeux dans l'attente des rires moqueurs. Je me souviens, maman a dit un jour que la beauté aussi s'accompagnait de pas mal de souffrances. Mais que sont ces souffrances, comparées au bonheur qu'elle apporte ? Les petits grains de chagrin s'y dissolvent. J'aime les gens beaux, j'aime contempler la beauté, étudier les moindres traits d'un visage, les plus petits éclats d'un regard.

Aujourd'hui, Ira m'a apporté un bébé moineau qui avait encore le bec jaune. Ça m'a fait une joie folle, comme à un enfant. Je me suis occupée de lui pendant toute une heure. J'ai essayé de le nourrir et de lui donner à boire. Il n'a rien avalé. Tout ce que je fourrais dans son bec y restait coincé. Ou bien il est encore trop petit ou bien il est trop faible, ce qui est plus probable. Il dort tout le temps dans le nid que je lui ai fabriqué. À coup sûr, il sera mort demain. Et moi qui aimerais tant l'élever…

Donnez-moi de petites joies et des soucis comme celui-là, et je serai heureuse. Finalement, je me révèle une femme tout à fait ordinaire. Je comprends maintenant pourquoi les femmes désirent tant avoir un enfant : pour se créer un bonheur à elles, pour remplir le vide accablant de leur cœur.

[…] [*4, 9, 10, 14 juin*]

20 juin 1934

Tous ces jours-ci, j'ai voulu écrire. Finalement je ne le fais que maintenant. À première vue, les jours de liberté passent sans qu'on s'en aperçoive, à faire mille et une choses sans intérêt.

Ces derniers temps, je tricote des chaussettes, occupation qui n'a pourtant rien d'amusant. J'y ai consacré des heures. Je me suis emmêlée dans les rangs, j'ai dû les défaire. Je m'obstinais à finir mon ouvrage. Aujourd'hui, je capitule. Adieu, le tricot ! Je suis bien contente. Du coup, me voilà libre !

Le temps est beau. Ça me donne envie d'aller chez Ira, mais

j'ai décidé de me mettre à mon journal. Aujourd'hui, il y a eu des orages. L'air est pur, lavé, le ciel limpide, avec de gros nuages sombres massés sur les côtés, jetés les uns sur les autres n'importe comment. Je passe un long moment à rêver à la campagne tout en sachant que mes rêves sont idiots, qu'ils ne se réaliseront pas. Mais je n'ai pas envie de m'en séparer.

Hier, on a accueilli les Tcheliouskintsy, c'est-à-dire les passagers du vaisseau *Tcheliouskine* qui s'est fait prendre dans les glaces. Ces gens-là ont passé neuf longs jours sur la banquise à accomplir un travail pénible, dans l'angoisse de la mort au milieu de l'océan. Le monde entier était pendu à leur destin... Nombreux étaient ceux qui ne croyaient pas à leur retour. Mais ils sont revenus. Cela, grâce à une foule d'aviateurs audacieux qui ont osé atterrir sur de petits bouts d'icebergs perdus parmi les glaces à la dérive.

À Moscou, un accueil triomphal attendait rescapés et aviateurs. Jamais, à aucune autre fête, les gens n'ont crié hourrah avec autant d'enthousiasme. Une force irrésistible me poussait à me rendre sur la place Rouge. En écoutant la radio, j'avais l'envie bizarre de pleurer de bonheur et de sympathie pour ces grands hommes. À ce sentiment, s'en mêlait un autre, peu compréhensible : l'envie de participer à la victoire, de me fondre dans la masse des gens émus, de crier avec eux de brûlants hourrah – mais je savais que j'en serais incapable.

Toute la journée, la radio n'a fait que parler de cet exploit. Le soir, j'ai décidé d'aller accueillir l'aviateur Slepniev, qui habite dans notre quartier. Dans la rue, une grande arche avait été montée et décorée de guirlandes de rubans rouges et de fleurs. On y avait accroché le portrait de Slepniev. Vers huit heures du soir, les gens ont commencé à se rassembler. Un camion est arrivé. Dans la benne, on avait installé une table tendue d'un tissu rouge. Vers dix heures, la foule était nombreuse. Une masse de corps pressés les uns contre les autres s'étirait des deux côtés de la rue, laissant un passage au centre. La foule avançait et reculait telle une vague, sans rien qui puisse contrarier son mouvement. On avait allumé un projecteur à l'un des balcons. Tout était prêt pour l'arrivée du héros. Il n'est jamais venu.

Je suis repartie dépitée mais aussi soulagée. Pourquoi ? À cause de la bousculade que cette foule désorganisée aurait créée, qui me terrorisait à l'avance. J'étais sûre qu'il y aurait des victimes. La rencontre avec Slepniev a été reportée à aujourd'hui.

21 juin 1934

Hier, malgré mon inquiétude, je suis allée à la fête en l'honneur de Slepniev. Je traînais à la remorque Genia, Lalia et leur amie Pokrovskaïa. L'attente s'est déroulée dans une atmosphère bon enfant. Il y avait encore une cohue formidable, mais c'était malgré tout supportable. Vers neuf heures, des voix ont retenti du haut de la tribune : « Il arrive, il arrive ! Silence ! » La foule a frémi, puis s'est tue peu à peu. Deux voitures ont passé entre les rangées de badauds et se sont arrêtées tout près de nous. La foule affamée s'est jetée en avant.

Au son d'une chanson célèbre, les aviateurs sont descendus de voiture. Ils se sont avancés vers la tribune sous les applaudissements. Des fleurs volaient sur le pavé. Je n'ai repéré Slepniev que lorsqu'il a pris la parole. Je n'ai pas pu entendre ce qu'il disait, mais je me suis tendue en avant pour apercevoir son visage, sa silhouette solide en costume bleu marine. De temps à autre, il tournait la tête dans notre direction et je pouvais alors voir ses traits fermes sous sa casquette d'uniforme.

Le meeting s'est terminé rapidement, et Slepniev est rentré chez lui. Je n'ai pas couru jusqu'à sa maison à la suite de la foule, j'ai pris le chemin du retour. Cependant, je n'avais pas du tout, du tout, envie de rentrer à la maison ni d'aller chez grand-mère. J'ai erré dans les rues dans un vague état de cafard. Plusieurs fois, je me suis retrouvée devant les portes de « son » immeuble, j'ai regardé « son » portrait, et j'ai relu les mots écrits sur le gazon avec des fleurs : « Bienvenue au camarade Slepniev ». Tout cela me touchait.

Finalement, je suis entrée dans la cour. Les voitures couvertes de guirlandes de fleurs et de feuillages étaient toujours stationnées devant le perron. Des enfants et des femmes continuaient à faire le pied de grue. Je me suis frayé un passage, puis j'ai fait demi-tour en me concentrant sur la pensée : « Pourquoi est-ce que je me sens si triste ? » De nombreuses explications me sont venues à l'esprit : mes intérêts quotidiens si mesquins, ma vie entière si creuse que j'en avais envie de vomir. Comment vivre ainsi ? Il fallait que j'accomplisse un exploit, que je me rende célèbre…

En fait, je ne savais pas très bien ce que je voulais. La gloire ? Non, je n'en avais pas besoin. Voyager ? Non. J'avais seulement envie de revoir encore une fois Slepniev, de voir de près – et bien – cet homme pour qui j'avais tant souffert. Lorsque je me suis enfin calmée, j'étais déprimée.

23 juin 1934

Je me rappelle souvent les Tcheliouskintsy et les aviateurs. Leur souvenir m'exalte. Je m'arrête devant chaque vitrine pour contempler Schmidt, Slepniev et les autres. Je scrute attentivement le visage de mon aviateur et, chaque fois, il me plaît davantage. Ses traits sont beaux, ses yeux grands et clairs, un peu écarquillés par l'inquiétude, dirait-on.

Le soir, nous avons écouté à la radio la retransmission du film *L'Accueil des Tcheliouskintsy à Moscou.* La place Rouge retentissait d'un hourrah interminable, des discours étaient prononcés à la tribune. Souriantes et inspirées, Genia et moi saisissions les moindres mots prononcés par les héros avec un enthousiasme insatiable. Ensuite, nous nous sommes souvenues de ces trois hommes qui s'étaient envolés dans le brouillard jusque dans la stratosphère. Oubliés, à présent. Notre gouvernement n'aime pas se rappeler ses échecs, il préfère se vanter de ses succès. L'heure est loin, si jamais elle arrive, où l'on se souviendra des nobles noms de Vassienko, Fedossienko et Oussyskine.

Le 27, je quitte Moscou. Ma joie s'est transformée en doute. Une petite voix me dit que là-bas non plus, je ne fuirai pas mon ennui. Pourtant, j'ai quand même envie de partir. L'autre jour, je suis allée avec Lalia à la galerie Tretiakov. Les peintures m'ont déçue. Chichkine et Leviatan m'ont laissée froide, je me suis promenée dans les salles, le cœur gros. Certains tableaux m'ont impressionnée, malgré tout. Notamment *La Malade* de Polienov, devant laquelle nous sommes restées longtemps, Lalia et moi ; le tableau de Kouindji et encore quelques autres.

[…] [*25 juin, 5 juillet*]

8 juillet 1934

[…] Le 27 juin, jour de notre départ de Moscou, a été épouvantable. Le matin, j'étais allée dans le centre avec maman pour acheter des couleurs et d'autres choses encore. Une seule pensée me perforait le cerveau : les Tcheliouskintsy. Je scrutais avidement les vitrines des magasins dans l'espoir d'apercevoir une fois encore les portraits des héros, surtout celui de Slepniev.

Et c'est moi qui dis ça ! Moi qui me suis toujours moquée des filles qui s'amourachent de personnages célèbres ! En quoi suis-je mieux qu'elles ? Si chez moi « cela » n'est pas une toquade, ça n'en est pas loin.

Mon désir passionné de le voir – non plus en photo mais en vrai – avait grandi jour après jour. En cette dernière journée à Moscou, portée par un espoir singulier, je dévisageais sans vergogne tous les hommes qui portaient de hautes casquettes blanches ornées d'insignes (dont j'étais bien incapable de déchiffrer les sigles). Résultat, je regardais sous le nez aussi bien les marins que les aviateurs, et quantité d'autres gens de métiers divers. Dans les rues passantes, comme la Petrovka ou le Kouznetsky Most, ces casquettes blanches apparaissaient de partout, et je dévisageais leurs propriétaires de mes yeux de myope qui ne voient rien à trois pas.

J'avais beau me jurer que c'était la dernière fois, dès qu'un homme en uniforme surgissait devant moi, je recommençais à me dévisser le cou. Au marché de la place de Smolensk, alors que je courais vers le tramway avec maman, j'ai croisé un militaire de haute taille portant cette casquette blanche que je connaissais bien. À la vue de ce beau profil, de ces grands yeux bleus, j'ai été prise d'une émotion telle que j'ai renversé une petite fille en me retournant.

L'homme marchait à grands pas. Très vite, je n'ai plus vu de lui que sa casquette d'un blanc éclatant. « Courir à ses trousses ? » Cette pensée m'a traversé l'esprit, mais il y avait maman qui marchait à côté de moi et à qui je n'aurais jamais pu expliquer ma conduite. En plus, le tramway s'apprêtait à quitter l'arrêt. Qui était-ce ? Je l'ignore encore aujourd'hui puisque je ne connais le visage de Slepniev qu'en photo. Le soir, maman est rentrée aux alentours de sept heures. Ce n'est qu'alors que nous avons commencé à faire les bagages. J'étais quasi certaine que nous allions rater le train, mais nous sommes parties à temps pour la gare, un peu après huit heures.

Là, il est apparu que le train ne partirait pas avant une heure du matin. Attente interminable dans la sécheresse et la poussière... Debout près d'un haut mur en pierre, j'ai regardé les gens défiler devant nous pour aller se placer dans différentes queues. C'était de malheureuses gens, très simples et en guenilles, des paysans. Je me sentais complètement étrangère parmi eux, bien que je les aime. De temps à autre, passaient des individus pris de boisson qui juraient avec grossièreté.

En arpentant la gare en quête de renseignements, maman a découvert par hasard que les enfants de moins de quinze ans avaient priorité. La possibilité inattendue de monter dans le train en évitant la cohue m'a fait un plaisir fou. De toute cette journée, c'était la première fois que la chance nous souriait.

Dans le train, maman a grimpé sur la couchette du haut et s'est endormie. Moi, je suis restée assise près de la fenêtre, à écouter les conversations décousues des voisins. Après, quand le wagon s'est endormi à son tour, je me suis installée à la petite table et, le nez sur la vitre, j'ai scruté le paysage, somnolente et l'esprit vide, me laissant envahir par une sensation de quiétude.

Ce n'est qu'au matin que j'ai regagné ma couchette, mais je n'ai pas dormi. Je suis restée les yeux fermés à écouter les gens. De tous les passagers du wagon, nous étions les seules à appartenir à l'intelligentsia, à aller « à la datcha ». J'en éprouvais une honte affreuse devant ces gens à demi affamés qui ne connaissaient pas un instant de repos.

13 juillet 1934

Le tiers du mois s'est écoulé. Dans quinze jours, nous rentrerons à Moscou. C'est encore trop tôt pour y penser. En ce moment, je vis au jour le jour, sauf mes rêveries habituelles dont je n'arrive pas à me défaire et qui ne méritent pas d'être relatées dans ces pages. Ici, ce n'est pas très amusant, mais ce n'est pas non plus sinistre. La journée est remplie des innombrables petits soucis qui constituent la vie paysanne. Je reste toute la journée à la maison. Nous ne sommes allées dans les bois que trois ou quatre fois. Tout autour, ce sont des champs à perte de vue. Rien ne m'attire particulièrement.

Au début, je me suis tenue à l'écart des paysans. Maintenant ma sauvagerie s'estompe. J'écoute avec intérêt les conversations des moujiks et des babouchkas qui passent nous voir. Nous avons noué des liens avec les propriétaires et avec leurs enfants, cela va de soi. Il y en quatre : Katia, onze ans, qui a un visage rond et des yeux espiègles ; Sania, un gamin de neuf ans, tranquille, qui raisonne comme un homme ; Micha, sept ans, têtu comme une mule, et le dernier, Pétia, un gros bambin de quatre ans rougeaud et exigeant comme peuvent l'être les petits. Il est un tantinet gâté.

Je ne fréquente personne d'autre, sauf le gamin d'à côté, Egor, le fils de Khorkov[1]. Il est très vif, joyeux, il a des yeux

1. Tikhon Ivanovitch Khorkov, arrêté en 1929 avec tous les autres membres de l'artel *La Fourmi* puis condamné à l'exil. Il était revenu à Moscou après sa libération et passait l'été à la campagne avec sa famille.

noirs, contrairement aux autres enfants qui sont blonds aux yeux bleus comme les gamins russes typiques. Je suis frappée par l'indépendance et la précocité de ces petits paysans. Ils se passent très bien des grands. Dans la plupart des cas, ils n'ont pas besoin de leur aide. C'est compréhensible : les adultes étant occupés du matin au soir, les enfants sont habitués à se débrouiller.

Je vis de mes observations. Je surveille tout, je m'efforce de tout retenir. J'écoute avidement ce que disent les paysans de leur vie quotidienne et, après, je déteste encore plus les bolcheviks.

Je me rappelle les rêves idiots qui me trottaient dans la tête à Moscou, quand je pensais à la campagne. La réalité, bien sûr, s'est révélée différente, mais j'ai tellement l'habitude que mes rêves ne se réalisent pas que je n'y fais plus attention. Ma flamme artistique est en pleine déroute. Durant tout le temps passé ici, je n'ai fait que trois esquisses ratées. Mais c'est normal, d'abord parce qu'il n'y a pas la moindre nature ici et parce qu'en plus mon talent n'est pas tel que je puisse saisir mes impressions au vol.

[...] [*19 Juillet*]

30 juillet 1934

Moscou m'a accueillie encore plus mal que je m'y attendais. Dès l'instant où j'ai posé le pied sur le quai, un ennui bien connu a commencé à se faufiler en moi. À la sortie des quais, on nous a arrêtées à cause de nos paquets trop gros. Il est à croire que nous aurions dû payer une amende si le hasard n'avait voulu qu'un porteur se précipite pour nous accompagner. Nous nous somme retrouvées dehors sans encombre. On a bien ri, maman et moi, à l'idée que la même soif de gagner un kopek habitait le porteur et le gouvernement. Ça m'a fait de la peine de voir à quoi ressemblait ma patrie, d'être obligée de vivre dans un pays pareil.

Nous étions déjà sorties de la gare quand, des quais, nous est parvenue une voix de poivrot particulièrement éraillée. C'était un type jeune avec un visage horriblement mutilé, dégoulinant de bave, qui jurait comme un charretier tout en s'efforçant d'échapper à la poigne d'un milicien minuscule. Dans sa folie, il avait retiré sa chemise et agitait les bras. J'ai pensé : « Le voilà, le citoyen russe ! »

La fosse de pierre qui a nom Moscou vivait sa vie. Et sa vie, qui n'avait rien à voir avec celle qui se déroulait à 280 verstes de là, m'était étrangère. Quant aux gens de la ville, ces gens élégants, ils m'étaient tout simplement odieux avec leur teint maladif et leurs mains délicates. Je regardais les femmes dans leurs robes de couleurs vives largement décolletées ; je regardais leur visage maquillé et leurs cheveux teints ; j'écoutais les chansons ivres et les sons d'un fox-trot qui fusaient d'un petit restaurant, puis je me rappelais ceux qui travaillent des jours entiers pour gagner un morceau de pain – des gens sales qui vont en guenilles, des gens aux traits grossiers mais tellement sympathiques.

31 juillet 1934

Comme il fallait s'y attendre, mes premières heures à Moscou ont été horribles. Nous sommes arrivées à la maison à une heure du matin. J'ai frappé à la porte. Au bout d'un moment, la voix de Lalia s'est fait entendre :

— Qui c'est ?

— Nina.

— Nina ?

Dans son exclamation, il y avait de la surprise et du mécontentement, pas un gramme de joie. Ça m'a fait mal. Après, quand je me suis retrouvée seule, au moment de me mettre au lit, j'ai eu le cœur lourd…

Est-ce que je regrettais la campagne ? En fait non, mais là-bas, quand même, je me sentais mieux. Ce n'était que les derniers jours que l'ennui m'avait accablée. Alors qu'ici, allongée dans le noir... Involontairement, je revoyais les nuits noires de la campagne, le calme, la liberté, la lune ronde et blanche. Le vent souffle à peine. Dans le silence, on entend bruire les épis de seigle mur. Comme ils balancent joliment. Là-bas la nuit vibre de vie... Tout y est parfait, léger...

[...] Même le jour du départ avait été formidable. C'est moi qui avais tenu les rênes de la jument la Flèche. Qu'est-ce qu'on a pu la fouetter et la fouetter, tellement on craignait d'être en retard ! Quand elle tournait la tête vers nous et que je voyais son grand œil intelligent empli de bonté, j'en éprouvais une honte indicible. Oh, que j'ai eu pitié d'elle...

Je me souviens de Lioutka, le beau chien très vieux, et de Maroussia, la vache jaune. Que je me suis amusée à grimper sur le toit des étables avec les autres enfants ! Dès les premiers jours, je me suis sentie très bien, là-bas... Mais je dois avoir une âme de Tsigane : je suis incapable de vivre longtemps au même endroit.

[...] [*2 août*]

11 août 1934

Depuis une semaine que nous sommes chez ma tante [à la campagne], je n'ai pas une seule fois eu envie de décrire ma vie. Je n'ai jamais le temps. Je passe la journée à dessiner ou à écrire avec mes sœurs et, en plus, nous devons faire tout le ménage, de sorte que ce qui était encore frais à ma mémoire s'est maintenant estompé. Par moments, cette datcha me rappelle celle de Mojaïsk, pleine de fumée. Là-bas aussi, nous devions tout faire et nous n'arrêtions pas de crier et de nous disputer. Sauf que c'était quand même mieux. Aujourd'hui, nous avons beau avoir un an de plus, et donc être plus raisonnables, rien n'a changé.

Pourtant, j'ai l'impression que mon caractère évolue. J'ai

moins souvent le cafard. Peut-être, justement, parce que j'ai grandi, ou peut-être parce que la nature a cet effet sur moi. Je ne fais presque plus attention aux petites frictions qui surviennent entre mes sœurs et moi. Il n'empêche qu'elles sont fréquentes. Malgré tout, elles me paraissent souvent affreuses, même si je viens de dire que ce n'était pas très grave.

[…] [*12 août*]

15 août 1934

[…] Maintenant Genia et Lalia apprennent à jouer de l'accordéon. Je les regarde s'exercer avec envie. Moi aussi j'aimerais bien en jouer, mais elles ne me passent pas l'instrument et, de toute façon, devant les garçons, je n'oserais pas. Ça me fait de la peine de voir qu'on m'apprécie moins que mes sœurs aînées et qu'il y a même des gens qui ne m'aiment pas du tout. Peut-être qu'en d'autres circonstances je serais capable d'être comme elles, mais pour l'heure je ne peux pas. Qu'est-ce que je pourrais faire pour être joyeuse ? Tout se ligue contre moi. En ce moment, par exemple, j'ai envie de manger mais il n'y a pas de pain. J'aimerais bien rentrer à Moscou, j'ai passionnément envie de voir maman.

Finalement, nous nous sommes échappées de cette maison cauchemardesque où nous ne sommes pas les maîtres et où nous nous faisons punir à tout moment. Aujourd'hui s'est reproduite une des scènes si fréquentes entre Sonia et nous. Quand elle est rentrée de son travail, Lalia et moi avions presque fini de dîner. Tous les jours, nous attendons son retour dans la crainte et nous scrutons ses traits malgré nous, en nous demandant avec angoisse de quelle humeur elle sera. Aujourd'hui, justement, elle était plutôt contente. Elle a lancé :

— Ah, les filles, si vous saviez comme j'ai faim !

Je me suis aussitôt levée pour lui servir une assiette de soupe.

Le repas a commencé et nous avons continué à manger avec un certain soulagement.

Mais voilà que quelqu'un a frappé à la porte. La tête d'une petite paysanne accompagnée d'un gamin costaud est apparue dans l'entrebâillement.

— On peut ?

— Entrez donc ! ai-je répondu sans réfléchir.

Ils étaient allés à la consultation, semble-t-il, mais en retard. Sonia s'est fâchée. Elle les a grondés et les a renvoyés à l'hôpital. Et c'est de là que tout est parti.

— Pourquoi leur avez-vous dit d'entrer ? Il faut toujours les chasser, je vous l'ai déjà dit.

— Non, tu ne nous l'as pas dit.

Elle s'est mise à tempêter sans s'inquiéter de notre discrète tentative de nous défendre.

— Pourquoi est-ce que je devrais les recevoir ici ?

Après, personne n'a rien dit pendant un moment. Les gamins sont venus avec leur accordéon, et Vitia a commencé à chanter. Mais Sonia n'en avait rien à faire. Elle nous a grondées longtemps en nous reprochant notre paresse, puis elle n'a plus ouvert la bouche de toute la soirée.

17 août 1934

J'ai faim. Et aussi, j'ai envie de rentrer à Moscou. J'en ai assez de dessiner et j'en ai assez d'écouter de l'accordéon. En fait, j'en ai assez de tout. Aujourd'hui, nous dormirons à la belle étoile, mais ça ne m'amuse pas. Il y aura des garçons, je le sais, et ils nous embêteront. Enfin, ce n'est pas grave. J'ai écrit à maman pour soulager mon cœur. La nomade en moi se manifeste. Dès que je m'habitue à une chose, je perd tout intérêt pour elle et je m'ennuie. C'est bientôt l'école. Comme cette année j'ai décidé de ne pas m'appliquer, j'attends la rentrée sans peur et même avec un certain intérêt.

En ce moment, nous sommes toutes les trois assises dans le

champ. À côté, l'avoine est jaune et porte de gros grains. Derrière, il y a un bois de jeunes sapins sombres. Le ciel est clair, bleu roi, parsemé de petits moutons sous lesquels s'entassent de gros nuages biscornus aux bords étincelants de blancheur. Genia et Lalia peignent. Un petit paysan aux yeux gris plein de vivacité est venu s'installer à côté de nous depuis un bon bout de temps. De temps à autre, il émet des sentences pleines d'esprit avec une drôle de prononciation. J'attends qu'il parte pour m'allonger plus confortablement dans l'herbe odorante et me perdre dans mes rêves stupides mais pleins de bonheur.

[…] [*23, 25 août, 2, 3, 5, 7 septembre*]

10 septembre 1934

Moscou

C'est étrange, je dors beaucoup, je travaille peu et, pendant les cours (dans certaines conditions qui restent à expliquer), j'ai une telle envie de dormir que je peux à peine tenir ma tête droite. Mes paupières deviennent de plus en plus lourdes et se ferment. Aujourd'hui, au cours de sociologie d'Evtsikhévitch, notre vieille connaissance de 5ᵉ, les garçons ont écrit au tableau : « Salut à tonton Vassia de la part de Guena. »

Quand il est entré dans la classe, plus dandy que jamais avec son nœud papillon, la salle a résonné de rires étouffés. Il s'est avancé jusqu'à sa table, s'est tenu devant nous en silence et a demandé à mi-voix :

— Qui s'est… heu… distingué ? dans l'écriture de cette sentence ?

Silence général.

— Qui est le chef de classe ?

Vera Lobanova lève la main.

— Tu as vu qui a écrit ça ?

— Non. Je l'ai effacé deux fois, mais c'est revenu…

— Eh bien, efface-le une troisième.

Et tandis qu'elle frotte le tableau avec un chiffon humide, il laisse tomber platement, sur un ton mauvais :

— Nous serons obligés d'aller au cœur des choses.

Après quoi, le cours commence. Le « génie » se lève pour faire son exposé. On écoute avec impatience sa voix sèche et sonore. À certaines de ses intonations, des élèves ont des sourires vicieux. C'est pénible.

Puis Linde se lève, maigre, le teint jaune. Il s'avance vers la table du maître d'un pas traînant en se tournant de tous les côtés. J'écoute son discours. Il est entrecoupé de « meuh » de vache, et je retiens un rire dans ma manche. Je suis contente de cette circonstance qui me permet de le détailler ; je ne laisse pas passer l'occasion. J'étudie son visage, il a un grand front, des yeux d'un noir intense qui se relèvent rarement et très vite, des mouvements saccadés des mains et des pieds quand il cherche ses mots. Ensuite, j'écoute attentivement son discours. Il est intelligent et intéressant. « Zut alors, qu'est-ce qu'il parle bien ! » C'est vrai, il est brillant, ça ne fait pas de doute.

En cinquième heure, la prof de biologie n'est pas venue. Les garçons ont galopé d'un pupitre à l'autre dans toute la classe, ils sortaient dans le couloir pour revenir dans la pièce en criant « Faites gaffe ! », avant d'éclater d'un rire communicatif. Les filles étaient toutes à leur place. Les bonnes élèves étudiaient leurs leçons, les dissipées bavardaient ou échangeaient des petits mots avec les garçons.

Quant à moi, j'avais la tête dans les bras. J'étais de mauvaise humeur et j'avais mal au ventre. Je regardais les garçons s'agiter. J'en aurais bien fait autant. J'avais envie de faire du raffut. Mais mon esprit féminin et raisonnable m'en empêchait, autant que la crainte d'une réaction grossière de la part des garçons. [...]

Au dernier rang, nos garçons s'efforçaient de renverser les encriers. Aidée de Xioucha, j'ai entrepris de leur arracher le chiffon des mains pour essuyer la table. Quelqu'un avait enfoncé du papier à l'intérieur d'un encrier. Ayant réussi à le retirer, tout bleu et trempé, nous sommes allées nous poster à l'entrée de la classe, cachées de part et d'autre de la porte. Avec les filles, il n'y a pas eu de problème, mais Levka est arrivé en trombe. Peut-être ai-je tendu le bras trop violemment au moment où il s'engouffrait dans la porte, toujours est-il qu'il est tombé tête la première sur le papier plein d'encre. Il en a eu une traînée sur l'œil et tout le côté droit du visage.

— Ah, Louga ! le diable t'emporte !

De son doigt imbibé d'encre bleue, il m'a balafré la joue. Que faire, me rendre ? Jamais ! Et j'ai continué à frotter mon papier sur sa joue tout en m'efforçant de me dégager de ses bras puissants. Je le repoussais de toutes mes forces, enragée à l'idée qu'il ait le dessus. Il a fini par lâcher.

Je me souviens que, pendant la bagarre, les garçons nous regardaient en rigolant. Quand je suis retournée à ma place, les filles aussi se sont esclaffées en désignant ma figure et ma chemise sortie de ma jupe. Une fois rajustée, j'ai pris un mouchoir et j'ai couru aux toilettes avec Xioucha. J'étais très excitée. Envolé, mon ennui de tout à l'heure ! Levka est entré juste après moi. Il riait aussi en se frottant le visage, pas du tout fâché. « Je ne me suis jamais aussi bien lavé de ma vie », hurlait-il. Le monde était bien accordé.

12 septembre 1934

[…] Maman est fatiguée, malade, toujours en train de travailler. L'argent manque éternellement. Nous sommes dans le besoin. Quant à ma vie intérieure et à mes idéaux, ils sont encore plus pauvres et démunis. À l'école, la vie me prend à bras-le-corps et je ne pense pas, mais à la maison…

[…] [*13, 14, 15, 22, 27 septembre*]

1er octobre 1934

Aujourd'hui, je suis restée à la maison. Il y avait du repassage à faire et les carreaux à laver… Deux natures combattent en moi : d'un côté, la femme qui s'efforce de remplir les tâches domestiques, qui aime l'ordre et la propreté ; de l'autre, une personne qui voudrait consacrer sa vie à quelque chose de plus noble. La lutte est parfois douloureuse. Je sais que je dois vaincre la ménagère en moi mais, souvent, je n'y arrive pas. Parce que, fréquemment, un sentiment de justice vis-à-vis de maman me pousse à me soumettre.

De nouveau, je sens monter en moi une envie ridicule à l'égard des garçons. Si je n'étais pas née fille, je serais définitivement libre de toutes ces contingences. Je rentrerais de l'école et je ferais ce que je veux, sans me préoccuper des soucis domestiques. C'est égoïste, mais pardonnable. Je me dis : « Si tu veux atteindre quelque chose, tu dois effacer en toi ces bons sentiments. C'est embêtant, mais c'est indispensable. Regarde Genia et Lalia. Elles vont et viennent, sales et fagotées comme l'as de pique. Chaque jour, maman les abreuve de reproches. Mais, au moins, elles ont le temps de faire autre chose que le ménage. » Alors que moi, je n'ai que ça et mes rêveries. « Demain, c'est dit, j'apprends à jouer du piano. Quand je saurai bien en jouer, je passerai au dessin. Et après… » Et de nouveau rien ne se passe ; de nouveau ce ne sont que des rêveries. À l'école, j'ai complètement cessé d'étudier. Je ne reçois plus aucun « très bien ». Je me cantonne aux « bien ». En cela, au moins, on peut dire que j'ai tenu parole.

Parfois, j'ai envie de me lancer dans l'écriture, mais je sens bien que rien n'en sortira. Je me battrai, je rêverai et puis, je me calmerai. Je me marierai dans le seul but de me marier. Je prendrai pour mari un type sans éclat, un peu moche et, après, il m'arrivera ce qu'il arrive à tout le monde. Ah, jeunesse, jeunesse ! Heureux celui qui peut croire longtemps à ses mirages.

[…] [*2, 3 octobre*]

5 octobre 1934

Comment en est-on venu à cette histoire ridicule de pari américain[1], je ne sais pas. Quoi qu'il en soit, il faut bien reconnaître qu'il y a des moments dans la vie où l'on perd tout discernement.

L'autre jour, pendant qu'on se promenait près de l'école, Moussia et Xioucha et moi, on s'est amusées à transformer les noms de famille en les inversant. On s'est retrouvées à jouer avec celui de Vadim M., un garçon de 9e. Le résultat – Rellioum – a eu tôt fait de devenir Izioum[2]. De là à demander à Xioucha pourquoi elle ne prendrait pas ce « raisin sec », il ne s'est pas passé longtemps. Ne sachant pas de qui il s'agit, elle répond :

— Chiche, mais à condition que c'en soit un vrai.

— Ben voyons ! Évidemment que c'en est un vrai.

Nous mentons. Ni Moussia ni moi n'imaginons qu'il puisse sortir quoi que ce soit de sérieux de cette rigolade. Mais voilà que la blague devient réalité car Xioucha déclare :

— Va pour un raisin sec ! Mais qu'il soit posé quelque part, dans un endroit difficile et où il passe beaucoup de gens, insiste-t-elle.

— Oh, tu peux choisir un moment où il n'y aura personne. À toi de choisir.

— C'est bon. J'accepte. Pari américain !

— Tope-là !

Comment ai-je pu imaginer une seconde que Xioucha ne tiendrait pas son pari ? Nous lui exposons la situation vite fait et il est décidé qu'à la première occasion elle devra aller trouver Vadim M., lui toucher la main et lui dire qu'elle a fait un pari

1. Pari dont le perdant doit effectuer n'importe quel gage décidé par le vainqueur.

2. Inversé, le mot Muller (en russe : *mioulller*) devient Rellioum, proche du mot « Izioum », qui signifie « raisin sec ». (*N. d. T.*)

américain selon lequel elle doit lui transmettre bonjour de la part de Tania N. Détail inventé par la suite.

Je comprends seulement maintenant que ce pari n'avait rien d'irréalisable. Xioucha pouvait l'accomplir sans encombre. Mais à ce moment-là je me disais avec une ironie mauvaise : « Prends-en de la graine, ma vieille. Quand viendra ton tour, tâche d'être plus méfiante. » Mais ces considérations philosophiques n'ont pas grand effet quand la vie vous confronte à une blague idiote.

Pendant deux ou trois jours, nous sommes arrivées à l'école à l'heure de sortie des grandes classes afin de nous mettre en chasse de Vadim. Avant ça, ce garçon n'était rien pour moi, juste un petit bonhomme à l'air de gentleman qui semblait plaire aux filles avec son visage intéressant, ses yeux noirs et ses cheveux noirs toujours bien coiffés de part et d'autre d'une raie bien droite. Je ne l'avais même jamais regardé véritablement, car j'éprouvais pour lui une légère antipathie qui m'était devenue comme une habitude. Mais maintenant, nous l'attendons impatiemment à la sortie de l'école.

Le troisième jour devait être le bon. Xioucha devait s'avancer vers lui et remplir les termes du gage. Postées sous les arbres, nous regardions la classe de Vadim jouer au volley-ball. Il était là.

— Allez, vas-y, vas-y ! ai-je insisté, trouvant qu'il était temps d'en finir avec cette histoire.

Xioucha hésitait.

Et puis j'ai commencé à m'inquiéter. « Et si je perdais le pari et que je me retrouve avec un gage impossible ? » La cloche a sonné. Je suis rentrée en classe, quasi certaine d'avoir gagné le pari. Les filles sont restées dehors, et c'est alors que Xioucha y est allée. Je n'ai pas vu la scène de mes yeux, mais on me l'a racontée. Au moment où les garçons quittaient l'école pour rentrer chez eux, alors qu'ils avaient déjà passé la barrière et s'apprêtaient à tourner le coin de la rue, Xioucha a brusquement jeté : « J'y vais », et s'est lancée à leurs trousses.

Était-ce par hasard ou volontairement, parce qu'il l'avait

aperçue, toujours est-il que Vadim s'était arrêté. Il se tenait tout seul sur le trottoir. Exactement ce qu'attendait Xioucha.

« Selon un pari américain, je dois m'avancer vers toi et te transmettre le bonjour de Tania… J'ai oublié son nom de famille, a-t-elle lâché en tendant la main vers son bras.

— C'est tout ? a-t-il demandé en souriant.

— C'est tout, a répondu Xioucha, et elle est revenue vers les autres en courant.

« Qu'est-ce qu'elle va me trouver comme gage ? » me suis-je demandée. La veille, Xioucha avait dit qu'elle m'enverrait chez Linde mais Ira, à qui l'idée ne plaisait pas pour une raison quelconque, l'en avait dissuadée. Finalement elle a décidé que je devrais aller trouver ce même Vadim et lui déclarer que je viendrais chez lui un jour où l'on n'avait pas école. Le plus tranquillement du monde, j'ai laissé tomber : « Et alors ? Bien sûr que je lui dirai. » De retour à la maison, j'ai été prise d'une angoisse épouvantable. Impossible de chasser le gage de mon esprit. Même en m'endormant je me demandais encore : « Comment est-ce que je vais faire pour m'avancer vers lui et qu'est-ce que je lui dirai exactement ? »

Hier, nous sommes arrivées en avance afin de le repérer. Il était là, sortant du laboratoire de chimie. « Vas-y, vas-y ! » Nous sommes entrées dans le préau. C'était le moment idéal. Il était en train de traverser la salle, tout seul, et personne ne venait vers lui. D'un pas mal assuré, j'ai avancé d'un mètre. Puis j'ai couru sans bruit pour m'arrêter juste derrière lui. J'avais l'esprit en ébullition. Oh, il allait sortir dans le couloir !… J'avais juste le temps. Mais voilà, il a tourné…

Je suis revenue vers les filles. Pourquoi est-ce que je n'avais rien fait ? Une occasion pareille ne se représenterait jamais. L'instant s'est gravé dans ma mémoire. Il suffit que je ferme les yeux pour revoir ce sinistre préau vide, un garçon en costume sombre marchant à grands pas, tête baissée, et, derrière la porte, les visages rigolards des filles.

[…] [*6, 9, 10 octobre*]

12 octobre 1934

Hier : Moussia s'est retournée vers moi et m'a chuchoté :

— Nina, est-ce que tu viendras demain, à une heure, pour remplir ton gage ?

— Oui.

— Tu parles, elle ne viendra pas ! s'en est mêlée Ira.

— Si, si, je viendrai, ai-je répété en m'efforçant de sourire. Si rien ne m'arrive d'ici là.

— Ben voyons, tu vas tomber malade exprès.

— Non. Pourquoi tu dis : exprès ?

Pendant le trajet de retour, je crois bien que je me suis un peu animée. Toutefois, cette idée de ne pas venir à l'école le lendemain n'était pas tombée dans l'oreille d'un sourd. Mais comment faire ? Prendre du poison ? Je ne sais pourquoi, ça ne m'effrayait pas et ça ne m'inquiétait pas. L'idée de perdre la vie ne m'attristait pas. D'ailleurs, c'était on ne peut plus facile à faire. Chez grand-mère, j'ai dérobé un flacon d'opium. « Et si je change d'avis après en avoir bu ? » Le dîner terminé, je suis rentrée à la maison. J'ai versé vingt gouttes sombres dans une tasse et les ai bues avant de me coucher.

Et voilà, je les ai avalées. Une effroyable brûlure s'est répandue dans ma bouche, puis est remontée dans mon nez. J'étais contente de n'avoir pas flanché. Emmitouflée dans ma couette, je me suis préparée à m'endormir. Mais le sommeil n'est pas venu. Dans une demi-rêverie, je pensais à demain. Je n'arrivais pas à croire que je serais morte. C'est étrange, une partie de moi se réjouissait de ne pas être obligée d'aller trouver Dima M… [1], et l'autre avait des sursauts craintifs. « Je vais mourir ! » Quand une faiblesse vertigineuse qui avait quelque chose du sommeil a fini par me gagner, j'ai eu l'impression qu'on me tirait la tête en

1. Dima est le diminutif de Vadim Muller. (*N. d. T.*)

arrière. Je me suis jetée en avant dans un mouvement fébrile, roulée en boule.

Plus tard, maman est entrée dans ma chambre pour y prendre quelque chose et je me suis réveillée. J'ai eu envie d'ouvrir les yeux. J'ai pensé : « Et si je m'étais trahie d'une manière ou d'une autre ? » J'ai regardé la lumière aveuglante entre mes cils baissés et je me suis calmée sitôt qu'elle a eu éteint la lampe. Je lui ai posé une question. Quelques minutes plus tard, j'ai regardé mon réveil : une heure moins vingt. « Mais qu'est-ce que ça veut dire ? Il s'est déjà passé deux heures et demie ! » N'y tenant plus, je me suis assise dans mon lit, le menton posé sur les genoux. « Vingt gouttes. Et si ce n'était pas de l'opium ? Non, impossible. Mais comment ça se fait que ça ne marche pas ? » J'ai pris mon pouls. Il battait à toute allure et j'avais chaud. Rejetant la tête en arrière, je me suis allongée sur le dos. « Mais qu'est-ce que ça veut dire ? »

Je me suis encore réveillée au cours de la nuit. Il faisait tout noir et la lune jetait une tache de lumière sur le mur. « C'est trop cruel. Est-ce qu'on m'aurait menti ? Est-ce que ça ne serait pas de l'opium ? Et je vais être obligée d'aller trouver M… ? Non, ce n'est pas possible ! » Que faire ? Maintenant, c'est sûr et certain que ça ne marche pas… Vingt gouttes… Mais qu'est-ce que c'était, alors ?

Je suis restée longtemps étendue, les jambes serrées, à essayer de trouver le sommeil. « Manquer de chance à ce point ! Pour une fois que j'étais décidée à m'empoisonner ! Le matin, je me suis levée comme d'habitude et j'ai filé chez grand-mère. Qu'est-ce qu'il contient, ce flacon ? Apparemment, c'est bien de l'opium et autre chose encore.

[…] [*18, 20, 21 octobre*]

22 octobre 1934

On dirait que mon humeur maussade est en train de passer. La journée s'est déroulée plutôt gaiement. La prof d'allemand n'est pas venue et, pendant cette heure de liberté, nous nous sommes mis en tête d'écrire à Levka. Au début, tout est allé comme sur des roulettes mais, après, il nous a abreuvées d'insultes. Quel salaud ! Nous ne lui avons plus adressé aucun papier. [...]

Moussia m'a dit l'autre jour :

— Tu sais, Nina, je vais te dire quelque chose. Il y a une personne à qui tu plais.

— Moi ?... c'est gentil... Mais il vaut mieux que tu ne me dises pas qui. Je ne pourrais plus le regarder comme avant.

— Bêtises !

— Bon... Alors dis-moi qui.

— Margocha.

— Margocha ? D'où tu tires ça ?

— C'est lui qui me l'a dit.

— Tu parles, je n'en crois pas un mot. Et quand ça ?

— Hier. Avec Ira, on lui a demandé dans un de nos petits mots qui il aimait bien. Il a répondu : « Lougovskaïa. »

Elle m'a encore sorti divers mensonges auxquels je n'ai pas cru. J'avais la tête ailleurs. Qu'est-ce qui pouvait bien pousser Moussia à me raconter ça ? Maintenant, impossible de me calmer. L'incertitude m'énerve, je meurs d'envie de savoir si cette « invention » est vraie ou pas. [...]

25 octobre 1934

Moussia est une juive menue, élégante et douce. Elle a des épaules rondes, des hanches rondes et pleines, une poitrine arrondie et une taille toute fine, des cheveux noirs très doux, des yeux marron vifs et pleins de chaleur, un teint mat et rose parfaitement lisse. Il ne m'était encore jamais venu à l'esprit qu'elle était aussi jolie. Incroyablement vive, bavarde et spirituelle, elle semble plaire aux garçons et passe volontiers du temps en leur compagnie. […]

À présent, je suis dans les meilleurs termes avec elle. Elle est très franche avec moi et je lui en sais gré, bien que je ne lui rende pas la pareille. Je ne pleure pas sur son épaule. Et cela pour la bonne raison que je suis incapable d'être complètement ouverte avec qui que ce soit. Mais elle n'exige rien de moi. Hier, jour sans école, Ira est allée chez Moussia et l'a plusieurs fois taquinée à propos de Margocha avant de lui montrer les dernières lignes d'un petit mot qu'elle avait reçu de lui, signé B. M.[1] Intriguée, et peut-être agacée, Moussia s'est empressée de me raconter ça. Nous avons réfléchi aux moyens d'en savoir davantage. À l'école, on ne voit aucun signe indiquant un lien entre eux. Aucun coup d'œil, aucune conversation en particulier. Est-ce qu'ils seraient capables de ne rien laisser paraître ?

À la première occasion, Moussia s'est débrouillée pour infléchir la conversation dans ce sens.

« Demain, au musée, a-t-elle dit à Margocha, qui a répondu :

— J'aimerais bien savoir ce qu'on vous dira là-bas. Tiens, je ne serais pas contre me transformer en jolie fille pendant un an ou deux.

— Jolie, comme Liza K., par exemple ? l'a interrompu Moussia.

— Oui, elle est mignonne.

— Ou comme Charova[2] ?

— D'où tirez-vous que Charova est jolie ?

— Comment ça ? Elle ne te plaît pas ?

[…] En littérature, nous avons pour professeur E. V. C'est une dame plus toute jeune avec un visage sympathique et de beaux yeux sombres. Tous les élèves semblent l'apprécier. E. V. se fâche très rarement, elle est toujours bonne, calme et apai-

1. Initiales de Margocha, qui est un surnom tiré de son nom de famille.
2. Nom de famille d'Ira (Irina, ou Irka).

sante. Je ne sais pas pourquoi, les filles ont décidé que j'étais sa chouchoute. Elles ont pris pour argent comptant un concours de circonstances et, maintenant, elles racontent n'importe quoi. Elles me demandent avec insistance de repasser l'examen de littérature afin obtenir un « T. B. » et elles se fâchent que je refuse.

Une sorte de malveillance à son égard commence à poindre en moi – quelque chose entre la vexation et la colère.

— Et toi, Lougovskaïa, tu repasseras l'examen pour avoir un Très bien ?

— Non. De toute façon, je n'aurai pas une meilleure note, ai-je répondu sur un ton catégorique et j'ai baissé le nez sur mon assiette.

Mais aujourd'hui, après le cours, Moussia vient me trouver avec un sourire resplendissant.

— C'est décidé et signé. Je te félicite.

Croyant qu'elle parle d'un pari américain, je lui serre vigoureusement la main. Mais voilà qu'elle s'en va trouver E. V. pour lui déclarer que mes connaissances valent plus qu'un « bien », qu'il faut me donner un « très bien ». Comme de juste, E. V. est d'accord pour me faire repasser l'examen. Et voilà. Demain. Je suis bonne pour réviser *Hadji Mourat* [1] toute la matinée, parce qu'il mieux vaut mettre toutes les chances de son côté quand on repasse un contrôle.

[…] [*27, 28, 29 octobre*]

30 octobre 1934

Hier, je me suis ennuyée ferme, comme chaque fois qu'on n'a pas école. Pendant la journée, je suis allée chez Ira pour me distraire un peu. Le visage encadré par la cascade noire de ses cheveux défaits, elle était assise sur son lit, grande et mince dans sa

1. Récit de Léon Tolstoï écrit en 1904 mais publié en 1910, à la suite d'une censure.

vieille robe trop courte pour elle. Nous avons parlé un petit moment de choses et d'autres. Elle a proposé d'aller chez Moussia. J'ai refusé, craignant de tomber sur ses parents ou des gens que je ne connaissais pas. Ça me faisait drôle d'imaginer ce que je ferais là-bas, ce que je dirais.

Le soir, papa était là. En le voyant, j'ai senti une boule me bloquer la gorge : colère impitoyable à l'égard des bolcheviks, désespoir face à mon impuissance et pitié pour papa, ce pauvre hère malade, privé de toit.

Plus tard, après avoir lu Lermontov, l'idée m'est venue d'écrire des vers. Ravie, j'ai pris une feuille de papier et un stylo et j'ai aligné des mots qui ne voulaient rien dire. Au début, j'ai eu envie de tout déchirer, puis j'ai décidé de recopier dans mon journal la partie la plus réussie.

« Je hais la lumière, mais j'aime infiniment
Ce que chez nous on appelle lumière.
La vie qui s'écoule en toute indifférence
Me dégoûte et se mue en fureur.
Mon destin est de vivre à pas feutrés,
Remarquée par personne, dans ma coquille sombre,
Sans que quiconque devine mes rêves secrets
Que je suis seule à connaître. »

[…] [*9 novembre*]

12 novembre 1934

Hier, Genia et Lalia donnaient un récital au foyer des étudiantes et elles m'ont invitée. J'y suis allée avec Xioucha. Nous avons quitté la maison sur les coups de neuf heures mais, par mégarde, nous sommes descendues avant l'arrêt de la 2e rue du Don. Partagées entre le fou rire et la crainte, nous avons cavalé le long de la rue jusqu'à l'immeuble. Nous y sommes entrées et avons regardé de tous côtés, un peu perdues. Pas un visage connu, que des jeunes que nous n'avions jamais vus et qui étaient tout sauf accueillants ! À la fin, devant l'entrée de la salle de concert, je suis tombée sur Jorka[1], posté là pour nous attendre, à la demande de mes sœurs. Il nous a conduites jusqu'aux premiers rangs et s'est assuré que nous trouvions bien nos places. Les étudiants faisaient beaucoup de bruit et s'interpellaient d'une voix forte. Ils avaient l'air assez sympa. J'ai examiné le public, notant les moindres gestes et paroles. « Socrate[2] » est arrivé. Qu'il était beau avec son teint pâle, ses cheveux blonds et ses pattes sombres qui lui faisaient comme deux rayures de part et d'autre du visage ! Il s'est assis juste derrière nous, à côté d'une étudiante. J'ai tendu l'oreille pour entendre ce qu'ils se disaient et, pendant tout ce temps-là, j'ai eu le cœur empli de pitié pour lui.

Une fois que je me suis un peu habituée à l'ambiance, j'ai voulu aller dans les coulisses. Mais voilà que je me suis retrouvée… dans les toilettes pour les dames. Plusieurs actrices faisaient la queue. Pas un visage connu. Des minutes gênantes se sont égrenées lentement. Je les ai passées à dévisager ces étudiantes. Se pouvait-il que le maquillage les change à ce point ? Au moment où je me disais ça, une demoiselle en robe bleue et perruque blonde a fait son entrée. À sa voix, j'ai reconnu ma sœur Genia. Mais, même après, alors que je m'étais habituée à cet entourage, je me suis surprise plusieurs fois à lever des yeux ébahis sur ces têtes que le maquillage rendait méconnaissables.

Le spectacle a commencé. Genia G.[3] avait eu l'excellente idée de présenter les artistes dans une obscurité totale, n'éclairant que leurs visages, à l'aide d'une lampe de poche. Apparemment, il y avait pas mal d'anicroches derrière les plis du rideau ; les ricanements du public me déchiraient le cœur. Quand le rideau s'est levé, révélant Genia et Nina K. seules sur scène, la frayeur m'a terrassée ; je craignais le pire pour elles.

---

1. Gueorgui (diminutif, Jora ou Jorka) Chafarenko, camarade de classe de Genia et Lalia.
2. Surnom d'un camarade d'études de Genia et Lalia. Il marche avec des béquilles.
3. Camarade de classe de Genia et Lalia.

Mais tout s'est parfaitement déroulé. Après des applaudissements clairsemés, je me suis rendue dans les coulisses avec Xioucha. Là, l'exaltation était à son comble. Andreï B...[1], affreux avec son faux nez et ses cheveux poudrés, faisait des blagues à tout bout de champ. Après, il s'est penché sur Lalia pour lui retirer son maquillage. S'étant changées, Genia et Lalia ont récupéré leurs affaires et sont allées dans la chambre 208, tout au bout d'un long couloir brillamment éclairé. C'est là qu'habitent Jorka, Kolia N., Ozerov et Genia G.

Ce Genia G., il avait commencé à bien me plaire pendant le spectacle ; j'éprouvais de la joie à entendre les modulations de sa belle voix.

Avec Xioucha, on est restées un bon bout de temps à faire les cent pas devant la porte du 208, jusqu'à ce que Kolia N. nous invite à entrer. Il y avait un sacré fouillis dans la chambre. Les lits disparaissaient sous les manteaux, les costumes et les papiers. Nous nous sommes trouvées une petite place sur l'un d'eux. Mes sœurs ne se décidaient pas à aller danser. Elles sont restées longtemps à bavarder avec Jorka et Genia G. Quelqu'un avait éteint la lumière et, de temps à autre, des contours de visage sortaient du noir, brusquement éclairés par une torche.

Tout le monde riait et disait des bêtises. Profitant de l'obscurité, je regardais Genia G. en prenant conscience de ma sympathie grandissante à son égard. Il paraissait fatigué, et même endormi. Assis, avec sa chemise un peu ouverte sur la poitrine et son sourire qui allait d'une oreille à l'autre, il avait l'air tendre et attentionné. En revanche, Bart ne me plaisait plus du tout. J'ai été bien étonnée quand il s'est retourné démonstrativement vers moi avant de quitter la pièce et qu'il m'a tendu la main en dardant un regard extraordinairement expressif. Presque inconsciemment, j'ai plongé mes yeux dans les siens, sans crainte.

Genia G. me plaît sérieusement. On verra bien ce qui sortira de tout ça.

---

1. Andreï B. (ou Bart), Kolia N. et Ozerov sont des camarades d'études de Genia et Lalia.

13 novembre 1934

Hier, Jorka et Andreï B. sont venus voir mes sœurs. Andreï était là pour apprendre à danser. Je n'ai pu m'empêcher de rire tellement il était grand et maladroit. Pendant la danse, Lalia et lui se tenaient très serrés, il se penchait vers elle pour la soulever. Dans ses bras, elle paraissait minuscule, avec son joli visage étroit et sa tête bien droite.

Ils se comportaient très librement, très simplement. Pendant qu'il racontait des blagues, Andreï lui caressait les cheveux et la serrait même si souvent contre lui que ça m'a mise mal à l'aise. Je trouvais ça ridicule. Lalia faisait sa coquette. Sans s'en rendre compte, peut-être, mais avec un charme typiquement féminin. Elle plissait les paupières d'un air ironique et tentateur. Elle a déjà tourné la tête à Jorka, qui vient désormais tous les jours à la maison. J'ai l'impression qu'elle plaît aussi à Genia G. ainsi qu'à Bart, qui m'a paru bien tendre avec elle, hier.

Je rêve tant de l'institut que c'en est presque du délire. Et je rêve aussi, je crois, de Genia G. Papa m'a dit l'autre jour que l'inscription à l'Institut du textile se faisait en janvier. J'ai beau être certaine qu'on n'accepte pas les élèves n'ayant pas fini la 8ᵉ, j'ai quand même demandé à Genia (ma sœur) de se renseigner sur les modalités d'admission. Qui sait ? J'arriverai peut-être à m'échapper de cette affreuse école secondaire. Définitivement ! Là-bas… la vie est complètement différente. C'est idiot de rêver d'entrer à l'Institut, je le sais pertinemment, mais j'y crois quand même, tout en n'y croyant pas[1]. J'ai tellement envie d'avoir un rêve.

Je revois Genia G. en train de parler avec Lalia, la tête levée vers elle et riant comme lui seul sait le faire. Je crois que je suis

---

1. Les élèves qui entraient dans un établissement supérieur sans passer par l'école secondaire y étaient admis sur la base de l'origine sociale, enfants d'ouvriers ou de paysans en premier lieu. Ils devaient passer auparavant par une *rabfak* (faculté ouvrière), école du soir préparant à tel ou tel institut. Comme Nina appartient à l'intelligentsia, son admission en rabfak était problématique.

trop partiale quand il s'agit de lui. C'est possible. Je sais que cet engouement idiot me passera et qu'après viendra la déception, mais… après c'est après. Pour le moment, je me rappelle son visage dans la lumière de la torche électrique et un sentiment de paix envahit mon cœur. […]

18 novembre 1934

Aujourd'hui Jorka et Genia G. sont venus voir mes sœurs. En me disant bonjour, Genia G. a plongé ses yeux rieurs dans les miens. Je n'ai pas détourné le regard avant un long moment. Lalia a proposé à Jorka de lire à haute voix un de leurs livres de cours. Pendant ce temps-là, Genia a emmené Genia G. dans ma chambre. J'ai hésité plusieurs secondes… et je les ai suivis. C'était normal, n'est-ce pas, que je préfère entendre réciter de la littérature plutôt qu'un manuel.

— Je peux me joindre à vous ? ai-je demandé sur le pas de la porte.

— Je vous en prie.

Assis à côté de la lampe de bureau, Genia G. s'est apprêté à lire.

— Attendez ! a dit Genia. Je prends mon album de dessin.

Sur ce, elle est sortie. Je me suis levée et j'ai commencé à farfouiller dans mes livres. Je tournais le dos à Genia G. tout en pensant : « Te voilà seule avec lui. Tu te souviens des bêtises que tu t'es imaginées à propos de ce tête à tête ? » Ça m'a fait sourire.

Genia est revenue. Je me suis assise dans le fauteuil. Appuyée contre l'accoudoir, je n'ai quasiment plus quitté des yeux Genia G. Comme il lisait, il ne pouvait pas faire attention à moi, de sorte que je n'avais aucune raison d'avoir peur. Je l'ai regardé en ouvrant grand mes yeux. Il avait un visage comme on en voit souvent, des yeux petits, un nez droit, un peu épaté, un front et une nuque courts, de petites oreilles collées à la tête, des cheveux blonds qui bouclaient en vagues régulières. Quand il me jetait un coup d'œil en lisant une réplique, j'éprouvais un grand plaisir à croiser ses yeux tantôt gris tantôt bleus.

Ensuite, Genia et lui ont insisté pour que je pose pour eux. J'ai longuement refusé, puis j'ai fini par accepter. Je n'avais encore jamais ressenti un tel bonheur à poser. Jusqu'à présent, j'avais toujours considéré ces séances comme une torture. Mais là, assise la tête appuyée contre le mur, je fixais le bord du cahier de Genia, les yeux à demi-fermés, avec un sentiment de paix et de bonheur total.

« Je l'aime ! » La phrase tournait dans ma tête comme une merveilleuse ritournelle. « Est-ce que je désire quelque chose de plus ? Non. Uniquement rester assise comme ça pour toujours, et qu'il me dise un mot de temps en temps. » J'avais envie de revoir ses yeux de tout près, comme tout à l'heure quand nous étions debout l'un devant l'autre et qu'il m'avait demandé : « Ninotchka, pourquoi ne voulez-vous pas poser ? » Ses yeux, alors, étaient d'un bleu sans fond, comme le ciel au crépuscule.

— Quelle torture d'être la femme, la mère, le frère ou la sœur d'un artiste ! a lâché Genia G.

— Pas si c'est un grand artiste, a répliqué ma sœur.

— Oui, un grand artiste ! me suis-je écriée avec force.

Il a ri :

— Mais c'est un camouflet, Genia !

Après, ils se sont tus et, moi, j'ai continué à sourire malgré moi.

— Elle a encore le nez et les lèvres charnues des enfants, a dit ma sœur.

— Normal, puisque je suis encore une enfant, ai-je marmonné en souriant à peine.

Ma sœur a plissé des paupières en souriant, de l'air de celle à qui on ne la fait pas.

Quand ils se sont apprêtés à partir, je ne me suis pas enfuie comme d'habitude. J'ai dit au revoir à Jorka en premier. J'aime bien ses grands yeux clairs, mais j'ai l'impression que je lui suis antipathique. Ensuite, Genia G. s'est approché de moi et m'a serré la main en me regardant avec des yeux si tendres que j'ai cru qu'il voulait sourire. Il est sorti le dernier. Je l'ai accompagné du regard sachant qu'il se retournerait au moment de fermer la porte et que son regard d'adieu m'engloberait, moi aussi. Ce soir-là, je me suis couchée dans un grand état d'exaltation. Je rêvais au lendemain : « Viendra-t-il ? »

Je me suis rappelé un soir où il était plus morose que d'habitude, au milieu des rires et de la gaieté générale. Je l'avais même vu se ronger un ongle. Toute la soirée, j'avais attendu avec une impatience incompréhensible l'arrivée de Doussia[1]. Pourquoi est-ce que j'avais si envie de les voir ensemble ? Pour qu'il s'anime enfin, pour qu'il devienne plus vivant ? Pour me convaincre que mes suppositions étaient fausses ? Dieu seul le sait. Les autres avaient dansé tandis qu'il était au piano. Il s'était tourné vers moi deux fois : la première, quand son regard avait croisé le mien, il m'avait lancé joyeusement : « Je joue bien, hein ? » La seconde, j'avais surpris son mouvement de tête du coin de l'œil et j'avais eu le temps de me détourner avant qu'il me parle.

Voilà comment je m'explique ces deux occasions étranges où il s'est adressé à moi : il pense que je m'ennuie et, par gentillesse, il cherche à me faire participer à la conversation. Il m'a appelée « Ninotchka » trois ou quatre fois. Personne n'y a fait attention parce que, pour tout le monde, je suis encore une petite. Mais moi, ça me fait rire.

Le soir

Par un miracle quelconque, on n'a eu que deux cours aujourd'hui et c'est tant mieux parce que j'ai eu un mal fou à les supporter. Je suis devenue complètement étrangère à la vie de l'école. Plusieurs fois, cette petite miette de Moussia s'est retournée pour me dire quelque chose sur un ton animé, les yeux brillants. Margocha venait de lui écrire : « Toi ! » en réponse à la question

1. Étudiante dans le même institut que les sœurs de Nina, pour laquelle Genia G. semble éprouver un sentiment.

qu'elle lui avait posée : « Quelle est la fille qui te plaît ? » – question à laquelle il était bien obligé de répondre parce qu'il avait perdu un pari américain. Quand je lui ai dit, « Et alors ? Il fallait s'y attendre ! », Moussia a eu l'air surpris mais sans plus. J'ai vu dans ses yeux comme de la pitié pour moi.

En fait, ça ne m'a presque rien fait tellement j'ai le cœur ailleurs, à la maison. Après ça, je ne me suis plus du tout intéressée aux explications du prof. Je me suis caché les yeux dans la main et j'ai essayé de revoir le visage de Genia G. Ensuite, je suis rentrée à la maison en espérant qu'il serait là. La fenêtre de chez Genia et Lalia était éclairée et l'ombre des linteaux se détachait nettement sur le rebord du mur. « Ils doivent être en train de dessiner », me suis-je dit et je me suis dépêchée de grimper l'escalier.

Arrivée à la porte, je me suis arrêtée. Quelqu'un jouait du piano. Genia probablement, et un morceau sérieux. « Donc, il n'y a personne. Bien sûr, c'est normal. Je ne peux pas avoir de la chance tous les jours. » Malgré tout, quelque chose s'est brisé en moi. Je suis restée plus d'une heure assise dans ma chambre, mon manteau sur le dos et ma chapka sur la tête. Assise dans le fauteuil où j'avais posé hier. À me torturer pour tenter de retrouver ses traits. Impossible d'en avoir une vision nette.

C'était terrible de me dire que, peut-être, je ne le reverrais pas de tout un mois. Est-ce que c'est vrai que Genia G. s'intéresse à Doussia ? Hier, quand Lalia a demandé : « Doussia a vraiment promis de venir ? », il n'a pas répondu. Il s'est contenté de retourner dans tous les sens le cahier qu'il avait dans les mains comme s'il l'examinait. Après, Genia lui a posé la même question pendant qu'ils étaient en train de me dessiner. Et il a laissé tomber sur un ton ironique : « Elle a probablement une excellente raison », en accentuant exagérément la première syllabe du mot « excellente ». Sans lever le nez de son album.

Plus tard, quand je suis entrée chez mes sœurs, la mine morose, Genia a déclaré gaiement : « Demain, nous allons inviter le petit Genia G. » Je suis repartie chez moi et j'ai pensé, la tête dans les mains : « Avec quel bonheur je vais attendre demain ! Mais si les filles allaient au foyer, à la place ? »

[…] [*22 novembre*]

23 novembre 1934

Aujourd'hui non plus, je ne suis pas allée à l'école. C'est le chant du cygne de mes amours. Après, il faudra en terminer avec cette histoire, essayer d'oublier, essayer de ne plus attendre. Aujourd'hui, je fais exprès de ne rien faire. Même lire. J'ai envie de souffrir tout mon saoul à attendre, à analyser ma déception et à rêver. Les heures s'écoulent dans la mélancolie, mais ce n'est pas désagréable. Ce soir, Genia et Lalia rentreront tard parce qu'elles ont volley-ball et qu'après, elles iront chambre 208. Aucune raison d'espérer que Genia G. passe chez nous. Par vanité, les filles ne l'inviteront pas à la maison. Elles savent maintenant pour de bon qu'il n'a besoin de personne en dehors de Doussia.

24 novembre 1934

Et Genia G. n'est pas venu, comme il fallait s'y attendre. Pourtant je l'ai attendu. Longtemps. Même quand il ne restait plus d'espoir. Attendre envers et contre tout. À neuf heures, Lalia est rentrée avec Jorka. En allant ouvrir, je me suis réjouie involontairement en entendant une voix d'homme derrière la porte bien que ce ne soit pas du tout le timbre de Genia G. C'était Jorka.

— Genia n'est pas avec vous ? ai-je demandé, le cœur battant à tout rompre.

— Elle est restée pour aider à charger les toiles. »

Autrement dit, dans la chambre 208. Et malgré tout, j'ai attendu jusqu'à onze heures du soir. Pendant toute une heure, j'ai arpenté ma chambre au point d'en avoir le tournis. Puis, je me suis assise dans le fauteuil, désespérée et furieuse à la fois.

Si au moins Genia rentrait, elle pourrait me raconter des choses ! Hier soir, elle était d'une humeur de chien. Je sais pourquoi, maintenant : parce que Genia G. avait refusé de venir chez nous sans Doussia. Résultat, elle a passé toute la soirée sans dire un mot, repliée sur elle-même, en colère. À un moment, quand nous nous sommes retrouvées seules dans la cuisine, je me suis assise près d'elle.

— Allez, dis-moi quelque chose.

— Je n'ai rien à dire. Je n'ai pas envie de parler.

Elle a gardé longtemps le silence et, brusquement, s'est écriée : « Quand je pense que Genia m'est apparu deux fois en rêve ! »

Et je me suis grondée intérieurement : « À quoi tu pensais, pauvre idiote ! »

Ce soir, donc, Genia est rentrée, gaie comme un pinson, les yeux brillants. Elle m'a fait un clin d'œil et a éclaté de rire.

— Tu as l'air drôlement contente ! ai-je lancé d'une voix ferme bien que je souffre le martyre.

Pour je ne sais quelle raison, elle n'a rien voulu raconter. Elle a dû avoir peur que je pense mal d'elle. Je n'ai pas voulu insister et suis partie me coucher, mécontente et l'âme en peine. « Demain, les sœurs vont aller à l'institut et ensuite à la bibliothèque avec Genia G. Elles en ont, de la chance ! »

Je me suis endormie rapidement tellement j'étais épuisée de ressasser toujours la même chose. Ce matin, quand je me suis réveillée, les filles prenaient déjà le petit déjeuner. Peut-être qu'elles l'inviteraient à la maison, aujourd'hui ? J'ai crié très fort :

— Genia ?

— Quoi ?

— Vous rentrerez tard, ce soir ?

— Je ne sais pas. Probablement, oui.

— Et vous allez où, maintenant ?

— À l'atelier, dessiner… Tu veux venir ?

Je me suis assise toute droite dans mon lit.

— Y aller avec vous ? Tout de suite, j'arrive.

— Mais dépêche-toi !

Phrase bien inutile. J'allais le voir ! Oh, je m'en fichais bien de l'atelier et des tableaux. J'avais une de ces chances ! Oubliées, mes souffrances des deux derniers jours !

Et voilà, nous étions exactement là où je rêvais tant d'aller, là où la vie était différente. L'institut était désert. Des œuvres des élèves et des professeurs étaient exposées dans le long couloir du département de peinture. Mes sœurs parlaient si souvent et avec tant d'admiration de l'étude de Bruni[1], elles décrivaient avec tant de passion le travail de leurs maîtres et le leur que je me faisais une idée très claire de la vie lointaine et inaccessible qu'elles vivaient là-bas.

L'atelier était dans un fouillis indescriptible. Des chevalets avec ou sans tableau traînaient dans tous les coins. Les murs croulaient sous les toiles. Par terre, s'entassaient des ébauches et des œuvres inachevées. Deux solides colonnes s'élevaient au milieu de la salle. Des natures mortes étaient exposées à côté, sur de petites tables.

Les filles m'ont tout montré et tout expliqué[2]. Bientôt, Jorka est arrivé. Seul ! Ils se sont choisi un coin où travailler, puis Genia a demandé :

— Genia va venir ?

— Je ne sais pas.

Je ne me souviens plus de l'état dans lequel j'étais à ce moment-là. Tout ce que je savais, c'est que c'était autrement plus intéressant de passer son temps à travailler ici que de traîner son ennui à la maison. Je me suis installée derrière une colonne et j'ai commencé à dessiner. Le silence est tombé sur la

1. Lev Alexandrovitch Bruni (1894-1948). Il s'agit probablement de son dessin surnommé « L'Aquarelle sauvée », qui avait été perdu, puis retrouvé et restauré pour être présenté à l'exposition organisée par le critique A. Tchegodaïev.

2. C'est la première fois que Nina se trouve dans un atelier d'artiste. Par la suite, la peinture deviendra sa profession.

salle. Une porte a claqué au loin, tout au bout du couloir, ce couloir qui m'avait fait peur, tellement il était long et vide.

Lalia est allée regarder par le trou de la serrure. « Genia arrive. » J'ai vivement refermé mon album et me suis mise à feuilleter les dessins de Genia, non sans une certaine appréhension. Des bruits de pas près de la porte, et il est entré. « Bonjour. » « Salut. » « Bonjour. » Je lui ai jeté un rapide coup d'œil. Il ne semblait pas m'avoir remarquée. Quand il m'a aperçue, il a lancé en se glissant parmi les chevalets et les bancs :

— Ah, Nina, bonjour ! Quelle petite sœur solidaire !

— Oui, je suis venue voir.

Je me suis vite plongée dans mon album pour qu'il ne me voie pas rougir, mais j'ai quand même eu le temps d'apercevoir son sourire.

Il se promenait dans la salle à la recherche de quelque chose, bougeait des objets en lançant des remarques joyeuses. Ensuite, il s'est installé derrière moi près de la fenêtre. Ça m'a énervée de le sentir s'agiter dans mon dos. Je craignais qu'il regarde mon travail et je n'aimais pas ça, tout simplement. Pour autant, je n'étais pas vraiment en colère. J'avais envie de le voir de plus près, qu'il me parle. Plus tard, j'ai arrêté de dessiner et je me suis plongée dans *Hamlet*.

À ce moment-là, il se promenait de nouveau dans la salle, cette fois en grignotant quelque chose.

— Qu'est-ce que vous lisez, Nina ? *Hamlet* ? Oh, oh !

Il s'est arrêté près d'un chevalet à côté de moi. Ça m'a gênée. Je suis allée m'installer ailleurs, dans un endroit où il ne pouvait pas me voir mais d'où, moi, je pouvais apercevoir sa tête charmante et aussi son bras de temps à autre, quand il le tendait. Pendant un moment, il est resté assis à sa place tranquillement, puis il a bondi sur ses pieds. Passant à côté de moi, il s'est arrêté pour regarder mon œuvre. J'ai caché ma feuille de ma main, puis j'ai tourné la tête. Ses yeux bleus étaient fixés sur moi.

— Montrez-moi, Nina.

J'ai secoué la tête.

Brusquement, il a saisi ma main et l'a écartée gentiment en disant : « Voyons… ! » sur un ton de léger reproche.

— Je n'ai encore rien fait, je n'en suis qu'au début, ai-je répliqué, rouge comme une cerise, et j'ai plongé les yeux dans son regard rieur.

Après, j'ai profité de toutes les occasions pour le regarder encore et encore. Quand tout le monde a eu fini de peindre, Jorka a regardé le travail de Genia G.

— Tu sais, ta manière est assez proche de celle de Potapov.

— Ce n'est pas vrai.

J'étais à quelques pas de là. Il m'a lancé à brûle-pourpoint, en m'entraînant vers le tableau de ce Potapov :

— Regardez, Nina. Vous ne trouvez pas que ces deux tableaux se ressemblent ?

— Pas vraiment, ai-je marmonné et je me suis écartée avec un air très bête, certainement.

Je craignais de paraître ridicule, j'avais peur que Genia G. devine tout et se moque de moi.

— Venez tous. Venez manger un morceau, a proposé Genia G.

— Ah non ! Qu'est-ce que tu vas encore nous offrir ! a rétorqué Genia (la nôtre).

— Mais si, Genia.

— Non.

— Nina, vous venez ?

— Et j'irais toute seule ? ai-je répondu (ce qui n'était pas vraiment un refus).

Au moment de se dire au revoir, tout le monde s'est serré la main. Moi, j'ai détourné les yeux. Après, j'ai lancé un « À bientôt » à la ronde. Salutation destinée à tout le monde, mais que j'ai prononcée en regardant Genia G.

Idiote que je suis ! Ça va finir par se voir. Je le savais, bien sûr, mais j'y ai pensé trop tard. Pourtant au moment de lancer mon au revoir, je m'en étais fait la réflexion, mais je n'ai pas eu le temps de dévier les yeux sur Jorka. En quittant l'atelier, j'ai tendu le livre à Genia G.

— Tenez, le Hamlét !

Et mes sœurs de s'esclaffer : « Hamlét, Hamlét ! en mettant l'accent sur la dernière syllabe, comme je venais de le faire.

— Exactement, Hamlét ! ai-je répété en répétant exprès ma faute, pour rire, et j'ai levé les yeux vers Genia G.

— Hám-let.

Il m'avait corrigée d'une voix douce, comme s'il craignait de me vexer. Quelle bonté il a, quelle délicatesse !

— Au revoir, a crié Genia dc la porte, pour ajouter en se retournant :

— Venez donc ce soir à la maison, plutôt !

G. s'est détourné sans répondre.

— On vous attend tous ! a repris Genia.

Nous avions déjà passé le seuil. Je me suis retournée. J'ai entrevu son visage souriant. Là encore, il n'a rien dit. Et bien sûr, il n'est pas venu.

Maintenant, ça me gêne qu'il m'ait parlé, ça m'embrouille les idées. Pourquoi Jorka ou Andreï B. ne m'adressent-ils jamais la parole, eux ? Je sais bien que, chez lui, cela ne part pas d'un sentiment spécial. Mais, sans le vouloir, je me sens plus audacieuse et j'ai peur me trahir. Quand je lui réponds, je le regarde de plus en plus ouvertement. Ce serait affreux, s'il devinait.

[...] [*25 novembre*]

26 novembre 1934

[...] Il faut que je quitte l'école, c'est indispensable. Mais comment ? Les inscriptions dans les écoles supérieures auront lieu en janvier. Je ne pense déjà plus à l'Institut du textile. Tout me va, du moment que ce n'est plus l'école. Entrer à la rabfak[1],

1. Abréviation pour « faculté des ouvriers ». Système d'éducation supérieure mis en place en vue de favoriser la mixité sociale. Tourné vers l'apprentissage des techniques spécialisées et de l'organisation du travail, il était destiné en priorité aux bons ouvriers désireux de se spécialiser ou de passer ingénieurs. Le recrutement se faisait le plus souvent à partir de l'usine ou de l'entreprise. À l'université, dans chaque discipline, un quotient de places était réservé à ces étudiants en provenance des rabfaks, et ce jusqu'à la perestroïka.

m'inscrire à des cours préparatoires... ? Aujourd'hui, je me suis vue, le cœur en fête, allant chez Kolia pour réviser ma physique et recevoir de nouveaux devoirs à faire. Je vais apprendre, apprendre, apprendre !

Je sens que j'ai la force et l'assiduité nécessaires. Ce qu'il me faut, c'est un but : que je sache pourquoi je me donne tout ce mal. Et aussi quelqu'un qui dirige mon travail, qui le vérifie et qui m'aide. Toute seule, sans personne pour m'aider, comme c'est le cas maintenant, ou encore en subissant les moqueries, je suis incapable de rien faire.

J'avais placé tous mes espoirs en Kolia. En un mois de temps, j'arriverais bien à me préparer pour les examens d'entrée, non ? Oui, il allait m'aider, j'allais travailler ferme. J'avais déjà regardé les matières à étudier et ça me paraissait possible. Portée par ma volonté et l'intérêt de la bataille à venir, j'étais donc allée le trouver chez grand-mère.

Mais, là, en le voyant plongé dans l'exécution d'un plan, indifférent à tout, ma timidité a repris le dessus. J'ai eu peur qu'il se moque de moi. Tout d'un coup, j'ai eu envie de passer par maman. J'ai arpenté la pièce un long moment, en me répétant tout bas : « Je ne dois plus jamais me dire : je ne pourrai pas, je ne saurai pas. C'est moi qui dois lui parler directement. »

Les yeux tournés vers la fenêtre, j'ai demandé :

— En quelle année de rabfak on entre, après la septième ?

Il a dit :

— Tu as l'intention d'arrêter l'école sans aller jusqu'au bout ?

— Oui.

— Ça ne marchera pas. En un mois, tu ne finiras jamais le programme.

Je ne lui-même ai pas demandé de me donner un conseil, j'ai eu trop peur. Je suis rentrée à la maison, fâchée contre moi-même et dégrisée.

Est-ce que je serai capable de me préparer toute seule à l'examen ? En chimie et en physique, il n'y a pas de livres d'exercices, et c'est ça dont j'ai besoin. Que faire ? Il faut que je réussisse cet examen. J'en suis capable, quand même, non ?

J'avais le cœur lourd. Une fois de plus, et malgré moi, je me suis mise à attendre Genia G. et, après seulement, Genia (ma sœur) et Lalia. Je vais prendre ma décision. Je dois me décider, tenter le coup. Je ne perds rien à essayer. L'école, j'aurai toujours le temps de la finir.

30 novembre 1934

Tous ces jours-ci, je travaille sérieusement. Le soir, je vais chez Nikolaï. Il me donne des exercices à faire, m'interroge et me persuade de ne pas abandonner l'école. Il ne croit pas plus à ma volonté d'entrer dans un institut qu'à mes possibilités de réussir l'examen. Néanmoins je continue d'espérer. Hier soir, maman a parlé de cours préparatoires à l'Institut des langues étrangères. Ça m'a fait très plaisir.

Tant pis, si je ne vois plus Genia G. et si je ne participe plus à la vie trépidante de mes sœurs, source pour moi de tant de rêves fantastiques. Tant pis ! Je me trouverai d'autres intérêts. Des intérêts à moi ! Je commencerai à vivre ma vie. C'est terrible de penser que tout ça n'est qu'un rêve, que je serai obligée de retourner à l'école. D'un autre côté, je suis prise d'angoisse à l'idée d'entamer de longues études. Mais je sais en toute certitude que je travaillerai bien. Vivement que je sache dans quelle école je vais entrer ! Avec de la chance, ce sera peut-être l'Institut du textile.

Les adultes m'exaspèrent, avec leur passivité et leur manque de confiance en moi. Ou bien ils considèrent que ma décision est un caprice de petite fille, ou bien ils l'ignorent. Ah, si seulement quelqu'un pouvait se donner le mal d'essayer de me comprendre ! Il n'y a que maman à approuver mes efforts. Du reste, c'est bien la seule. [...]

1er décembre 1934

Je recommence à rêver à Genia G. J'ai trouvé une photo de lui chez mes sœurs et je l'ai regardée pendant des heures. Ô seigneur, le voir, ne serait-ce qu'une minute ! Je le revois après une valse effrénée, à demi étendu sur le lit, souriant de son sourire plein de charme.

2 décembre 1934

Comment appeler ça : un bonheur ou un malheur ? Hier, Genia G. est venu. Mon cœur s'est mis à battre la chamade et ce frémissement intérieur s'est subitement propagé à mes mains. Comme il avait frappé à la porte selon le code, j'ai ouvert, croyant que c'était Lalia. Et là, j'ai reconnu sa silhouette sur le palier mal éclairé. Je suis restée stupéfaite. Puis j'ai lancé un timide bonjour. Je crois bien qu'il n'a pas répondu. Il s'est adressé à Genia sans seulement remarquer ma présence. Après, dans la cuisine, je me suis dit en me mordant les lèvres : « Et moi qui espérais, persuadée que mon rêve était réalité. »

Une fois dans la chambre des sœurs, il a entrepris, avec l'aide de Genia, de disposer les objets qu'ils voulaient inclure dans leur composition. Pendant ce temps-là, incapable de rien faire, j'ai commencé à tourner en rond dans ma chambre, m'arrêtant pour écouter sa voix. Elle me parvenait étouffée par celle, enrouée, de Jorka qui, lui, était dans la chambre de maman, car les quatre qu'ils étaient s'étaient divisés en deux groupes. Je suis entrée dans la chambre de mes sœurs pour fouiller dans l'armoire. J'en ai profité pour le regarder en cachette, de dos. Après, je suis longtemps restée assise dans ma chambre.

Le fait d'être allée « là-bas » m'avait un peu calmée. Pendant un moment, j'ai été capable de lire, une ou deux pages. Mais dès que je l'entendais rire dans la pièce voisine, je m'effondrais à nouveau. Malheureuse et en colère, je suis allée coller mon oreille contre le mur froid. Sa voix m'est parvenue plus nette, au point que des mots par-ci par-là étaient reconnaissables. J'ai écouté avidement – sans chercher à comprendre ce qu'il disait, uniquement pour le bonheur d'entendre sa voix.

Mon envie de retourner « là-bas » augmentait. J'ai sorti le miroir, j'ai arrangé mes cheveux et ma robe. Puis je me suis restée à me mordre un doigt. Je ne pouvais quand même pas rester dans un tel état de tension, n'est-ce pas ? J'ai donc pris mon album de dessin et suis partie « là-bas ». L'ayant déposé sur le piano, je me suis avancée vers la table et j'ai examiné la composition. Plongés dans leur travail, ni l'un ni l'autre ne me prêtait attention. J'étais debout à côté d'eux depuis un bon moment déjà. Je m'apprêtais à partir quand Genia G. s'est tourné vers moi. La tête rejetée en arrière, le coude sur le dossier de sa chaise, il a déclaré avec un sourire joyeux vaguement condescendant, comme s'il s'apprêtait à énoncer une vérité capitale :

— Alors, Nina, comment allons-nous aujourd'hui ?

Exactement la phrase qu'on dit aux enfants.

Je lui ai répondu sur un ton bébé :

— Ça va.

— Où est Stioucha ?

— Qui ça ?

En posant la question, je me suis sentie sourire d'une oreille à l'autre et… rougir.

— Enfin, je veux dire… Xioucha.

— Ah, oui. Chez elle, j'imagine. Où est-ce qu'elle pourrait être encore ?

Je me suis dirigée vers la porte. Ma sœur m'a rappelée.

— Nina, viens voir, j'ai quelque chose à te dire.

Je me suis retournée, ravie.

— Quoi ?

— Non, je te dirai demain.

— Mais quoi ?

— Rien, rien.

— Allez, Genia !

— Tu veux rester avec nous ? a-t-elle susurré.

— Pour quoi faire ? ai-je marmonné sans relever les yeux de mon dessin. C'est pas rigolo, chez vous.

Ensuite, j'ai jeté un coup d'œil à ma sœur. Elle souriait malicieusement, d'un air entendu. Je me suis sentie gênée. J'ai pris peur, alors je me suis dépêchée de sortir. De l'autre côté de la porte, je suis restée longtemps à me torturer, la tête dans les mains. « Comment allons-nous aujourd'hui... ? C'est toujours comme ça que les grandes personnes s'adressent à moi. Comme à un bébé ! » J'arpentais ma chambre d'un pas lourd, me répétant sans cesse : « Comme à un bébé ! » D'un seul coup, cette phrase me faisait tout comprendre.

Il était déjà neuf heures et demie. Nina et Doussia, qui auraient dû arriver à huit heures, n'étaient toujours pas là. « Et je vais rester toute la soirée sans le voir ? » J'en pleurais de déception et d'amertume. Pendant longtemps, j'ai recommencé à les écouter parler à travers la cloison, le visage crispé, me mordant les lèvres pour ne pas fondre en larmes. Finalement, je n'ai plus pu y tenir. J'ai décidé d'aller dans leur chambre écouter la radio. Les coudes posés sur le piano, j'ai regardé le mur devant moi, sans penser à rien. Genia G. et ma sœur travaillaient, n'échangeant que de rares paroles. Je m'approchais de la table pour prendre mon album quand j'ai aperçu par hasard des tickets de tramway.

— Genia, je peux t'en prendre quelques-uns ?

Genia G. a relevé la tête et a souri d'une façon tout à fait inattendue, le visage illuminé, puis il a répondu :

— C'est interdit.

Je l'ai regardé et j'ai ri. Et je me suis rendu compte que ses yeux gris et son visage brusquement transformé étaient en train de m'ensorceler. Il a vraiment un sourire plein de charme. Et, jusque-là, il n'avait pas beaucoup ri, ce soir.

Vers onze heures, un bulletin à la radio a annoncé que le camarade Kirov, membre du Politburo, avait été tué[1]. « Oh, mon

1. Le 1er décembre 1934, Sergueï Mironovitch Kostrikov, dit Kirov, premier secrétaire du Parti pour la région de Leningrad, fut assassiné. Soixante-neuf per-

Dieu ! » s'est écrié G. en appliquant ses mains sur ses joues, et sa voix tremblait comme s'il allait pleurer. J'ai eu un peu honte de ne pas réagir à cette nouvelle. Au contraire, j'en ressentais de la joie : « Autrement dit, le combat se poursuit ; il reste encore des organisations et des gens bien. Tout ne s'est donc pas encore dissous dans les poubelles du socialisme. » J'ai regretté de ne pas avoir assisté à cet événement terrible et tonitruant. Ça allait faire un sacré pétard !

Les autres ont passé le reste de la soirée à en discuter. Quand les invités sont partis, je suis restée dans la chambre de mes sœurs. Genia G. a réussi à me faire un signe de tête depuis le couloir, par-dessus Lalia, en agitant le rouleau de papier qu'il avait dans la main. Sa gentillesse me déstabilise. Mais peut-être que c'est à cause de mon statut d'enfant qu'il se comporte comme ça avec moi. Ça m'énerve. Parce que je l'aime, moi !

8 décembre 1934

Genia G. est revenu à la maison, le 4 ou le 5. Comme il n'était pas seul, mais avec Jorka, ce n'était pas gênant que je reste à traîner dans la chambre de mes sœurs. [...] Plus tard, dans la soirée, Genia m'a demandé :

— Comment tu trouves Genia ? N'est-ce pas qu'il est bien ?

— Genia ? Oui, il est amusant, ai-je marmonné en prenant un ton indifférent.

Mais je me suis dit qu'il y avait « quelque chose » là-dessous. Ce même soir, elle m'a dit :

— Tu sais, Nina, tu es devenue toute rouge quand il t'a parlé.

— Quand ça ? L'autre jour ?

---

sonnes furent exécutées sans jugement au motif qu'elles étaient des « gardes blancs » (contre-révolutionnaires tsaristes). L'auteur de l'assassinat, Léonide Nikolaïev, fut exécuté comme tel dans le courant du mois et, avec lui, furent condamnées et fusillées treize personnes n'ayant aucun rapport avec l'affaire. Cet attentat, orchestré par Staline et présenté comme un acte de terrorisme politique, donna le coup d'envoi aux répressions de masse.

— Non, la fois d'avant.

— Ah oui, quand il m'a dit : « Comment allons-nous, aujourd'hui ? » Je me souviens, je me souviens… C'est parce que ça m'a prise au dépourvu.

Et j'ai fait bien attention à parler d'une voix égale, sans rougir.

Qu'est-ce que c'est que ces questions ? D'où savent-elles qu'« il » me plaît ? Est-ce qu'elles auraient lu mon journal ? Non, elles ne feraient pas ça, c'est trop ignoble. Mais quand même, elles se doutent de quelque chose. Tous les soirs, voyant que je m'ennuie, Lalia me demande :

— Dis donc, Nina, tu ne serais pas amoureuse, par hasard ?

Et je réponds sur un ton indifférent :

— Non, non. Il n'y a personne.

[…] *10 décembre 1934*

J'avais espéré que la soirée d'aujourd'hui ressemblerait à celle que nous avions passée tous les trois dans ma chambre : « lui », Genia et moi. Je l'avais tant espéré que rien ne s'est réalisé, comme de juste. Hier, Genia m'a dit qu'elle l'invitait aujourd'hui à répéter un morceau. C'est pour ça que je l'ai attendu si fort. Hier, il était là, mais il y avait aussi Doussia, et c'est pour elle qu'il était venu. Tout en le regardant attentivement, j'ai commencé à me sentir déçue. J'ai eu peur que mon amour se désagrège. Mais il a suffi qu'il se lance dans une valse, que son visage se mette à resplendir pour que son sourire m'enivre à nouveau. Aujourd'hui encore, il m'a regardée d'un air amusé et il a ri. Alors que, moi, j'attendais son regard avec un tel espoir… Je le recherchais tant…

11 décembre 1934

Journée épouvantable. Hier soir, quand Genia et Lalia sont rentrées, j'étais déjà au lit parce qu'il était tard. Qu'est-ce qui m'a pris de me lever ? J'espérais qu'elles me raconteraient des choses, que j'aurais la chance d'entendre prononcer son nom. Mais ce n'est pas du tout ça qui s'est passé. Je ne sais pas comment, la conversation a roulé sur le sujet le plus dangereux qui soit : le pouvoir soviétique, les bolcheviks et la vie actuelle. Nous nous sommes retrouvées, elles et moi, sur des positions totalement opposées. Nous étions comme ces aveugles à qui des gens normaux essaient d'expliquer à quoi ressemble la lumière : incapables de nous comprendre.

En effet, que peut-on opposer à des phrases apprises par cœur du genre : « Qui est contre les bolcheviks est contre le pouvoir soviétique. » Ou encore : « Tout cela est temporaire », « Ça ira mieux plus tard… » Parce qu'ils sont temporaires, ces cinq millions de morts en Ukraine ? Et temporaires, ces soixante-neuf fusillés[1] ? Soixante-neuf ! ! ! Mais quel gouvernement, quel pouvoir, en dehors du nôtre, est assez cruel pour prononcer pareille sentence ? Quelle nation est assez obéissante, esclave dans l'âme, pour reprendre en chœur de telles déclarations, accepter sans réagir les abominations qui se perpétuent ?

Pendant toute une heure, nous avons discuté et, comme de juste, chacune est restée sur ses positions. Qu'est-ce que j'ai pu m'énerver ! Comme j'ai maudit ma bêtise et mon incapacité à parler ! Comment, avec des armes aussi puissantes que des faits avérés, ai-je pu ne pas convaincre mes sœurs de tous les mensonges du système bolchevique ? Il faut vraiment être d'une bêtise rare !

Néanmoins, je me suis couchée dans un état d'esprit joyeux. Genia m'avait raconté comment ils ont décoré leur département, à l'institut. Il y a plein de nouveaux tableaux sur les murs. Elles brûlaient d'une telle inspiration, d'un tel désir de travailler, d'une telle joie que, par contagion, je me suis enflammée, moi aussi, et j'ai pensé : « Travailler, travailler… et après, après… ? » Et je me suis laissé emporter par mes rêveries étincelantes et naïves.

1. Référence aux personnes exécutées sans enquête ni procès après l'assassinat de Kirov.

Mais ce matin, au réveil, le pessimisme avait pris la relève. Je me suis vue, avec ma timidité et mes peurs ridicules, avec ma laideur et mon caractère renfrogné au milieu d'une foule d'ouvriers grossiers, à moitié incultes. Oh, ils n'attendraient pas longtemps pour me persécuter : moqueries et blagues vulgaires de la part des garçons. Ça m'a épouvantée. Ne vaut-il pas mieux continuer l'école, prolonger les minutes d'enfance ? Cette nouvelle vie ne risque-t-elle pas de se révéler une nouvelle torture ?

Quoi qu'il en soit, c'est à moi seule de prendre la décision. Genia et Lalia sont trop occupées par leurs aventures personnelles et par leur art ; maman, par son travail. Personne ne me donne de conseil sur ce que je devrais faire. Personne ne veut me comprendre.

Aujourd'hui, papa est venu. Il avait des informations sur l'Institut polygraphique. Il semblerait qu'il y ait un faible espoir pour que j'y sois admise. À la nouvelle que mon rêve commençait à se réaliser, j'ai éprouvé un sentiment qui était autre chose que de la peur : l'impression de ne plus en avoir envie.

Je n'ai pu m'empêcher de ricaner intérieurement : je venais de comprendre que toutes mes pensées se concentraient sur une seule personne : « lui » et sur la possibilité qui m'était offerte de :

« Surprendre de mes yeux amoureux
Le sourire de ses lèvres et le mouvement de ses yeux ».

Ma soif d'apprendre et même ma soif de découvrir un autre milieu n'étaient pour rien dans mon rêve. Résultat, je suis pétrifiée. Je ne peux pas entrer à l'Institut du textile, et aucun autre établissement ne me tente. Je viens seulement de comprendre que toute la force qui m'animait, toute mon énergie n'étaient rien d'autre que de l'amour. Comme mes parents serraient choqués s'ils savaient que leur fille se laisse aller à des émotions aussi bêtes et qu'à cause d'elles elle est prête à changer de vie de façon aussi radicale !

14 décembre 1934

C'est incroyable : Pourquoi, dans ma vie, tout se termine-t-il toujours en tragédie ? Je dis bien : se termine. Parce que c'est la fin. Oui, c'est la fin de mon amour pour lui, la fin de mes rêves et de mes espérances. Cela me fait drôle de penser qu'il y a seulement deux ou trois jours, je craignais que ma passion disparaisse. Elle me plaisait, elle m'apportait de nouveaux centres d'intérêt et des sensations fortes ; elle faisait battre mon cœur plus fort, augmentait mes inquiétudes et me révélait un sentiment de joie jusque-là inconnu.

Je jouais et je m'amusais avec cet amour. Il me chatouillait délicatement de ses petites pattes légères. Mais sous les coussinets se cachaient des griffes acérées. Tout a été merveilleux jusqu'au moment où les griffes sont sorties. Comment peut-on, au cours d'une même soirée, en l'espace de deux ou trois heures, éprouver des sentiments aussi contradictoires ? Eh bien, c'est ce qui s'est passé hier.

La soirée a débuté comme toutes les autres : avec l'espoir timide et doux qu'il viendrait. À partir de six heures, mon attente s'est faite plus en plus ardente, mais avec la tranquillité que me donne l'habitude. Une question tournicotait dans ma tête : Est-ce que je commencerais à le désaimer ? Est-ce que, tout en l'aimant aussi fort, mon amour coulerait désormais dans un chenal et se serait mué en habitude ? Car la passion ne me torturait plus à présent, elle me procurait de la satisfaction. Genia est arrivée peu après. Je l'ai suivie dans sa chambre, le cœur plein d'attente et aussi d'émotion.

— Lalia est à la patinoire ?

— Oui.

— Il a l'air de faire froid aujourd'hui.

— Non, au contraire, le temps est très agréable.

Nous avons échangé ainsi quelques phrases dépourvues d'intérêt, et Genia a proposé :

— Tu viens faire une promenade ?

J'ai pensé : « Donc, personne n'est attendu ce soir ». De mauvais gré, j'ai dit :

— D'accord.

Je me suis habillée lentement. Toute gaieté, toute vivacité m'avaient quittée d'un coup. J'avais le cœur gros et vide. L'espoir s'était changé en déception. En quelque sorte, tout m'était devenu égal. Cependant, une lueur brillait quelque part au plus profond de mon cœur. Demain… ?

Nous sommes passées chez grand-mère pour lui déposer les clefs. Genia a dit :

— Nina et Genia G. doivent venir vers huit heures.

— Il faudra faire attention à ne pas être en retard, ai-je fait remarquer, et j'ai souri joyeusement en pesant par-devers moi : « Formidable. Maintenant, la soirée sera parfaite. »

Pourtant, nous ne sommes pas sorties nous promener. J'ai attendu gaiement en lisant un livre.

Et en m'interrogeant : « Pourquoi vient-il, puisque Doussia ne sera pas là ? Pour Nina K. ? Non. Pour Genia ? No-on. » Je ne sais pourquoi, je n'arrivais pas à croire qu'il soit indifférent à Genia, même s'il en donnait l'impression. « Pour Lalia ? Non, elle est à la patinoire et il le sait. » Un méchant petit diable a commencé à gesticuler en moi. « Par conséquent… Par conséquent… »

C'était à peine une bribe de pensée, informe, mais j'ai très bien compris ce que ce petit diable chuchotait.

Je me suis sentie soudain très légère, remplie de joie. Je n'allais pas jusqu'à me dire que je lui plaisais, non, mais la seule idée que personne d'autre ne lui plût suffisait à me rendre heureuse. Genia jouait du piano. Assise derrière elle, je lui jetais des coups d'œil en souriant d'un air extasié. Puis Betka a aboyé sans hargne, paresseusement. Je suis sortie dans le couloir. On entendait des voix en bas. Celle de Nina ? Bien sûr, mais aussi la « sienne ». J'ai dû me retenir pour ne pas me jeter sur la porte avant qu'on sonne.

Ils sont entrés. Nina d'abord, lui ensuite, avec son regard indifférent et son habituel : « Alors, Nina, on va bien aujourd'hui ? » qui ne me choque plus.

J'ai répondu :

— Comme les autres jours !

— Bien, alors ? Et le programme, tu l'as recopié ?

— Je ne m'y suis pas remise depuis la dernière fois, ai-je marmonné.

J'ai ri trop joyeusement et j'ai eu un hoquet. Ça m'a gênée. Restée seule, j'ai examiné mes mains : Je me suis fait la remarque qu'elles auraient pu trembler davantage, j'étais un peu déçue. Mon cœur aussi aurait pu battre plus fort. Mon amour était-il en train de sombrer ? Idiote. À quoi tu penserais, deux heures plus tard ?

Genia et lui déchiffraient une valse à quatre mains qu'ils voulaient apprendre, c'était gênant d'entrer dans la pièce. De temps à autre, il riait, et son rire résonnait en moi avec douleur et joie. Quand j'ai entendu Nina demander : « Genia, joue la valse », je suis entrée. Je suis restée debout dos au mur, partagée entre le rire et une sorte de dépit. Je l'ai regardé. Je ne sais pas pourquoi, il m'a paru particulièrement sympathique. Sa veste lui allait mieux que d'habitude, et il avait les yeux plus brillants qu'en arrivant.

Nina a refusé de danser. Elle est devenue triste et s'est renfrognée. Elle est allée s'asseoir sur le lit. Lalia n'a pas tardé à rentrer. Dans sa longue jupe de couleur sombre et son chandail marron, elle était si jolie et si charmeuse que j'ai compris qu'Andreï soit amoureux d'elle. Pour autant, je n'avais pas le moindre soupçon. « Il » était venu en sachant qu'elle était à la patinoire, n'est-ce pas ? Lalia s'est installée au piano. Genia et lui se sont assis de part et d'autre de Nina, ils ont commencé à bavarder et à rire. Placée derrière la lampe, je ne voyais pas ce qui se passait sur le lit. Lorsque je me suis levée, j'ai failli pousser un cri : il était étendu sur le lit, la tête sur la poitrine de Nina. Il se couvrait le visage d'une main tandis que Genia lui ébouriffait les cheveux :

— Comme ça, tu es beaucoup mieux !

Il s'est rassis avec un air pensif et il a dit :

— Allez, Genia, mettons-nous à la composition.

Genia lui a tendu une feuille de papier et s'est mise à arranger les objets dans la pièce. Il est resté debout un bon moment, le papier dans la main, les yeux dans le vague, jusqu'à ce que Nina lui lance :

— Qu'est-ce que tu as ? Assieds-toi !

— Je m'apprête à créer une composition, et je n'ai que du vide dans la tête.

J'étais quelque peu déroutée, mais calme. Je ne me doutais toujours de rien. Longtemps, j'ai écouté Lalia et Nina chanter au piano en me répétant d'une voix ferme : « Comme je l'aime ! »

En même temps, je me moquais gentiment de moi. Plus exactement, je ne voulais pas donner de l'importance à un amour né aussi bêtement. Je me disais en riant intérieurement : « Voyez d'ici la tragi-comédie, trois sœurs amoureuses du même jeune homme ! Il ne manque plus qu'une scène entre nous, et ce sera le bouquet ! Non, je dois cacher mon sentiment, coûte que coûte. » Je me sentais en même temps ridicule et honteuse (une fausse honte, idiote). Et me moquer n'arrangeait rien.

Nina est partie. De ma chambre, j'ai entendu s'ouvrir la porte de chez maman. J'avais envie de compagnie, ne serait-ce que pour une minute. Je me suis levée et j'y suis allée. Genia était étendue sur le lit, la tête dans les oreillers. Voilà un spectacle auquel je ne m'attendais pas, je dois le dire.

— Qu'est-ce que tu as ?

— J'ai perdu la tête, a marmonné Genia, en faisant une grimace.

Je ne l'ai pas crue. J'ai scruté son visage.

— Moi, je crois que je ne perdrai jamais la tête.

— Comment ça ? Tout le monde perd la tête. Tu n'y connais rien et tu es là, à affirmer des choses !

— Qu'est-ce que tu veux dire ?

— Allez, va-t'en. J'ai sommeil.

Cette dernière phrase a fini de me convaincre que quelque chose allait de travers. Mais quoi ? À présent, je n'avais plus du tout envie de rire. Je commençais à me dire : « Ainsi, ce serait vrai ? Lalia et Genia G… ? Mais non, il savait qu'elle était à la patinoire. Enfin... peut-être qu'il espérait la voir, après tout ? Qu'est-ce que c'est que ça ? Genia quitte sa chambre ? Qu'est-ce que ça veut dire ? »

J'ai tendu l'oreille pour percevoir ce qui se passait dans la chambre des filles. Silence total. Un silence pesant, même. Pas un son ne sortait de la pièce.

C'est alors que j'ai eu un doute. « Je sens que la soirée va se terminer dans les larmes », me suis-je dit mais sur un tout autre ton, bien qu'encore teinté d'ironie. Genia n'a pas tardé à se lever. Je me suis sentie soulagée. Je suis retournée dans ma chambre, et voilà qu'elle y est entrée.

— Viens, Nina. Sortons prendre l'air. J'ai mal à la tête.

— Prendre l'air ?

J'ai senti de l'inquiétude et de la peur se glisser en moi.

— Si tu veux.

Mes doutes ont eu tôt fait de devenir des certitudes. Nous marchions sur le sentier de neige glacée tracé sur le boulevard, à la lumière parcimonieuse des réverbères. L'air était revigorant. Dans mon cœur, c'était une autre histoire. Genia m'a expliqué que ce n'était pas elle qui avait invité Genia G. ce soir, mais Lalia. Elle a dit aussi qu'elle avait remarqué depuis longtemps que Lalia lui plaisait. Maintenant, elle les avait laissés seuls dans la chambre afin qu'ils s'expliquent.

Et je me suis retrouvée à devoir écouter Genia en souriant, à lui poser des questions sur un ton indifférent, à répondre de même, tandis que je souffrais dans mon âme d'une douleur inconnue, sourde, insupportable, accablante.

— Lalia a bien de la chance, disait Genia. Tout le monde est amoureux d'elle.

Pour ma part, si je me sentais si seule, c'est parce que je savais que ma souffrance ne durerait pas un mois ou deux, mais toute ma vie.

Au bout d'une demi-heure, nous sommes rentrées à la maison. J'ai sorti le programme pour continuer à le recopier. De temps en temps, quand je n'avais plus le courage d'écrire, je m'approchais du mur et j'écoutais. Il parlait tout doucement, d'une voix changée, d'une voix qui n'était pas la sienne, désespérément ralentie. Je suis entrée chez les filles pour demander quelque chose, j'en ai profité pour lui jeter un coup d'œil. Avachi sur une chaise, il avait les bras croisés et fixait l'angle du mur. Il paraissait effondré. Lalia était assise à côté de lui, l'air sérieux, elle aussi.

Je me suis dépêchée de sortir, me mordant les lèvres. Je sentais monter en moi une sorte d'exaspération à l'égard de Lalia. « C'est de la jalousie », me suis-je dit en ricanant. J'avais peur de retourner dans la chambre des sœurs. Moi qui jusque-là attendais Genia G. avec tant d'impatience, voilà que je priais le ciel pour qu'il parte au plus vite. Par deux fois, j'ai dû encore entrer dans la pièce pour me faire expliquer des mots illisibles. Les deux fois, il avait l'air désespéré. En fin de compte, il y a eu du remue-ménage dans le couloir. On décrochait un manteau. « Merci, Seigneur ! » ai-je pensé avec soulagement.

Cependant, il est retourné chez les sœurs. Il y est resté si longtemps que j'ai cru que je m'étais trompée. J'ai foncé dans le couloir. Son manteau n'était plus là. « Il n'arrive pas à partir… » J'ai tendu l'oreille. À ce moment-là, Genia (ma sœur) est sortie de la chambre. « Elle les laisse encore seuls », ai-je pensé et ça m'a fait mal. Il est parti assez vite après ça. Je me suis précipitée. Mes sœurs étaient debout et examinaient la composition.

Lalia avait les traits si paisibles que c'en était incongru, une voix et un visage presque heureux. Je me suis assise à la table, en pensant : « Je ne partirai pas d'ici. Qu'elles se fâchent, je m'en fiche ! Peut-être qu'elles parleront devant moi ! » Mais elles n'ont rien dit du tout. Lalia, déjà couchée, a demandé en anglais quelque chose à Genia qui a répondu : « Oui. »

J'ai quitté la pièce. De retour dans ma chambre, j'ai vivement retiré mes chaussures et me suis approchée de la cloison. Les sœurs parlaient trop bas. Je me suis déshabillée et couchée. Pour la première fois de ma vie peut-être, j'ai senti que je n'arriverais pas à m'endormir, qu'il m'était impossible de rester allongée. Une tempête faisait rage à l'intérieur de moi. Je me suis assise, les genoux serrés entre mes bras, et, les yeux écarquillés, j'ai regardé droit devant moi le petit carreau dans la porte par lequel m'arrivait la lumière de la cuisine.

Les voix de mes sœurs me torturaient, me pénétraient comme des vrilles. « Si au moins j'arrivais à entendre ce qu'elles se disent. » Je suis restée à attendre dans cette position que la lumière de la cuisine s'éteigne et que maman entre dans sa chambre. Elle est restée longtemps à tournicoter. Enfin, l'obscurité s'est faite. Bondissant de mon lit, j'ai couru jusqu'au mur, pieds nus et en chemise de nuit. Je me suis collée contre la pierre froide avec un bonheur douloureux. Je ne sais pas pourquoi, je me suis vue de l'extérieur : à moitié nue, pitoyable et désespérée.

De l'autre côté, le silence durait. Je n'entendais que le bourdonnement de mes oreilles. Puis Genia a dit quelque chose à voix forte et a demandé : « Tu entends, Lalia ? » Olga a répondu tout bas et j'ai eu l'impression qu'elle pleurait. « Eh bien, tu n'as qu'à le dire ! » s'est écriée Genia, moins fort mais très distinctement. Je me suis pris la tête dans les mains. D'un pas vacillant, je suis retournée vers mon lit et m'y suis écroulée. La tête posée sur les genoux, j'ai pleuré à gros sanglots muets.

Je n'arrivais pas à comprendre le sentiment qui bouillonnait en moi, mais il me faisait mal. Je serrais mes cheveux dans mes poings, je hoquetais, je me mordais les lèvres pour retenir mes sanglots. Je n'avais presque pas de larmes, mais tout tremblait à l'intérieur de moi. Le chaos était général. Plus tard, quand j'ai été calmée, je me suis renversée sur mon oreiller.

Genia et Lalia se sont tues. Je me suis levée. Je suis sortie dans le couloir tout doucement. La porte des filles était entrouverte. À l'intérieur, tout était tranquille. Lalia toussait en s'efforçant d'étouffer le bruit. Ça m'a fait monter les larmes aux yeux. Chez maman, on entendait des froissements de papier. J'ai pensé : « Elle travaille », et je suis rentrée dans ma chambre[1]. Je suis restée longtemps assise dans mon lit, enroulée dans ma

1. La mère de Nina est obligée de compléter son salaire par des travaux à domicile pour faire vivre sa famille. (*N. d. T.*)

couette, à scruter le noir. De temps à autre, des sanglots remontaient dans ma poitrine et je pleurais sans plus me retenir.

Je considérais que mon amour était fini. « Maintenant, tout doit changer. Je dois le désaimer : ne plus l'attendre, ne plus poser de questions à Genia ou à Lalia, ne plus jamais le voir. Quant au MPI[1], je ne dois pas y entrer. » Mais je sentais bien que toutes ces décisions étaient au-dessus de mes forces. « Et je ne devrai pas non plus assister au réveillon du nouvel an… »

En tout cas, ma première impression ne m'avait pas trompée. Déjà, au foyer d'étudiants, je m'étais dit que Lalia lui plaisait. Et je me suis rappelé cette soirée heureuse et son visage merveilleux. Je suis restée à rêvasser, oubliant tout. Mais pas longtemps. Vite, je chassais mes rêves. Mes souvenirs avaient beau se mélanger, ils me causaient une douleur intense que je n'arrivais pas à dépêtrer. Je me répétais : « Il faut l'oublier, le désaimer. Je suis allée trop loin. » Mais tout de suite, je revoyais son tendre visage de ce soir, et ses yeux immobiles, perdus au loin.

Ce matin, je suis restée longtemps au lit, les yeux fermés, en m'efforçant de ne pas me réveiller. Puis les pensées me sont revenues, et les souvenirs ensuite. « Et c'est dans cet état que je dois continuer l'école ? » De nouveau, j'ai pensé à la mort et à l'opium.

Le soir

Je me remets à mon journal parce que je suis incapable de faire autre chose. Mes yeux me brûlent. Mes paupières sont gonflées, j'ai du mal à les garder ouvertes. Je viens de passer un long moment dans la chambre de mes sœurs à pleurer, assise par terre entre le piano et l'armoire. Pleurer n'est pas le mot : à sangloter plutôt, avec des soubresauts, en me retenant au bord glissant du piano.

Je viens seulement de comprendre que j'avais continué à

1. Institut polygraphique de Moscou.

espérer, jusqu'à la dernière minute. Je comprends maintenant que l'amour, ce n'est pas le sentiment que j'éprouvais pour Levka, mais quelque chose de plus puissant. Qui aurait pu se terminer sur une pirouette s'il n'y avait eu la soirée d'hier. À présent, il y a peu de chance pour que j'oublie vite cette aventure.

Pendant la journée, j'ai réussi à me contenir, mais plus tard, quand Genia est rentrée et qu'elle s'est mise au piano... Tout d'abord, je n'ai rien dit, cherchant l'occasion de l'interroger sur hier. Mais elle gardait un silence têtu, bien qu'elle ait l'air d'assez bonne humeur. Et, dans son silence, il y avait quelque chose de méchant.

— Raconte, Genia. Lalia et Genia G. se sont expliqués ? ai-je lancé sur un ton guilleret.

— Non, ils ne se sont rien dit de spécial. Qu'est-ce qu'ils pouvaient se dire, d'abord ?

Elle ment, ai-je pensé par-devers moi, mais je n'ai pas tenté de la passer au gril. Lalia n'était pas là. Elle était allée chez Nina avec toute sa bande.

— Je ne devrais pas, mais je vais y aller aussi, a lâché Genia.

— Pourquoi est-ce que tu ne devrais pas ?

Elle n'a pas répondu. Autrement dit : parce qu'il y serait. À présent, je ne trouvais plus rien de drôle à ce que nous l'aimions toutes les deux.

Ma sœur s'est mise à chanter une vieille romance tsigane. Je suis restée debout près du radiateur à l'écouter, tête baissée. Une terreur mortelle s'emparait de moi, mais je m'efforçais de lutter. Après, elle s'est habillée. J'ai pianoté d'un doigt une ritournelle qui me trottait dans la tête depuis le matin : « Je me jetterai sous le train de banlieue Et sourirai sous les essieux[1]. »

Une chanson bête, mais horrible et tragique, c'est pour ça qu'elle m'émouvait.

« Tu t'ennuies, Nina ? » « Oui. Eh bien, viens avec nous ! »

---

1. Chanson comique, classique du répertoire, et qui commence par ces mots : « Je mettrai mon chapeau gras, Pour aller à Anapa. »

« Non. » En disant cela, j'ai senti que mes yeux se remplissaient de larmes et que mes lèvres se mettaient à trembler. « Pourquoi ? » J'ai enfoui ma tête dans mes mains et j'ai éclaté en sanglots, furieuse contre moi et terrifiée qu'elle devine mes raisons de pleurer. « Je m'ennuierai là-bas. » Elle a essayé de me consoler et m'a proposée de l'accompagner jusqu'au tramway.

Je lui ai demandé :

— Toi aussi, tu te languis ?

— Oui, c'est dommage de perdre un ami.

J'ai deviné de qui il s'agissait.

— Il est vraiment définitivement amoureux de Lalia ?

— Oui.

— Il le lui a dit ?

— Oui… enfin, je ne sais pas. Elle ne m'a pas donné de détails.

— Si, elle t'a raconté ! ai-je répliqué d'une voix ferme, me rappelant la nuit passée.

Alors, elle a avoué.

— Oui… Il le lui a écrit. Mais Lalia lui a répondu qu'elle aimait Jorka.

— Elle le lui a dit comme ça ?

— Il doit souffrir horriblement. Aujourd'hui, la journée entière a été affreuse. Tu le connais, il est toujours joyeux, de bonne humeur. Eh bien, il a passé toutes les récréations le nez dans un livre. Je n'ai plus de forces. Les filles commencent à me dire que je deviens ennuyeuse. Si, au moins, je savais avec certitude que Genia sera chez Nina, je n'irais pas. Mais je ne peux pas non plus rester à la maison à me ronger d'ennui.

J'ai pensé par-devers moi : « Si elle savait seulement quel ennui me ronge, moi aussi », et j'ai soudain eu envie de lui dire : « Ah, Genia, moi aussi, je l'aime ! », mais je me suis retenue. C'était trop bête d'être toutes les deux amoureuses du même garçon.

En montant dans le tramway, elle m'a dit :

— Un jour, je te raconterai en détail pourquoi Lalia et lui se sont fâchés et pourquoi il s'est pris de passion pour elle.

Oubliant toute méfiance, je lui ai serré la main avec gratitude et je suis restée longtemps à agiter le bras quand le tramway est parti. Après, je suis rentrée à la maison. [...]

15 décembre 1934

C'est cette année que Genia G. a fait son entrée au foyer des étudiants. Ils se sont retrouvés quatre garçons à partager la chambre 208 : Ozerov, Kolia N., Jorka et lui. Des garçons jeunes, gais, qui s'entendaient bien. Qui s'éprenaient de jeunes filles, comme tous les jeunes gens, et qui leur plaisaient. Parmi ces jeunes filles qui fréquentaient le foyer, il y avait Genia et Lalia. Pleines de vie, toujours partantes pour de nouvelles aventures, premières en tout, elles se passionnaient pour l'art, la gymnastique et la scénographic. Et c'est ainsi qu'elles se sont liées d'amitié avec les occupants de la chambre 208. Ensemble, ils ont monté un cercle de théâtre. Et le petit groupe a pris l'habitude de se retrouver chez les garçons avant la répétition.

L'année dernière, déjà, Lalia avait un faible pour Jorka. Par la suite, son attirance s'est muée en un sentiment plus profond et plus fort. Mais à l'époque où nous parlons, ils étaient amis et Lalia n'éprouvait plus pour Jorka, semble-t-il, que de la camaraderie. Quant à lui, il craignait de se déclarer et se contentait de sa situation d'ami privilégié.

Dans le feu de la préparation du spectacle, Lalia se sentit attirée par Genia G., qui en était le metteur en scène. Il appartenait à ce type de gens qui ne peuvent pas ne pas plaire, surtout aux femmes. D'une finesse et d'une gentillesse extraordinaires, bienveillant, doté d'un sourire charmant et d'yeux superbes, il était, comme on dit, l'âme de la compagnie.

Dans cette famille estudiantine, simple et amicale, où prendre quelqu'un par le bras ou même l'étreindre ne signifie rien de particulier, il faisait tourner la tête à bien des filles sans le vouloir. Comme il était gentil avec tout le monde, il était difficile de deviner pour qui son cœur battait. Lalia, donc, n'en avait pas la moindre idée, mais elle l'aimait.

Peu après le soir du spectacle, une jolie jeune fille du nom de Doussia commença à fréquenter le groupe. Kolia N. en était amoureux. Bientôt, de nombreux camarades en vinrent à penser que Genia G. n'était pas indifférent à son charme, lui non plus. Lalia partageait ce point de vue. Avec la force de caractère qui la caractérise, elle décida de mettre un terme à son sentiment pour lui, de couper toute relation entre eux. Elle le fit pendant un cours en lui adressant un mot très sec auquel il répondit par cette ligne : « Je ne comprends pas, que se passe-t-il ? » « Rien. J'ai simplement envie de te faire de la peine. J'ai mes raisons. » Cette explication l'intrigua. Peut-être aussi, l'intéressa. « On peut savoir lesquelles ? » demanda-t-il. Lalia refusa de les lui dire, et ils se fâchèrent.

Trois semaines passèrent. Au cours de cette période, Lalia prit conscience que Genia G. ne l'intéressait plus, que son sourire charmant et que ses beaux yeux bleus la laissaient désormais de marbre. Quant à lui, il gardait un silence obstiné, ne faisait plus aucune attention à elle. Au cours de cette même période, il se rapprocha de sa sœur Genia et tous les deux, semble-t-il, devinrent des amis fidèles. Puis, comme tout le monde, Genia s'éprit de lui.

Elle ne le dit à personne – peut-être ne le savait-elle pas. Mais elle était contente de le voir et de l'inviter chez elle. Une seule chose la dérangeait : la brouille entre sa sœur et lui. Lalia décida donc de se réconcilier avec lui. Un jour, à un cours, elle alla le trouver.

— Je n'aime pas les relations que nous avons, en ce moment, lui dit-elle. Faisons la paix.

— Moi aussi, ça m'est insupportable.

Par sa sœur, Lalia fit savoir à Genia G. la raison de la brouille : Oui, avant, il lui plaisait mais, à présent, l'attrait était passé.

— Mais c'est de la folie ? Je l'aimais, moi !

Confronté à l'obstacle, le sentiment qui sommeillait en lui, à deux doigts de s'éteindre, reprit feu avec une puissance décuplée. Ce sentiment, il l'avait depuis toujours, mais il savait si bien le dissimuler que Lalia ne s'était rendu compte de rien. Résultat, elle avait tout embrouillé. Que faire, à présent ? Il était horrifié. Tout était-il perdu ? Mais comment avait-il pu laisser passer sa chance aussi bêtement ? !

Un soir où il était chez nous, il décida de s'expliquer.

— Lalia, c'est vrai que tout est fini ? Tu n'éprouves réellement plus rien pour moi ?

— Non, plus rien.

— Dans ce cas, excuse-moi. Je ne t'importunerai plus.

Ce soir-là, il fut incapable de dessiner, il resta assis, les lèvres serrées, les traits défaits. « Le bonheur était si près de moi, à portée de ma main, et il s'est envolé. » Dans son chagrin, il oubliait tout le reste, plus personne ne comptait à ses yeux. Genia (ma sœur) comprit alors ce que l'autre Genia représentait pour elle, ce dont elle allait être privée.

Se joua alors un drame silencieux. Genia G. n'adressait plus la parole à Lalia, ne s'approchait plus d'elle. Finies les cavalcades de gamin au milieu des chevalets quand il lui disait drôlement : « J'aime à vous et vous antidessinez mes baisers. »

Le reste de la bande commença à remarquer qu'il y avait quelque chose entre les deux Genia. Cependant, personne n'imagina autre chose que de l'amitié, personne ne songea à intégrer la donnée Lalia dans l'explication des nouveaux rapports entre les deux Genia.

Pour sa part, Lalia éprouve des sentiments divers. Comme toutes les femmes, elle est ravie de son succès, mais elle a aussi de la pitié pour lui et cette pitié la pousse à vouloir bavarder avec lui et à l'inviter à la maison. Pourquoi ne veut-elle pas qu'il cesse de l'aimer ? Face à cet imbroglio de sentiments, mes sœurs sourient malgré elles.

Et moi aussi, je souris, entre mes larmes. Fuir cet amour comme l'a fait Lalia ? Non, c'est trop tard. Il aurait fallu que je le fasse il y a deux ou trois jours, quand je ne savais rien.

[…] [*15, 16 décembre*]

18 décembre 1934

La patinoire. Une étendue bleutée recouverte d'une couche de glace neigeuse, immaculée. Des silhouettes rapides et légèrement courbées : les coureurs… Z-z-z-z-z… Z-z-z-z-z… La glace grince, se désagrège en petits éclats sous les lames des patins. Il fait sombre. La piste de course disparaît dans le noir. Que c'est merveilleux de filer droit devant soi, de tourner et de louvoyer en se balançant au rythme de la musique !

Sur le cercle, près du bâtiment sombre à la forme étrange, deux coureurs strient la glace dans les tournants : Ioura T. et Lalia, légère et assurée. Ils se tiennent par la main et ils décrivent avec une entente et une légèreté remarquables de rapides demi-cercles. Ioura, de petite taille, porte une veste de ski bleu foncé. Il patine admirablement. Il est très rigolo et sympathique. Ils m'ont presque portée jusqu'au wagon de marchandises en me prenant sous les bras. Mes jambes se tordaient de fatigue et, de temps en temps, je perdais l'équilibre. […]

20 décembre 1934

[…] Demain, donc, Genia G. doit venir à la maison. Par un étrange coup du sort, c'est également demain qu'a lieu le *profotbor*[1]. Par conséquent, nous n'aurons pas cours. Comme je me serais réjouie de ce hasard il y a seulement une semaine ! Mais, dorénavant, je ne dois plus entrer chez mes sœurs pour le voir, je dois rester dans ma chambre à me torturer l'esprit. Ils ont l'intention de travailler à une composition, comme toutes les autres fois, et comme ce fameux soir.

Genia m'a tout raconté. Ce faisant, elle a ravivé ma flamme.

1. *Profotbor*. Conseil d'orientation organisé par les professeurs, à l'issue duquel l'élève est dirigé vers les filières professionnelle ou générale.

Le deuxième jour après le dénouement, il l'a suppliée, en larmes, de l'aider à supporter son tourment. Il a dit : « Quand je pense que tout aurait pu se passer autrement ! C'est la faute à Lalia, elle aurait dû me dire. » En ces quelques jours, il avait maigri. Il traînait comme une âme en peine, n'adressait plus la parole à Lalia et ne lâchait pas Genia d'une semelle. Mais aujourd'hui, voilà qu'il avait retrouvé sa gaieté, il regardait mes sœurs en riant. Il a dit à Genia : « Tu sais, ça passe. En entrant dans ma chambre, tout à l'heure, je suis tombé sur Lalia, assise sur le lit de Jorka, emmitouflée dans son manteau. J'ai pu les regarder presque normalement. Ça m'a fait juste un petit peu mal dans la poitrine. »

Est-ce qu'il serait en train de l'oublier ? Si vite ? Et moi, alors ? Pourquoi ne le puis-je pas ? Non, je n'y crois pas. Comme ça, on oublierait en cinq jours de temps ? Non, ce sont des balivernes. Ou bien la lutte l'a épuisé et il a décidé... Mais non, je dis encore des bêtises. Lui, être incapable de supporter la lutte ? Mais, d'un autre côté, pourquoi mentir à Genia ? Et demain, il sera là... Je le respecte trop pour penser qu'il ne s'est pas donné tout le mal qu'il pouvait. Je n'arrive pas à oublier... Demain, il va se passer quelque chose. Mieux vaut que je ne sois pas là... Mais j'ai tellement envie de le voir. L'autre jour, Lalia a dit : « Il faut se battre pour son amour. » J'ai beau tout faire pour l'effacer, cette phrase me reste dans la tête, me fait hésiter. Et si j'essayais ?

[...] [*27 décembre*]

29 décembre 1934

Aujourd'hui, il fait un temps merveilleux. Pendant la journée, il est tombé une de ces petites neiges duveteuses comme on en voit rarement. Elle s'est déposée sur toute chose en une couche aérienne et transparente. Le contact de ces flocons sur la joue était à peine sensible, une caresse, un rafraîchissement. Très haut dans le ciel, voguait une ligne de nuages très fins à travers lesquels le ciel étincelait, lumineux, presque ensoleillé. J'ai regardé par la fenêtre le ballet blanc des flocons avec un sentiment de nostalgie et de bonheur douloureux, avec l'impression d'être en prison.

Dehors, tout semblait beau, tranquille, agréable. J'aurais voulu me fondre dans ce calme, dans ce lent tournoiement céleste, sentir le léger froid sur mon visage, respirer l'air pur et cristallin. Vers le soir, un silence et une douceur étonnante se sont installés. La récente couche de neige resplendissait d'un blanc singulier. Les passants marchaient d'un pas vif et joyeux. [...]

30 décembre 1934

Il s'est passé pas mal de temps depuis l'assassinat de Kirov à Smolny par Nikolaïev, membre d'un groupe d'action terroriste clandestin. De nombreux articles en première page des journaux ont fustigé son acte ; une foule d'orateurs et de profiteurs soviétiques ont crié au scandale en brandissant le poing, en hurlant comme des perroquets : « Massacrons ce salaud ! » « Fusillons ce traître qui, par son lâche coup de feu, a arraché à nos rangs... », etc. Et de nombreux citoyens que l'on dit soviétiques, perdant toute notion de conscience humaine, ont levé le bras pour signifier leur accord.

Il est difficile de croire que, dans l'Europe du xxe siècle, il demeure un bout de terre où se sont regroupés des barbares du Moyen Âge, où, à côté de la culture, de la science et de l'art, persistent des concepts sauvages, primitifs. Avant le début de l'enquête, alors que l'on ignorait encore l'existence d'une telle organisation, plus de cent personnes ont été tuées, des gardes blancs, et ce pour la seule raison qu'ils étaient gardes blancs et se trouvaient par malheur sur le territoire de l'URSS.

Aujourd'hui on en a fusillé quatorze autres, de ces « membres du complot ». Total : plus de cent individus pour un seul Soviétique. Involontairement, on se souvient du règne d'Alexandre II et des activités du groupe La Volonté du peuple. Quel scandale, quelle agitation avait soulevé la société d'alors quand les six condamnés avaient été fusillés ! Pourquoi personne ne s'indigne-t-il, aujourd'hui ? Pourquoi considère-t-on cet événement comme juste et normal ?

Pourquoi, de nos jours, personne ne dit-il ouvertement que ce sont tous des canailles ? De quel droit les bolcheviks se permettent-ils de gouverner aussi cruellement un pays et tous ses habitants, d'édicter des lois infâmes au nom du peuple, de mentir cyniquement et de se cacher derrière ces grands mots de « socialisme » et de « communisme », qui ont perdu tout leur sens ?

Oser traiter de lâche un homme qui est allé à la mort courageusement, qui n'a pas craint d'être exécuté pour ses idées et qui est meilleur que ces prétendus guides de la classe ouvrière pris tous ensemble ! Qu'en pensent-ils, à l'étranger ? Se pourrait-il que, là-bas, les gens disent aussi : « Que voulez-vous, il le faut bien ? » Oh non ! Seigneur, quand cela va-t-il changer ? Quand pourra-t-on affirmer que le pouvoir tout entier appartient au peuple, que l'égalité pour tous et la liberté règnent partout chez nous ? Parce que, ces dernières années, nous vivons sous l'Inquisition, et non pas sous le socialisme !

1er janvier 1935

Et voilà, c'est la nouvelle année ! Jamais réveillon ne s'est déroulé aussi… curieusement – c'est le mot ! – après avoir commencé aussi douloureusement. Hier, j'ai passé la journée dans un état de fébrilité inhabituel. J'ai attendu avec impatience le retour de mes sœurs, puis j'ai volontiers aidé Lalia à bouger les meubles. Une fois les lits et la table retirés de leur chambre, la pièce est devenue vaste et agréable. Andreï B. est arrivé le premier, ensuite Nina. Andreï était aux petits soins pour Lalia, qui lui sortait des vannes en le toisant d'un air moqueur, la tête rejetée en arrière.

À neuf heures, les autres invités sont arrivés en groupe, sauf Kolia N., Serioja K. et Doussia. En voyant passer devant moi neuf personnes d'un coup, je me suis exclamée. J'en ai salué certains d'un hochement de tête, tandis que d'autres passaient devant moi sans me voir. Iourka T. m'a serré la main.

Genia G. portait un blouson brun clair en mohair et un pantalon gris de belle qualité. En le regardant, je n'ai pu m'empêcher de me demander si je l'aimais toujours. J'aurais été bien en peine de le dire. En tout cas, ma forte émotion, faite de joie et de soulagement, avait disparu, remplacée par un sentiment différent, pesant et oppressant, que je ne comprenais pas. Ça ne me faisait plus du tout plaisir de le voir. Au contraire, ça me tourmentait. Ils ont dansé. Pendant ce temps-là, coincée entre le piano et l'armoire, j'ai promené les yeux d'un couple à l'autre en observant tout ce qui se passait, perdue dans mes réflexions.

Un grand escogriffe avec un nez en pied de marmite et un front qui lui prenait la moitié du visage s'était installé au piano, lançant d'une voix fluette des blagues qui tombaient à plat. Un Boris beau et élancé (camarade de Ioura T…) tournait d'une place à l'autre sans danser ni se poser nulle part.

Les premières minutes, j'ai carrément oublié Genia G. Ensuite, mon nouveau sentiment pour lui, désagréable, m'est revenu encore plus fort. Je me suis surprise à le suivre du regard pendant qu'il dansait. J'ai vivement détourné les yeux dès que je m'en suis rendu compte. Il dansait avec tout le monde sauf Lalia, mais il n'était pas aussi gai qu'il pouvait l'être. […]

Au dîner, j'étais en bout de table. À ma gauche j'avais Genia ma sœur, et de l'autre côté, sur l'autre pan de table, Genia G. Je me suis réjouie ! De temps en temps, j'osais un coup d'œil en tournant la tête et je voyais son beau profil, ses yeux.

[…] Après le dîner, ils ont encore dansé. Je suis restée debout à les regarder, comme avant. Il glissait avec beaucoup de grâce et de légèreté en suivant la musique, se penchant à peine, et il faisait tourner sa cavalière avec adresse et rapidité. J'aimais chacun de ses gestes, son expression sérieuse et concentrée, son chandail duveteux. Une ou deux fois, je l'ai regardé pendant si longtemps qu'il l'a sans doute remarqué car il a tourné les yeux vers moi. En sentant son regard, je me suis détournée craintivement.

Une fois, il est passé au bras de Lalia. Elle m'a dévisagée

intensément. J'ai profité qu'ils tournaient pour le regarder mieux. Il restait plongé dans ses pensées. Mais ses yeux pleins de douceur étaient comme écarquillés. Après, quand il a aidé Genia à préparer le thé, il m'a proposé tantôt un bonbon, tantôt un biscuit avec tant de gentillesse que j'ai eu mal de nouveau. Je ne supportais pas l'idée qu'il puisse avoir pitié de moi. Ça me rendait folle.

Quand il a cassé une noix, je suis sortie de la cuisine pour éviter qu'il me l'offre ou autre chose encore. Il a quand même eu le temps de me crier : « Nina, prenez donc des noix ! » « Non, je n'en ai pas envie. » Sur ce, je me suis réfugiée chez maman. Genia, entrée sur mes talons, m'a tendu une poignée de noix. « Faut pas être aussi timide ! » C'était certainement lui qui lui avait demandé de me les donner, et j'ai eu honte. Ils ont encore dansé avant de se séparer. Jorka s'est trouvé mal et a vomi. Quant à Genia G., il était planté dans la cuisine. Lorsqu'il en est enfin sorti, il avait une expression soucieuse, concentrée. Jorka n'étant pas en état de rentrer au foyer, il est resté dormir ici. On lui a fait un lit sur la malle. Nous n'étions plus que quatre : moi, adossée au mur, Genia ma sœur, Iourka et Genia G.

— À partir de maintenant, je ne bois plus une goutte, j'en fais une question de principe, a déclaré Iourka T.

— Excellente idée, ai-je marmonné, les yeux droit devant moi, et j'ai senti le regard de Genia G. se poser sur moi.

N'y tenant plus, je me suis tournée vers lui : il me regardait d'un air sérieux. Et puis, il a souri. Ses yeux sont pétillé doucement. Alors, j'ai souri aussi, pendant longtemps, sans le quitter des yeux.

Au cours de la soirée, il avait très peu parlé avec Lalia. Quand il le faisait, c'était le corps tendu vers elle avec un regard très tendre, profond et des yeux qui scintillaient. En voyant cela, j'avais eu peur et je m'étais sentie mal. Quand les garçons sont partis, Lalia a dit soudain :

— Viens ici, petit Genia, et elle l'a entraîné à l'écart.

Je l'ai regardé attentivement, puis Genia ma sœur. Du coin de l'œil, j'ai vu qu'il serrait le bras de Lalia très tendrement.

« J'aime à vous », a lancé malicieusement Lalia, et avec beaucoup de douceur. « Je également aime » a répliqué Genia G. à voix basse, un peu sur la réserve. « Ils se sont tous saoulés. Tu es le seul à être resté sobre et correct. » « Eh bien… », a-t-il prononcé en traînant sur les mots, puis il a eu un rire et, brusquement, d'un mouvement saccadé, il a pris la tête de Lalia entre ses mains et a caressé ses cheveux. « Ah, ma petite Olga… »

Je me suis vivement retournée vers la table, incapable de supporter ce spectacle. « Bonsoir, Nina », a-t-il dit en me tendant la main. Je l'ai serrée avec bonheur. Son visage en sueur est passé une dernière fois devant mes yeux, ce doux visage si cher à mon cœur. Iourka était complètement ivre. Il baisait les mains de Lalia et de Genia, il leur demandait pardon en pleurant à moitié d'avoir apporté une quatrième bouteille. Nikolaï, lui, était gentil et sympathique. Il souriait gaiement, l'alcool lui faisait les yeux brillants.

Je me suis couchée à trois heures du matin, mais impossible de m'endormir malgré l'heure et le vin. […]

4 janvier 1935

Je ne sais plus comment c'est arrivé, mais j'ai fait la bêtise d'avouer à Ira que j'avais un penchant pour un camarade de mes sœurs. Je lui avais souvent parlé d'eux tous. Récemment, je lui avais même raconté le drame survenu entre Genia G. et Lalia – sans mentionner mes propres sentiments, bien entendu. J'étais tellement certaine d'avoir agi avec finesse, d'avoir dissimulé mes sentiments, d'avoir en fait raconté très peu de chose qu'il ne m'avait pas traversé l'esprit qu'elle pouvait avoir percé mon secret, elle ou quelqu'un d'autre.

Ira m'a assaillie de questions pour découvrir le nom de l'élu. Et voilà qu'elle me sort l'autre jour :

— Je sais qui c'est.

Prenant un ton indifférent, j'ai répondu :

— Écris son nom sur un papier. Si tu tombes juste, je te le dirai.

En vérité, pendant toute une minute j'ai été terrifiée. Elle m'a tendu un papier plié. « Et si elle avait trouvé ? Mais non, c'était des bêtises. Elle allait écrire Jorka ou n'importe qui d'autre, mais pas Genia G. » Je déplie le papier : « Genia G. ».

— Quoi ? Je n'en reviens pas ! Comment as-tu fait pour deviner ?

[...] J'étais furieuse contre moi. J'ai pensé : « Tu ne peux t'en prendre qu'à toi-même. Ça t'apprendra à tenir ta langue. À partir de maintenant, tu te tais ! Ce n'est pas si grave. Les erreurs aussi, ça sert de leçon. La prochaine fois, tu la fermeras ! » Après, on a parlé du suicide. J'ai raconté mon aventure avec le poison et le dénouement comique. Nous avons bien ri. Après, je n'arrêtais pas de demander à Ira de me donner de l'opium. Je suis rentrée à la maison largement après dix heures en me demandant sur le chemin : « Est-ce qu'il sera encore là ? » mais je me forçais à ne pas espérer.

Nina K. et Genia G. étaient sur le départ. Nina était dans l'entrée, son manteau déjà sur le dos. Lui, il était retourné dans la chambre des filles de sorte que je n'ai fait qu'entendre sa voix. Je suis entrée dans la mienne. J'en serais volontiers ressortie pour le saluer, mais je voulais m'en tenir à ma promesse. J'ai donc attendu qu'ils soient partis pour remettre mon manteau et filer promener le chien. « Le voir de loin, au moins... ! »

[...] De chez grand-mère, j'ai longtemps scruté le noir à l'angle de la maison et la porte par où ils devaient réapparaître, Nina et lui. Un poids horrible m'écrasait le cœur, j'étais à la fois désespérée et exaspérée. Soudain, je me suis rappelée l'opium. « Je vais boire tout le flacon, quitte à mélanger le contenu avec autre chose. Advienne que pourra ! Mieux vaut en finir. Ce sera mieux. J'en ai par-dessus la tête. »

Au moment de me mettre au lit, j'ai versé dans une tasse les gouttes sombres. J'en ai compté soixante. « Grand-mère va râler et se demander où elle a bien pu fourrer son flacon. Ce n'est pas grave. Surtout qu'à ce moment-là, si ça se trouve, je serai morte ! » J'ai tout bu et me suis couchée. Assez vite, j'ai senti que mes bras devenaient mous et ma tête lourde. J'avais mal à la tête et, aussi, très sommeil. Je me suis endormie tout de suite, et très profondément. Maintenant, je me sens affreusement mal. J'ai mal au cœur et la tête qui tourne. Comment ça se fait ? Je ne sais pas.

7 janvier 1935

Hier, j'ai demandé à Genia :

— Qu'est-ce que tu ferais si tu aimais quelqu'un qui en aimait une autre ?

— Je l'oublierais.

Elle m'a regardée longuement d'un air entendu et compréhensif. L'oublier ? Oui. Admettons que j'essaie et que j'y arrive. Mais, finalement, pourquoi l'oublier ? L'espace d'un instant, je m'y suis presque résolue, puis Genia s'est mise à parler de lui :

— Il a maintenant un regard si vieux et triste et des rides autour des yeux.

— Si je comprends bien, son amour pour Lalia lui a laissé des marques.

— Non, il dit que ça lui a passé, que c'était une erreur.

J'ai tressailli. Est-ce que ça voulait dire qu'il n'était pas amoureux ? J'aurais une chance alors ? Ça vaudrait le coup d'essayer. » […]

[…] [*9, 11, 14, 16 janvier*]

17 janvier 1935

On nous a changé notre jour de congé ! Je n'arrive pas à imaginer que toute la famille se retrouvera ensemble à la maison, mes sœurs et maman, alors que, moi, je devrai aller à l'école ! C'est dégoûtant ! Demain, donc, nous avons classe. Mais l'esprit de révolte est ancré trop profondément en nous. La moindre injustice de la part de la direction nous met en rage et nous pousse à lutter pour nos droits. Nous ne nous soumettons jamais sans nous battre. Cette fois encore, nous nous battrons.

Dès hier, en rentrant de l'école avec Ira, nous avons décidé de rédiger une note de protestation. De toute façon, il n'y avait rien à perdre et on pouvait toujours y gagner quelque chose. On a mis un temps fou à la composer, il a fallu se triturer les méninges, parce qu'en réalité nous ne disposions d'aucun motif sérieux pour exiger un quelconque jour de repos. Il fallait donc réussir à justifier la requête à partir de rien. Au moment où Ira s'apprêtait à la recopier, une question est apparue : et s'ils se mettaient à lui chercher chicane comme étant l'instigatrice de l'affaire ? Peut-être valait-il mieux taper le texte à la machine ? « Allons chez Linde. » « D'accord. »

Nous avons mis nos manteaux en riant et nous sommes parties. Linde n'était pas là. Comme la première fois, c'est sa mère qui a ouvert la porte. Elle a bégayé :

— Mais Dima est à l'école !

— On n'a pas classe, aujourd'hui, c'est le jour de congé.

— Ah bon ? Mais alors, où est-il passé ?

— Heu… nous ne savons pas.

Elle a dû remarquer notre ahurissement. Ira lui a laissé un mot pour Dima et le brouillon de la déclaration.

Embêtées d'avoir peut-être fait une gaffe, nous y sommes retournées ce matin.

— Dima est là ? ai-je demandé à la dame qui a ouvert la porte.

Elle n'a pas eu le temps de répondre qu'une voix de basse criait de derrière :

— C'est pour moi.

Nous sommes entrées dans l'appartement.

— Entrez donc dans la chambre, venez, a dit Linde en sautillant d'un pied sur l'autre et en agitant les mains, comme d'habitude.

Sa chambre était un vrai capharnaüm. Sur la table, il y avait une machine à écrire.

— Voilà ! C'est tapé, a-t-il dit en me tendant une feuille. J'ai juste changé certains passages.

— Bien sûr, c'est ce qu'on voulait.

J'ai fait semblant de me plonger dans le texte pendant qu'Ira lui demandait ce qu'il était allé faire à l'école hier.

— Hein ? Moi ? Ah oui. Il n'y avait pas de cours, je suis allé au cinéma.

— Et, aujourd'hui, tu viendras en classe ?

— Non, aujourd'hui je ne peux pas.

— Dans ce cas-là, on a bien fait de passer.

— Oui, il faut que j'aille encore me faire faire une radio.

Debout derrière une chaise, les coudes appuyés sur le dossier, il était plus grand que moi et tout mince dans son costume bleu, fluet même. Je ne voyais pas du tout son visage. Dans l'escalier, nous avons explosé de rire tout bas, tellement que nous étions obligées de nous agripper à la rampe.

À l'école, une déception nous attendait. Les garçons renâclaient à participer à la pétition, ils ricanaient et se moquaient de nous. Après, ils se sont inventé des signatures si moches qu'il a fallu déchirer le bas de la page. Comme je les ai trouvés répugnants aujourd'hui, totalement étrangers à mon monde ! Mon désir de partir n'importe où m'est revenu encore plus fort. Et ce n'était que le premier jour ! À la fin de la journée, nous avions réussi à convaincre tous les élèves sauf deux (Valia L. et Margocha). Et aussi Antipochka qui, pour Dieu sait quelle raison, ne voulait pas démordre de ses positions.

Pendant le dernier cours, Valia L. n'a fait que se retourner pour nous jeter des coups d'œil, à Xioucha et à moi, parce qu'on riait comme des folles. Le fait est que pendant les vacances nous sommes allées sonner chez lui pour l'inviter à aller au cinéma. Nous lui avons indiqué un lieu de rendez-vous, bien décidées à ne pas nous y rendre. Le pauvre s'est gelé je ne sais combien de temps à faire le pied de grue et, maintenant, il nous regarde avec des yeux de chien battu.

20 janvier 1935

[...] Les garçons ont volé à Moussia dans sa sacoche un mot de Lalia K...[1] qu'elle devait transmettre à Vadim M... La fureur qui nous a prises contre eux ! Le mépris... Ces types sont vils et lâches. Comment des garçons cultivés, de bonne famille, pouvaient-ils manquer à ce point du sens de l'honneur ? C'était incroyable. Nous en avions honte pour eux, ces salopards, ces immondes individus que nous avions toujours pris pour des types bien !

[...] [*25, 29 janvier*]

30 janvier 1935

J'ai transmis mon petit mot à Levka (je veux dire : hier). Le sérieux de sa réponse m'a ébahie. Il a écrit : « Mes sentiments pour elle sont toujours les mêmes. C'est elle qui l'a voulu (la rupture). Je ne me traînerai pas à ses pieds. » Subitement, ce chenapan s'est transformé sous mes yeux en un garçon sérieux, qui souffrait. Ça m'a fait tout drôle de le voir changé à ce point. J'en riais presque tellement j'étais sidérée. Lui, Levka ? J'ai ressenti de la gratitude envers lui pour m'avoir dévoilé aussi sincèrement cet aspect de lui-même qui m'était totalement inconnu. [...]

Dans plusieurs de ses petits mots, Levka avait mentionné Ira par son nom de famille, Charova. Elle en avait conclu que tout était fini entre eux. Dans son dernier mot, il lui a dit plus ou moins ça : « Irina, tu continues à me plaire et je te pardonne tout. Je ne reste pas ce soir parce que j'ai mal au crâne. » Ça m'a fait un plaisir fou, à Ira aussi. Levka souffrait effectivement. Il n'avait pas levé la tête de ses bras de tout le dernier cours, il grimaçait de douleur. Sur le chemin du vestiaire, il se tenait les

1. Amie de Moussia, élève d'une autre école.

tempes et restait concentré sans parler à personne. J'avais ressenti pour lui une pitié proche de la tendresse.

Hier, Zina T. est revenue en classe. Comme elle a eu l'appendicite, elle a manqué l'école pendant un mois. Elle ne s'en est pas déshabituée pour autant. Elle était, comme toujours, de bonne humeur et bavarde. Pendant un cours, elle a écrit à Valia L., dit le « Crocodile » ou l'« Animal » :

— Pourquoi est-ce que tu as trompé Nina ? Elle pleure toutes les larmes de son corps.

— Quelle Nina ? Dis-moi son nom de famille.

— Tu en as tellement, des Nina, que tu ne sais pas laquelle ?

Après ça, ils ont encore échangé des mots sur d'autres sujets et, au dernier cours, il a redemandé :

— Dis-moi son nom de famille, à la fin.

— Arrête de faire semblant ! a répondu Zina. Tu sais bien que c'est Nina Lougovskaïa.

— Je n'ai pas pu la tromper puisque je n'ai jamais eu de liens avec elle. Ses pleurs, je ne les ai pas vus et je ne veux pas les voir.

La journée d'hier s'est achevée sur ce billet. Sur le chemin du retour, nous nous tordions de rire. Je me suis plainte haut et fort que l'Animal ne m'aime pas.

Aujourd'hui, journée de folie. Au début du deuxième cours, alors que la prof de biologie n'était pas encore arrivée, quelqu'un s'est mis à lancer des boules de neige. Le jeu battait déjà son plein quand je m'en suis rendu compte. L'Animal, juché sur un banc, ramassait la neige à pleines brassées sur le rebord de la fenêtre et la déversait sur la pauvre Mila qui essayait tant bien que mal de se protéger.

Au moment où la prof est entrée, Mila, des flocons plein ses tresses, était en train de courser l'Animal dans toute la salle.

— Qu'est-ce qui se passe ? Des boules de neige ? Egorova ! Leïtine ! Ah, mais c'est inadmissible, je vais de ce pas chercher A. V. [1].

---

1. Alexandra Vassilievna, directrice des études de l'école, professeur de langue et de littérature russes.

— Imbécile, Crocodile ! chantonnait Margocha. T'es vraiment un animal !

Et de lui verser de la neige sur la tête et sur celle des autres.

A. V. n'a pas tardé à rappliquer.

— Regardez ce qu'ils ont fait ! s'est lamentée la prof. Il y a de la neige partout sur le plancher et sur les tables. Egorova en avait dans les cheveux et sur les épaules !

— Bien ! a prononcé A. V., minuscule mais tout-puissant despote en jupon.

Ça nous a épatés de la voir s'adresser aux garçons avec autant d'autorité. Car elle ne paie pas de mine, minuscule comme elle est malgré ses yeux bleus au regard mauvais.

— Ivianskaïa et Charova, vous allez me suivre !

J'ai pensé par-devers moi : « Et, moi, elle ne m'appelle pas ? Ce n'est pas juste ! » J'en étais si dépitée que je lui aurais presque demandé d'ajouter mon nom.

— Lougovskaïa ! a laissé tomber A. V.

J'ai failli sourire.

— Sortez ! a-t-elle ordonné.

Nous avons obtempéré joyeusement. Ce trajet chez le directeur, le premier de toute ma vie, je l'effectuais portée par un sentiment inconnu, tout neuf, qui ressemblait à de la fierté. N'empêche, j'étais inquiète. J'avais le cœur qui battait à tout rompre. « Les filles, il faut absolument qu'on s'entende sur ce qu'on va dire. C'est sûrement à cause du prof de math qu'on nous fait venir. Vous vous rappelez, l'autre jour il a relevé nos noms. » Profitant de ce que A. V. s'était écartée, nous avons tenu conseil à voix basse dans l'escalier. Puis d'autres élèves nous ont rejointes : Liza K., Kempert, Egorova et des garçons.

Nous avons traversé la salle en troupeau désordonné, ricanant entre nous, tandis que notre petite tortionnaire clamait d'une voix coléreuse :

— C'est inadmissible, vous ne voulez pas étudier dans une école soviétique ! Vous ne faites que chahuter. Votre place n'est pas parmi nous !

Arrivée à la porte du cabinet du directeur, A. V. s'est arrêtée.

— Les garçons, d'abord !

Nous nous sommes retrouvées seules, et notre bonne humeur a repris le dessus. La nouveauté de la situation nous amusait grandement.

Nous faisions un tel chahut que nous n'avions plus peur de rien. On rigolait à gorge déployée. Pendant la récréation, nous avons galopé bruyamment du préau à la classe. Après, il y a eu le déjeuner. Les garçons nous ont bientôt rejointes. On les avait cuisinés. On les avait interrogés sur une organisation clandestine contre-révolutionnaire, et on les avait traités de tous les noms.

Que ces bolcheviks sont lâches et méprisables ! Ils ont tellement peur de tout qu'ils en viennent à imaginer une conspiration à partir d'innocentes farces de potaches. Tout ça, parce que les garçons ont rédigé une sorte d'édit émanant de l'empereur Krok II. De quoi terrifier le personnel chargé de veiller sur de malheureux enfants soviétiques, n'est-ce pas ? Il règne en URSS une réaction comme on n'en a encore jamais vu. Terrifiante ! Même les écoles ne sont pas épargnées, ces petits univers enfantins où moins que partout ailleurs devrait s'infiltrer l'influence pesante de la classe « ouvrière ».

Cependant, je comprends en partie les bolcheviks. Ils sont grossiers et d'une cruauté barbare, mais, de leur point de vue, ils ont raison : s'ils n'épouvantent pas les gens dès l'enfance, ils ne verront pas plus leur pouvoir s'instaurer sur la terre qu'ils ne voient leurs propres oreilles. Par conséquent, ils nous éduquent en vue de faire de nous des esclaves soumis, et ils tuent impitoyablement dans l'œuf le plus petit souffle de rébellion.

La moindre manifestation d'esprit critique, le plus léger signe d'indépendance ou de liberté de pensée est puni effroyablement. Ainsi les bolcheviks ont ce qu'ils veulent : ils étouffent l'esprit d'opposition qui grommelle au fond du cœur des gens. Et ils expédient à de telles profondeurs ceux qui proclament leur désaccord haut et fort que ces malheureux n'en remonteront jamais.

Nous n'avions jamais imaginé être appelés un jour chez le

directeur pour une affaire politique. Nous riions donc de bon cœur en toute insouciance, en attendant notre tour. Enfin, les derniers garçons sont sortis. « Klempert et Egorova ! » a appelé A. V. Les filles sont entrées dans le bureau. Nous avons hélé les garçons :

— De quoi avez-vous parlé, encore ?

— Je sais pas… ils recherchent un parti…

Les filles sont sorties rapidement.

— Vous, maintenant !

Nous sommes entrées toutes les trois ensemble.

— Izianskaïa, avance ! a dit A. V.

L'atmosphère s'est alourdie. À dire vrai, ça vous flanque plutôt la trouille de faire le pied de grue dans l'antichambre d'un directeur qu'on déteste. On entendait la petite voix enrouée de Moussia. J'ai chuchoté à Ira : « N'oublie pas ce que tu dois dire. » Mais on nous a appelées toutes les deux ensemble.

A. V. était debout, le directeur – petit, avec des épaules larges, et terriblement antipathique – était assis à son bureau. Il avait un visage typique d'ouvrier : taillé à coups de serpe, frustre et dépourvu de toute beauté intérieure, de toute compassion (je ne parle même pas de son physique) : le visage d'un type aguerri à prendre les airs qu'il faut quand il le faut, sorti du rang grâce à sa carte du Parti, à ses vilenies, à sa capacité à remplir toutes les tâches exigées d'en haut, avec servilité et sans réfléchir. Il donnait l'impression d'avoir, avant ce poste, évolué uniquement parmi des bandits de grand chemin, voire des prostituées. Certainement pas au milieu d'écoliers.

Il a vaguement hoché la tête à notre entrée puis il a désigné un endroit près du mur. Ira s'est tenue droite, les mains dans le dos, la tête légèrement inclinée. Je me suis adossée au mur dans une attitude peut-être un peu cavalière pour un entretien avec un personnage aussi important et aussi content de lui. J'ai promené les yeux sur la pièce. A. V. fouillait dans ses papiers sans nous regarder. Puis elle a dit à l'adresse du directeur :

— À ces deux-là, les mêmes questions qu'à Ivianskaïa. C'est la même affaire.

A. V. sortie, il a commencé son petit interrogatoire répugnant.

— Est-ce qu'après la mort de Kirov et de Kouïbychev[1], il y a eu des conversations ?

— Il y a eu les meetings, c'est tout, ai-je répondu, sans bien comprendre le sens de sa question.

— Non. Entre vous, entre élèves ?

Sa voix était très calme, pateline.

— Non, on n'en a pas parlé.

— Vous ne vous êtes pas dit, par exemple, que bien des gens étaient morts, cette année ?

— Si, est intervenue Ira, on s'en est fait la remarque. Il y a eu Kirov, Kouïbychev, Sobinov, et tout récemment Ippolitov-Ivanov[2].

— Et vous ne vous êtes rien dit d'autre.

— Non, je ne vois pas…

Il a fait durer le silence, pianotant des doigts.

Incapable de me retenir, je me suis écriée :

— Mais il n'y a là rien de criminel !

Il m'a regardée de ses yeux affreux, repoussants, étirés et verts comme ceux d'un chat.

— Criminel, tu dis ? Vous n'avez pas été appelées pour qu'on vous donne des explications. Nous vous interrogeons, c'est tout. Et vous avez l'obligation de répondre à nos questions… Et tiens-toi debout comme il faut ! a-t-il repris sur un ton encore plus coupant, comme s'il se rendait compte seulement maintenant de ma position.

Je me suis redressée et je l'ai toisé en réfrénant l'irritation et la honte mordante qui bouillonnaient en moi.

— Répondez sur les faits. Les conclusions, c'est moi qui les tire, pas vous. Même les enseignants, je leur interdis de tirer des conclusions quand ils discutent avec moi !

---

1. Kouïbychev, Valerian Vladimirovitch (1888-1935) : membre du Comité central du Parti, président du Gosplan.

2. Léonide Sobinov, célèbre ténor. Ippolitov-Ivanov, Mikhaïl Mikhaïlovitch (1859-1935), compositeur et chef d'orchestre, élève de Nikolaï Andreïevitch Rimski-Korsakov.

Un sacré dictateur. C'était la première fois de ma vie que je me frottais à ce qu'il est convenu d'appeler le « pouvoir en place ».

— Avec qui d'autre avez-vous parlé de ça ?

— Avec personne. Uniquement nous deux.

— Alors, comment se fait-il que d'autres élèves soient au courant de certaines choses ?

Il a jeté un coup d'œil à la liste devant lui.

— Peut-être qu'ils en ont parlé entre eux... ? a commencé Ira.

Après chaque réponse, il y avait une pause et, chaque fois, cette pause me rassurait. À la fin, il a dit presque pensivement : « C'est bon, partez. »

L'infirmière nous a indiqué dans quelle salle se trouvait notre classe. On avait physique. Mais nous étions bien incapables de répondre aux questions du prof, ou même de l'écouter. Nous avons passé la leçon à chuchoter, en colère et alarmés.

Kolia G., un petit salaud avec des yeux presque roux de juif et des oreilles en chou-fleur, est venu s'asseoir à côté de moi.

— Alors, Louga ?

— Rien de spécial. Comme avec les garçons. Sur Kirov et les autres.

— Il y en a qui rapportent, dans la classe.

— La belle affaire, ça se fait partout.

Je répondais de manière évasive, en restant sur mes gardes. Cet entretien chez le directeur me donnait à penser que le plus bizarre, le plus suspect de nous tous, c'était bien Kolia G. ; je me suis dit avec une certitude presque totale que s'il y avait un rapporteur parmi nous, c'était justement lui.

Qu'est-ce qu'on a pu attendre la fin de ce cours ! À la récréation, Moussia, Ira et moi, nous nous sommes retrouvées toutes les trois sur le petit balcon pour nous raconter l'entretien avec le directeur : À Moussia, par exemple, A. V. a demandé : « Tu n'as pas une amie qui s'appelle Lalia ? » Et après, elle a inscrit son nom de famille, son école et sa classe.

C'est vraiment trop ! De quel droit fouillent-ils parmi les gens qu'on connaît en dehors de l'école ? Il se passe des horreurs ! Même sous les tsars, on ne faisait pas des choses comme ça dans les écoles. Jamais l'administration n'a été aussi peureusement mesquine et pitoyable. Oui, même dans la classe, il y a un indic. Cette histoire de la lettre de Lalia K. à M., volée par les garçons, il faut bien que quelqu'un soit allé la rapporter, non ?

Quand nous sommes entrées en classe après la sonnerie, le directeur s'y trouvait déjà. Tous les élèves étaient debout. Il discourait de sa voix désagréable qui prononce mal les « s » et les chuintantes – et vous déchire le tympan. Plus tard, on nous a dit qu'avant, quand nous n'étions pas encore là, il avait parlé de la pétition sur le jour de congé, dont Ira et moi étions à l'origine et que nous avions depuis longtemps remise à A. V. C'est étrange, quand même, que nous ayons été les trois seules élèves absentes de la classe au moment où le directeur est venu. Il a parlé de tous les problèmes. Cette affaire de neige dans la classe avait fait resurgir tous nos manquements à la discipline, réels ou imaginaires.

Pendant le cours de littérature, nous avons été incapables de travailler. Nous étions trop énervées et inquiètes. En revanche, le dernier cours a été formidable. Les filles ont recommencé à échanger de petits mots avec l'Animal. Après, Ira a écrit à B. Hier, les filles avaient décidé d'en finir avec leurs billets à l'Animal dès qu'elles lui auraient demandé clairement si je lui plaisais, si c'était sérieux. Il a répondu : « Sérieux, non. »

En lisant les petits mots qu'il avait fait passer aux filles, j'ai eu l'air idiot alors que je n'étais pour rien dans cette correspondance. Tout s'est terminé tristement. Zina lui a écrit que tout ça, c'était de la blague et l'Animal a répondu : « Dans ce cas-là, *amen !* L'incident est clos. »

[…] [*2, 3, 5, 6, 8 février*]

10 février 1935

Je pourrais lire Tchekhov sans jamais lever le nez, ses nouvelles comme ses pièces. À tout moment, je me retrouve en l'un ou l'autre de ses personnages. Son ton désenchanté, son pessimisme, son sentiment d'impuissance, comme ils me sont proches ! Comment pourrais-je ne pas me reconnaître dans son Ivanov[1], dans son Treplev[2] ? Ce sont des ratés, des gens que leur vie ne satisfait pas, oppressés par l'atmosphère de stagnation alentour, de braises sous les cendres. C'est la vie. Oui, elle est exactement comme ça. Elle n'a jamais été différente et ne le sera jamais. Que sont l'énergie, l'élan, la joie et le bonheur ? Des instants et c'est tout. Et ils sont bien rares. Les écrivains aiment à les rassembler et créer à partir d'eux une image idéale de la vie. Mais c'est un leurre, ce n'est pas la vie.

[...] Hier, Ira et Levka se sont vus. Les voilà de nouveau amis. Ils seront heureux, ils passeront les longues soirées obscures à parler. Je crois que je les envie. L'envie... quel sentiment ignoble ! Ce n'est pas si grave... Toutefois, si Ira commence à ne plus m'inspirer que de l'envie, je crains que ça ne tourne bientôt à la jalousie, car Levka ne m'est pas indifférent. Je le regarde avec plus de plaisir que les autres garçons, je suis émue par sa beauté, par ses yeux bleus qui étincellent et qui ont tant de charme. Qu'il est grand et drôle dans son costume trop petit ! Hier, il a éveillé en moi comme de l'amour. Et c'était avec Ira qu'il était, avec elle qu'il parlait ! Elle, il l'aime. C'est affreux. C'est ça, la jalousie ?

Il a raconté à Ira beaucoup de choses sur sa vie, qu'il avait été abandonné à lui-même, autrefois. Lui, un enfant abandonné et qui aurait tant de charme maintenant ? C'est vrai qu'il donne l'impression d'en connaître un rayon sur la vie, d'être passé par des moments difficiles, d'avoir vu bien des choses, et malgré cela, il a aussi l'air d'un petit garçon. Mais qu'est-ce que c'est

1. Héros principal de la pièce du même nom.
2. Héros de *La Mouette*, qui se suicide à la fin la pièce.

que ces bêtises ? Serais-je amoureuse ? Impossible. Alors, quel est ce sentiment ? À présent, j'ai envie de penser à lui aussi souvent qu'à Genia G., qui n'est toujours pas rentré à Moscou, soit dit en passant. Lui serait-il arrivé quelque chose ? Quoi qu'il en soit, Levka l'éclipse, semble-t-il…

[…] [*15, 19, 20, 21, 23 février*]

24 février 1935

Les sœurs ont complètement rompu avec Genia G. Plus aucune relation. Notre Genia à nous voulait arracher d'elle l'amour qu'elle avait pour lui. Je ne sais pas si elle y est parvenue. Maintenant, ni Lalia ni elle ne prononcent plus un mot à son sujet. Quant à moi, je l'ai presque complètement oublié.

4 mars 1935

Comme c'est étrange ! C'était le printemps, la neige avait fondu presque partout, les arbres portaient des bourgeons. Tout le monde semblait dans l'attente de journées chaudes et parfumées. Et voilà que, subitement, le gel est de retour !

Irina et Levka n'ont pas d'endroit où se voir. Chez elle, il y a sa maman qui pourrait soupçonner des choses et, dehors, il fait froid. J'ai donc convenu avec elle qu'ils se rencontrent chez moi. Drôle de situation… Je contribue à rapprocher une autre femme de l'homme qui me plaît. Je n'éprouve pas simplement de la jalousie à l'égard d'Ira, mais de l'antipathie. En même temps, j'ai l'impression que ma sympathie pour Levka tient plutôt de la camaraderie, qu'elle est due à sa beauté qui m'émeut, et c'est tout. Je commence à me calmer.

Levka est arrivé vers neuf heures, Ira n'était pas encore là. Ça m'a fait drôle de voir une silhouette masculine chez moi. C'était la première fois. Pendant qu'il retirait son manteau, j'étais debout sur le seuil de ma chambre et, tout en souriant par-devers moi, je me demandais comment faire pour qu'il ne se sente pas gêné. Parce que, enfin, il se trouvait chez quelqu'un qui n'avait rien à voir dans son affaire. En entendant une voix masculine, Lalia est sortie de sa chambre, croyant sans doute que c'était pour elle. Je n'ai pas tourné la tête. Morte de rire, je me suis imaginée le sourire surpris et malicieux qu'elle avait dû se composer dans l'instant. Ils se sont dit bonjour et Levka est entré dans ma chambre.

Mince et élancé, il était adorable dans sa chemise grise aux manches retroussées. Nous avons échangé quelques mots. Comprenant que le silence allait s'installer, je lui ai proposé une partie d'échecs pour faire baisser la tension. Ira est arrivée à ce moment-là et je les ai laissés seuls.

Genia m'a décoché un sourire rusé (elle était au courant). Quant à moi, je n'étais pas tout à fait bien dans ma peau. J'avais des gestes un peu nerveux. Plus tard, je suis entrée dans la chambre et nous avons passé le reste de la soirée à bavarder. Je le regardais de temps en temps, à demi cachée derrière l'abat-jour. Je voyais ses yeux gris et rieurs qui m'étaient chers malgré tout, et ses extraordinaires cheveux blonds bouclés.

Ils sont partis tard, vers minuit. Je me suis précipitée chez mes sœurs : « Alors, il vous plaît ? » « Il me rappelle Pat », a dit Lalia et ça m'a un peu vexée qu'on puisse comparer ce Levka si original, gentil et adorable, avec l'adolescent moche et long comme un jour sans pain qui venait voir Lalia, dans le temps.

Maman n'a pas posé de questions, elle s'est contentée de laisser tomber avec le sourire : « C'est la première fois qu'un jeune homme aux boucles d'or visite ta tanière, Nina. » « Eh oui. » Je lui ai été très reconnaissante de son appréciation, simple et délicate. « Et de qui est-il l'admirateur ? D'Ira, m'a-t-il semblé. » « Pourquoi, admirateur ? Il est venu comme ça, c'est tout. » J'ai pensé par-devers moi que les sœurs avaient dû lui dire quelque chose.

7 mars 1935

Il y a quelques jours, second rendez-vous entre Levka et Ira à la maison. Je les ai installés dans ma chambre et je suis allée chez mes sœurs. Il n'y avait personne à la maison. Je me suis forcée à lire un livre pour étouffer ma curiosité et le dépit qui me venait par instants de me trouver dans cette drôle de situation. La porte donnant sur le couloir étant ouverte, j'ai entendu quelqu'un sortir de ma chambre. Je me suis demandé si c'était Ira ou Levka. J'ai tendu l'oreille tout en continuant à lire, comme si de rien n'était.

Finalement, la voix étouffée d'Ira m'est parvenue du couloir : « Nina ! » Que se passe-t-il ? me suis-je demandé. Je n'en avais pas la moindre idée. Ira était debout, grande et mince contre le mur, sa jolie tête noire cachée dans son coude.

— Qu'est-ce qui t'arrive ?

— Rien. Va le voir.

— Mais quand même, dis-moi !

— Rien, je te dis !

Levka était assis, les coudes sur la table, l'air sérieux. Il m'a regardée sans réagir. Il paraissait un peu embarrassé bien qu'il se force à prendre l'air dégagé.

— Eh bien, Levka ?

— Je ne sais pas, a-t-il énoncé en relevant les coins de sa bouche en une moue bienveillante.

— La situation n'est pas née de rien !

— Elle s'est levée sans raison et elle est sortie de la pièce.

Il a fait suivre sa phrase d'un petit rire ironique.

Je me suis mise à arpenter ma chambre.

— Vous alors ! Mais qu'est-ce qu'on fera de vous !

Il a gardé le silence, les yeux tournés ailleurs, et ce n'était pas très agréable.

— De quoi parliez-vous ?

— Mais de rien, justement. J'étais assis sans rien dire et elle est sortie de la pièce.

— Tu veux dire qu'elle est sortie de la pièce parce que tu te taisais ?

Je n'ai pas commenté. Je me creusais la cervelle pour trouver quelque chose à dire.

— Et si tu allais la consoler ?

— Et puis quoi, encore ! Elle a qu'à se calmer. C'est pas grave.

Il a ri, et il a ressemblé au Levka de tous les jours.

Je lui ai posé des questions sur ses cours de peinture. En deux réponses, il a eu clos le sujet. Je ne savais plus quoi faire. Appuyé sur un coude, Levka a passé la main dans les boucles cendrées si douces qui entouraient son front – un grand front lisse et blanc comme celui d'un nouveau-né, où l'on voyait transparaître des veines bleutées.

Je ne distinguais pas son visage, derrière la lampe.

— C'est bon, appelle-la !

Je suis sortie. Ira était entrée chez mes sœurs. Assise sur le lit, la tête en arrière, elle fixait le plafond de ses grands yeux tristes.

— Ira, tu pourrais peut-être retourner près de lui ?

Elle a quitté la pièce. Qu'est-ce qui avait bien pu se passer ? J'étais dévorée de curiosité. J'étais presque envieuse d'Ira qui pouvait rester assise des heures entières à parler avec le garçon qu'elle aimait.

Malgré moi, je tendais l'oreille à leurs voix joyeuses et animées. Levka riait. Subitement, j'ai eu une envie folle de le voir, de voir sa bouche largement ouverte lorsqu'il rit de son rire effronté et taquin. J'ai fermé ma porte tristement et j'ai allumé la radio pour ne plus les entendre.

Bientôt, maman est rentrée à la maison.

— Tu leur organises des rendez-vous ?

J'ai réfléchi avant de répondre et j'ai dit oui. Je n'avais pas envie de lui mentir, d'autant plus que c'était inutile. Curieusement, je voulais être franche avec elle, j'avais l'impression qu'elle comprendrait. Nous avons parlé ensemble toute la soirée. Maman a interdit ces visites, sauf exception particulière. En gros, comme il fallait s'y attendre, elle m'a parlé de l'amour d'une façon très brutale. J'ai défendu Ira parce qu'en même temps je me défendais moi. Maman a dit : « L'amour, c'est une bêtise ! Quand il survient, il faut lutter contre. Qu'est-ce que c'est que ce galimatias ! » Sa réaction m'a déconcertée.

Je connais assez maman pour ne pas me formaliser des mots qu'elle emploie. Néanmoins, son discours a fait vaciller mon échafaudage de pensées. Ainsi, l'amour serait du galimatias ? Position habile. Pour maman, ce qui vous incite à vivre, ce qui vous apporte du bonheur et de l'énergie, ce qui donne un sens à votre vie, ce n'est rien d'autre que du galimatias ! Ahurissant !

Je me suis rappelé des dizaines de livres que j'avais lus. Nulle part, je n'avais trouvé pareille définition. Tout ce qui me donnait la force de vivre, tout ce qui me paraissait si beau, si plein de sens et si grave, n'était en fait qu'une lubie imbécile. Sur le sujet, maman professe l'opinion toute simple – forgée au cours des ans, à moins qu'elle ne l'ait depuis toujours, parce qu'elle n'est pas comme moi – que l'amour, c'est le mariage et les enfants. Ce qui semble si beau et si rare serait-il un mirage ?

[…] [*11 mars 1935*]

14 mars 1935

Pour les élèves, potasser ses leçons toute la journée, étudier sérieusement et se donner du mal, ce n'est pas considéré comme quelque chose de noble. Ceux qui font ça sont traités de « bûcheurs », de « premiers de la classe ». Mais recevez seulement un « insatis[*faisant*] », et vos condisciples, gonflés de mépris, penseront que vous êtes « un imbécile, doublé d'un paresseux ». Moyennant quoi, vous êtes priés de louvoyer entre deux feux en tâchant de ne vous brûler ni à l'un ni à l'autre.

Est-ce que cela signifie qu'il faut se faire passer pour ce que l'on n'est pas ? Évidemment. Le fait que votre action soit juste ou pas joue un grand rôle dans l'opinion qu'en ont les gens. Or, il faut être extrêmement intelligent, indépendant, d'une bonne tête au-dessus de la mêlée, pour ne pas accorder d'importance à ce que pensent les autres.

Il est étrange qu'à l'école, lieu conçu tout spécialement pour apprendre, l'étude soit tenue en si piètre estime et considérée comme la dernière chose à faire ; qu'être un bon élève, respectueux de la discipline et apprécié des professeurs soit assimilé plus ou moins à un acte criminel. Que veut dire cette hostilité qui s'est installée au fil des siècles entre élèves et administration scolaire ? Est-il vraiment indispensable de faire des crasses au professeur, de lui concocter des blagues douteuses, de le prendre pour un ennemi… ?

Il y a quelque chose qu'il faut briser dans cette barrière qui sépare professeurs et élèves. Il faut instaurer des relations différentes. Mais voilà, le prof est toujours en train d'interdire quelque chose à l'élève, de lui faire des remarques, de l'humilier, et l'élève devient enragé. Ce ne sont pas des conditions dans lesquelles les bons côtés d'un caractère peuvent s'épanouir, car les mauvais instincts sont toujours les plus forts, même s'ils n'apportent aucune satisfaction morale. C'est étrange que le monde soit bâti sur l'hostilité. Est-ce que ce serait une loi de la nature ?

Jeudi dernier, je n'ai rien fichu de la journée, et ce dans une proportion bien supérieure à ce qui est admissible. J'ai reçu une telle quantité de « bien » que j'en avais honte devant Ira et les autres, ceux qui avaient reçu des « très bien ». Le plus pénible, c'est de se rendre compte qu'on n'a pas de capacités, qu'on est plus bête que les autres. Je me suis rappelée que j'avais deux ans de plus que mes condisciples, que je n'étais pas plus évoluée qu'eux, même plutôt moins. À quoi ai-je donc gaspillé ces deux dernières années de ma vie ? Mais peut-être qu'en fin de compte, je n'ai tout simplement pas de capacités ? […]

[...] [*15, 22, 23, 27 mars*]

28 mars 1935

Mes journées se passent toutes comme suit : le matin, je me réveille à neuf heures, neuf heures et demie. Et je regrette aussitôt de voir s'achever ce moment d'oubli heureux et paisible, de devoir me plonger à nouveau dans une ribambelle d'occupations et de désirs toujours semblables. Par conséquent, la première chose que je fais, c'est de me demander si je ne pourrais pas dormir encore une petite demi-heure, ou même seulement cinq minutes.

Avec un plaisir intense, j'enfonce ma tête dans l'oreiller et je m'oublie dans un sommeil léger, semi-état de veille. Je n'ai pas envie de commencer cette nouvelle journée. Je la connais déjà par cœur dans ses moindres détails ! Mais il faut bien que je me lève. Je commence donc à m'habiller machinalement, péniblement, pendant que, dans ma tête, les pensées démarrent leur tourbillon habituel. Tout est calculé jusque dans les moindres détails. Mes pieds enfoncés dans mes chaussons de garçon, ma ceinture nouée à la taille, je prends le peigne et le miroir. Je commence à me coiffer tout en jetant un coup d'œil au thermomètre. Je pense à des foules de choses à la fois. Mes pensées sont légères et confuses comme si elles naissaient toutes en même temps. « Il faut se brosser soigneusement les cheveux si on ne veut pas qu'ils tombent », et aussitôt après : « Comme ce sera bien quand j'en aurai beaucoup ! je pourrai cacher mes oreilles... » « Tiens, il y a de la neige dans la rue... Je ne vais pas ouvrir la fenêtre, il fait trop froid. Mais peut-être que je devrais, quand même... » « Ah, ce papa qui a cassé ma fleur ! Qu'est-ce qu'il a, aussi, à toujours entrer dans ma chambre ! Enfin, je ne devrais pas me fâcher tout le temps contre lui... » « Les rameaux sortent... Celui-là, ce n'est pas le lilas, c'est le tilleul, et l'autre là-bas, c'est le sureau... »

Ensuite, je fais mon lit puis ma toilette en pensant à la journée qui m'attend, au moyen de la passer plus rationnellement. Je mets de l'eau à chauffer et je vais lire dans la chambre de mes sœurs.

Après, je vais chercher du pain chez grand-mère et je sors le chien. Je prends mon petit déjeuner toute seule. Si maman est là, nous ne parlons pas. Nous mâchons notre pain, plongées dans nos réflexions respectives. Je retiens de mon mieux l'ennui qui commence à se débattre en moi comme un petit diable. Toute la journée, je ne pense qu'à la façon de faire plus de choses. Parfois, je m'assieds au piano et je tapote n'importe quoi, mal, et sans en retirer de plaisir.

Par moments, je me prends à penser que dans un temps très proche je jouerai du piano ou dessinerai très bien. Je reprends mon livre. L'ennui augmente. Si papa arrive, nous allons nous disputer. Et bien sûr, il entre dans la pièce. D'une voix presque tranquille mais lancinante, il me demande : « Qu'est-ce que tu lis, Nina ? » Je réponds : « Tolstoï » tout en m'exhortant au calme et à la gentillesse. « Quoi exactement ? » « Je te l'ai déjà dit je ne sais plus combien de fois. » « Eh bien, redis-le-moi. »

Je garde le silence. J'essaie de toutes mes forces de ne pas laisser éclater la colère qui monte en moi. J'essaie de reprendre ma lecture. « Qu'est-ce que tu me rapporteras de chez grand-mère aujourd'hui ? » « Je ne sais pas. » « Ne dis jamais je ne sais pas, me répète-t-il pour la centième fois. Tu dois tout savoir. » Là, je commence à crier : « Et comment est-ce que je pourrais le savoir ? Je rapporterai ce qu'elle me donnera. » « Pourquoi est-ce que tu t'énerves ? » Je ne réponds pas.

« Tu sais, Nina, il faudrait mettre cette fleur en pot. » Je ne relève même pas les yeux. « Regarde tous les boutons qu'elle a ! Replante-la. » « Non. » « Pourquoi ? Allez, tu ne veux pas la replanter tout de suite ? » « Je n'ai pas envie ! » Je hausse le ton. « Tu n'as qu'à la replanter toi-même. » « C'est pour que tu apprennes, sinon c'est n'importe quoi. Tu ne fais jamais rien de bien, dit-il sans réagir, presque gentiment. Les giroflées sont en piteux état. » Je serre les poings et ne dis rien tout en pensant : « Où est-ce qu'il a pêché que c'est moi qui les avais plantées ? ».

Je recommence à lire. La même phrase pour la vingtième fois. « Papa, sors, s'il te plaît. Tu m'empêches de travailler. »

Dans le meilleur des cas, il va dans la cuisine et commence à s'affairer en grommelant. Je tends l'oreille malgré moi. Je commence à bouillir. « Mais où est passé le torchon ? lâche-t-il tout haut. On ne peut jamais rien trouver dans cette maison ! Qu'est-ce que c'est que ces gens ! Trois filles et pas une qui soit fichue de ranger. Anarchistes ! » Dans le temps, je lui répondais. Maintenant, je ronge mon frein en silence et cette fureur silencieuse, qui ne passe jamais mais se transforme souvent en haine, me rend folle.

« Nina », crie-t-il. « Quoi ? » « Viens ici. » Je fais un effort pour me lever et aller le retrouver. « Quoi ? » « Quel est le pain pour moi ? » « Celui-là, celui qui est devant toi, ton pain. Tu sais bien… » Je m'en vais en claquant la porte. Il ne tarde pas à revenir à la charge et à me débiter d'autres sornettes du même style. Au bout d'un moment, ça a l'air de lui suffire et il me laisse enfin tranquille sur une dernière observation. Dès que j'ai un peu retrouvé mon calme, je commence à me gronder pour n'avoir pas su réfréner ma colère.

L'habitude de reconsidérer mes actes et le désir de me perfectionner sont deux réactions qui ne me quittent jamais. Que ne donnerais-je pour tout oublier et trouver la paix de l'esprit ? Pour m'oublier moi-même, j'aimerais partir n'importe où, me retrouver au milieu de gens. Je me réjouis de l'arrivée de Xioucha. Avec elle, impossible d'échanger deux idées intelligentes, mais c'est mieux que de rester seule.

Ou alors je vais à l'école et je me change les idées en observant les profs et les garçons. Il est rare qu'ils ne soient pas à cran eux aussi, mais c'est quand même moins dur. Je vais presque chaque jour chez Ira. Moussia et Levka y viennent aussi de temps en temps. Parfois nous ne sommes que toutes les deux. Dans ces cas-là, nous jouons aux échecs et discutons de choses et d'autres. Ce décor chaleureux et familier m'apaise. Là, je n'ai jamais ressenti de cafard. Il y a un grand divan, des livres et un adorable petit chat.

Quand il m'arrive de passer la journée entière à la maison, le soir, je suis d'une humeur épouvantable, incapable de faire quoi que ce soit. J'ai du mal à lire et je finis par aller dans la chambre de Lalia et Genia où je traîne en attendant qu'il soit onze heures, tout en me grondant tout bas de perdre mon temps. Selon mon habitude, je repense à ce qui s'est passé, je creuse mes émotions. J'ai tellement envie de trouver le bonheur. Qu'est-ce qu'il faut faire pour ça ? Aimer et être aimée ? Non, ce n'est pas indispensable. Il suffit que celui que j'aime soit à côté de moi, qu'il me donne l'occasion de m'occuper de lui.

Non, je mens en disant que je n'ai pas besoin d'être aimée en retour. J'ai parfois un très grand désir d'être chère à quelqu'un, de savoir que mes peines et mes joies touchent quelqu'un. J'ai envie d'un ami et aussi, je l'avoue, d'un mari qui soit un ami. Je voudrais simplement de l'amour. Pour ne plus me sentir si infiniment seule.

Il faut que je remplisse le vide de ma vie d'une manière ou d'une autre. Je me marierai jeune, probablement, et tant pis pour les désagréments qui accompagnent le statut d'épouse, du moment que j'ai des enfants, quelqu'un à aimer et à chérir. [...] J'ai parfois l'impression que je me suis développée plus vite qu'il ne fallait, que mes désirs ne sont pas ceux d'une fille de seize ans. À présent, bien des choses ne sont plus pour moi des vérités immuables. Elles me paraissent au contraire des erreurs de jeunesse.

Ah, comme je suis heureuse quand arrive l'heure de me coucher. Que c'est bien, de dormir ! Je m'endors en général facilement et si, par hasard, le sommeil me fuit, je prends plaisir à rester allongée sans ressasser de pensées. Très très rarement, mes rêveries me reviennent, mais sans m'étouffer, sans m'emporter dans un autre monde, et je les abandonne. Dormir, dormir, tel est mon seul désir. Un sommeil paisible, profond, presque sans rêves, vivifiant.

[...]

TROISIÈME CAHIER[1]

7 avril 1935

Avril commence à peine et le printemps est déjà là. Aujourd'hui, je suis allée à l'école sans rien sur la tête et en manteau de demi-saison, Xioucha aussi. Sentir le petit froid vif d'un soir de printemps entrer en vous ; vous livrer, manteau grand ouvert, à la fraîcheur du vent d'avril qui passe comme une vague froide sur le cou ; le laisser gifler votre visage et faire voler vos cheveux, voilà qui procure un plaisir immense. [...]

Avec Xioucha, je suis restée longtemps devant le foyer [de l'Institut du textile], à rire dans le vent en dévisageant les étudiants avec curiosité. La plupart d'entre eux n'étaient plus très jeunes ; ils étaient tous maigres et haves, avec des rides sur le front et des visages soucieux. Ils nous ont fait pitié, mais ça n'a pas terni notre belle humeur.

À la fin, j'ai lancé à Xioucha :

— Allez, salut. Viens demain, amie.

— Je ne suis pas une amie, m'a-t-elle répondu, sérieuse tout à coup. Le premier de tes amis c'est l'Animal, après c'est Ira, Moussia et enfin moi. En dernier.

1. Le troisième cahier va du 7 avril 1935 au 3 janvier 1937, veille du jour où Nina et sa famille ont été arrêtés.

— Qu'est-ce que tu racontes, Xioucha ?

J'ai pris sa main et, tout en marchant le long du trottoir, j'ai essayé d'expliquer, de me justifier.

— Pour commencer, il serait temps de laisser tomber cette histoire avec l'Animal, c'est une bêtise. Qui l'a inventée, d'abord ? Qui a imaginé toute cette affaire ?

— Ben, toi !

— Vraiment ? J'ai dit un jour qu'il me plaisait ? Même si je l'ai dit… Passons au deuxième point. Toi, Ira et Moussia, je ne fais aucune différence entre vous. En fait, je vous aime toutes autant.

— Tu parles… Et Moussia ?

— Quoi, Moussia ? Je l'aime exactement autant que toi.

Je suis affreusement vaniteuse, c'est pourquoi ça m'a fait drôlement plaisir de découvrir que je comptais pour Moussia, Xioucha et Ira. La plus franche et la plus naïve des trois, c'est Moussia. Elle me dit depuis longtemps qu'elle m'aime, elle est toujours affectueuse et gentille avec moi. Moi aussi je l'aime, mais seulement son aspect, sa silhouette menue et gracieuse, son visage tendre et joli, ses joues roses, sa petite bouche fraîche. Quand elle me parle, j'aime regarder ses yeux bordés de longs cils noirs et fournis. Ils se plissent et jettent des étincelles lorsqu'elle rit. J'aime bien, parfois, la serrer dans mes bras, lui caresser l'épaule, sentir les formes douces de sa jolie poitrine. Mais je ne partage rien avec elle qui relève du domaine de l'esprit.

En tant que personnalité, je n'ai pas de respect pour elle. Je dirai même que je ne l'aime pas. C'est un petit papillon frivole qui n'a rien dans la tête. […] Passons à Xioucha : elle est bête, limitée, frivole et sans finesse. Pourtant, j'éprouve pour elle une forte amitié. J'ai besoin d'elle et parfois je recherche sa compagnie, chose qui ne m'est jamais arrivée avec Moussia. Elle, elle ne m'a jamais aidée en quoi que ce soit. Or on juge du degré de proximité avec quelqu'un d'après le besoin qu'on a de cette personne. Des liens singuliers m'unissent à Xioucha : nous avons le même désir impénitent de chahuter et de faire des blagues, la même passion pour la gymnastique. Pourquoi, parce que j'ai très souvent besoin de changer d'air, d'oublier. Et aussi parce que j'aime ça, tout simplement.

Toutes les deux, nous sommes téméraires, insolentes et grossières ; nous critiquons le pouvoir et cherchons querelle aux passants.

Toutes les deux, nous aimerions bien nous transformer en garçons, espoir impossible. Nous envions les garçons : elle, pour leur supériorité physique ; moi, pour ça et aussi pour leur intelligence, c'est pourquoi je suis plus malheureuse qu'elle. Ni elle ni moi n'aimons faire du charme aux garçons. Nous avons des opinions différentes sur bien des points et nous nous disputons, mais en gros nous avons beaucoup de goûts en commun : si j'ai envie d'aller patiner, j'y vais avec Xioucha ; si je veux faire une niche à un professeur ou sécher un cours, c'est à Xioucha que je m'adresse : elle est toujours partante. Dans ce domaine, nous battons d'un seul cœur.

Je ne m'étais encore jamais interrogée sur son sentiment pour moi. Si j'y avais pensé à un moment ou à un autre, c'était toujours pour me dire qu'elle m'aimait de moins en moins. Par conséquent, ça m'a fait une impression bizarre de l'entendre me dire qu'elle m'aimait et que je préférais les autres.

Ira, maintenant. Je dois reconnaître que j'éprouve pour elle un sentiment plus fort que pour les précédentes. De nature autoritaire, elle déteste obéir et adore qu'on lui obéisse. C'est une fille exceptionnelle : jolie, intelligente, très évoluée, persévérante jusqu'à l'entêtement, capricieuse comme peuvent l'être les femmes. Toute cette complexité a pour résultat de la faire paraître séduisante aux yeux des hommes et attirante aux yeux des femmes.

Ira est moyennement drôle. Elle se conduit parfaitement en société, elle mène habilement la conversation et elle est presque toujours de bonne humeur. Il y a en elle tant de cette féminité dont je suis totalement dépourvue, et elle sait si bien l'étaler que, souvent, je l'admire. Je remarque alors chez elle un petit trait ou un autre que j'aimerais posséder, et je me mets à l'envier. Mais il y a chez elle une chose qui me rebute, qui m'empêche d'avoir du respect pour elle : c'est son attitude vis-à-vis des garçons, sa façon de compliquer tout, de leur faire du charme. Ce ne sont pas les sentiments qu'elle a pour eux que je condamne, mais son comportement, ses actes…

Moi, je considère involontairement les garçons comme des garçons. Elle, elle fait exprès de s'inventer un sentiment qui n'est pas de la camaraderie. Parvenir à séduire un garçon fidèle et vrai, qui ne se limite pas à lui écrire des petits mots mais l'aime et ne s'en cache pas, voilà son désir le plus cher. À présent, il s'est réalisé. Elle a Levka qui l'aime. Il est simple et naïf, il est mignon et il lui est soumis. Mais qu'est-ce qu'elle a pu en chercher, des garçons, avant de se trouver celui-là ! Avec qui n'a-t-elle pas échangé de billets ? Devrais-je la condamner pour quelque chose que j'ai connu moi-même, mais sans avoir le courage de révéler mes sentiments ? Faut-il déclarer légitimes ces façons de faire ? Aller droit au but en se fichant de l'opinion des gens ? La vérité, c'est qu'elle n'a pas toujours été très maligne dans le choix de ses moyens. De nos jours, les préjugés veulent que ce soit aux garçons d'écrire les premiers. Elle a fait fi de cette loi. Qu'en a-t-elle retiré ? Le mépris et les moqueries.

Je crois qu'elle se poudre, qu'elle met quelque chose sur ses joues. Elle n'a pas le visage d'une fille de quatorze ans. Elle prend un regard triste ou alors plein d'entrain. Parfois, tandis que sa bouche s'étire en un sourire charmant savamment étudié, je vois ses yeux briller d'un éclat bien peu naturel.

L'amour des jolis vêtements a toujours suscité en moi mépris et dégoût. Ira n'est pas comme moi, elle aime les chiffons et sait s'habiller. Mais pourquoi veut-elle toujours se faire remarquer ? À quoi bon porter des talons et des blouses hallucinantes ?

[…] [*8, 15, 17 avril*]

18 avril 1935

C'est bientôt la fin de l'école. Oh, comme j'attends ce moment. Le fait qu'il se rapproche chaque jour un peu m'insuffle du courage, me sauve de l'ennui et de mon désespoir coléreux. Quand je n'ai plus la force d'étudier, je me rappelle que je fais là mes derniers efforts. Les derniers !... et aussitôt, les forces me reviennent, je me sens légère et heureuse. Car ce ne sera pas seulement trois mois de liberté, comme les années d'avant, mais la délivrance pour toujours. Devant moi s'étend une vie inconnue, un peu terrifiante et très belle.

Levka a montré son journal à Ira. J'aurais bien aimé le lire. Ce n'est pas uniquement de la curiosité, mais un profond intérêt pour lui, pour ses souffrances. Je ne veux pas croire qu'il soit mauvais, qu'il soit capable de faire des crasses. Son journal m'aurait tout révélé. Non, Levka est un type bien et qui souffre. Tout simplement, on a tellement l'habitude de le voir rigoler qu'on n'imagine pas qu'il puisse passer par des émotions sérieuses.

C'est un garçon qui a été laissé à lui-même. Sa mère a divorcé et s'est remariée. Et ça, ça marque terriblement les enfants. Après, son beau-père est mort et il est resté seul, instable, en quête de quelque chose. Maintenant, il a Irina. Pourquoi le fait-elle souffrir ? C'est à cause d'elle qu'il boit autant. Quelle saleté, la vie ! Pourquoi deux personnes qui s'aiment doivent-elles se tourmenter mutuellement ? Pourquoi ne peuvent-elles pas être heureuses ? Oublier tout et aimer... aimer... ! Dans son journal, Levka écrit : « Tout me répugne ! Autour, il n'y a que des salauds. Pourvu que je ne mette pas fin à tout ça en m'ôtant la vie ! »

[...] [*20, 23, 25, 27 avril*]

30 avril 1935

[…] Hier, Irina a organisé une soirée, imprévue, à la bonne franquette. Des garçons, seuls sont venus l'Animal et Zelenine le jeune, c'est-à-dire Volodia. Ils n'étaient pas vraiment de bonne humeur Peut-être parce qu'ils ne se sentaient pas à l'aise au milieu de tant de filles, surtout Volodia. Pendant le thé, assis entre Tamara et V. A., il n'a pour ainsi dire pas desserré les dents, se contentant de jeter sur l'assistance des regards en coin, de ses petits yeux bleus têtus. Son visage a quelque chose d'attirant et de repoussant à la fois. Ses oreilles en chou-fleur et ses yeux très écartés lui font une drôle de bobine.

L'Animal, rouge et déplaisant, ne cessait de promener les yeux sur la pièce, le sourcil levé, que pour rire bêtement en plissant ses yeux de mouton qui sont très moches : il a un regard gentil et soumis, vaguement timide, suppliant et sensuel. Hier, j'ai compris que je ne pourrais jamais avoir des rapports normaux avec lui. Il me dégoûte. En même temps, son indifférence excite chez moi le désir maladif de savoir si je lui plais ou pas. Qu'est-ce que ça pourrait y changer, que je le sache ? Mystère. Ce doit être la nature féminine qui s'exprime ici.

Lorsque nous avons retrouvé le fil blanc[1], Volodia[2] m'a dit que l'Animal avait une « blonde ». Ça m'a rassurée. Enfin, jusqu'à ce qu'on joue à colin-maillard. Parce que, quand ça a été son tour d'être le chat, l'Animal m'a attrapée par la jupe et n'a plus voulu me lâcher. Au début, j'ai trouvé ça drôle de sentir ses grands doigts se cramponner à moi. Mais, au bout d'un moment, ça m'a mise en colère et j'ai repoussé sa main. Je ne voyais plus en lui qu'un type avec de sales intentions. Il me répugnait tellement que je n'ai pas pu attacher le bandeau autour de sa tête. J'ai dû demander à quelqu'un de le faire.

---

1. Visiblement, ils jouent à cache-tampon. (*N. d. T.*)
2. Volodia et Ioura sont des camarades d'une autre école souvent invités chez Ira. Voldia et Ioura sont les diminutifs de Vladimir et Iouri. Nina fait parfois allusion à eux comme aux « frères Zelenine ».

Volodia m'apparaît de plus en plus comme un garçon simple, normal, gauchement silencieux, tendu. Plus je le comprends, plus je me sens tranquille en face de lui. Je ne me force plus à ne pas le regarder. Au contraire, je le regarde avec curiosité et je ne détourne les yeux que lorsque je le sens me fixer méchamment.

Il me semble (et c'est plus qu'une impression) qu'Irina lui plaît. Ils s'envoient des lettres. Mais je ne peux rien dire de sûr. Irina était toute jolie. Elle riait avec coquetterie, papillotait des paupières et attirait les regards. Elle se tenait particulièrement droite et, comme elle est déjà longue et mince, elle paraissait encore plus longue et mince. Elle me rappelait la Varienka d'*Après le bal*[1].

À présent, Zelenine n'aime plus du tout Moussia. J'ai vu les coins de sa bouche s'abaisser avec mépris quand elle a fait une remarque. Moi aussi, j'ai perdu mes dernières illusions sur son intelligence. Elle me plaît beaucoup moins, alors qu'Irina m'épate toujours par son esprit rapide et percutant. Je ne fais pas que l'aimer, je la respecte.

1er mai 1935

Joli mois de mai, joyeux mois de mai, le plus beau mois de l'année ! Mois de la jeunesse, de l'amour et des désirs ; mois où les soirées chaudes sont parcourues de frissons fantasques fleurant bon le lilas et les grappes de merisier. Comme toujours, ce mois ne m'a rien apporté sauf un rêve insatisfait d'amour au printemps et un amer épuisement. Pourtant je reste attirée par l'odorante obscurité du soir, par le bruissement des bourgeons qui éclosent sous la voûte sombre du ciel. Et le désir de m'étourdir, de m'adonner aux rêveries et aux contes m'égratigne le cœur agréablement. [...]

Cette année, j'ai accompli un pas décisif. J'ai essayé de vivre

1. Récit de Léon Tolstoï.

cette vie à laquelle je rêvais tant, et qui devait me satisfaire, à ce que je croyais. J'ai laissé tomber les études, non sans mal au début. Je me suis forcée à les considérer comme des vétilles. À considérer que, moi, j'avais besoin de quelque chose de différent. Cette année, deux humeurs se sont relayées en moi jusqu'à se fondre en une unique ambition, qui s'est développée à son tour avec violence jusqu'à devenir de la vanité dans les petites choses. Tantôt, je sentais s'agiter avec une force particulière mon corps de jeune fille de seize ans, formée, rêveuse et, de ce fait, désireuse de tomber amoureuse, de s'amuser, d'oublier le monde ennuyeux des formules et des devoirs – j'étais alors une jeune fille qui ne voulait plus entendre de vagues « C'est trop tôt », mais se plonger dans une vie vulgaire, joyeuse, dépourvue de sens. Tantôt, je voulais me jeter dans l'étude avec fièvre, et là encore, les rêves me prenaient au piège : entrer dans un institut, travailler assidûment au côté de camarades sérieux. Je voulais devenir intelligente, exceptionnelle. Mais pour quoi ? Encore une fois pour mener ma vie, pour y occuper une place en vue, au premier rang. [...]

Je passe ma vie entière à ne penser qu'aux garçons ; tout autre sujet me paraît sans intérêt, sans importance. Que je sois en train de lire ou de suivre une leçon, j'ai toujours l'esprit occupé par un garçon ou par un autre, et ces pensées insistantes me troublent. Je me rappelle précisément ce que tel ou tel a fait, les mots exacts qu'il a dits. Dans mon lit, je ne pense qu'à ça. Souvent, je pars dans mes rêveries. Saisie par une paralysie étrange, je me laisse aller aux sensations et aux émotions que crée mon imagination imbécile.

À l'école, mes yeux sont toujours en train de fureter. Je prends note des moindres faits et gestes des élèves qui m'entourent, des regards qu'ils échangent. Et si, par hasard, je croise plusieurs fois le regard d'un garçon, aussitôt un soupçon de rêve, quelque chose qui ressemble presque à une pensée, remue tout au fond de mon cœur : « Est-ce que je lui plais ? »

Cette question, je me la pose en secret à propos de tout le

monde, à propos de cet affreux Margocha qui me répugne, à propos de ce bébé de Chounia qui n'a que treize ans, à propos de Levka qui aime Irina et je le sais, à propos de Boudoulia et de Lazare qui ne m'intéressent pas, à propos de Tolka que je n'aime pas, à propos d'Antipa et d'Ouklon. Le jour où j'ai cru que je plaisais peut-être à D., un type affreux, que je méprise, j'en ai presque éprouvé de la satisfaction ! Je cherche à accrocher le regard de n'importe qui et, quand j'y parviens, je suis ravie, enchantée. Chaque fois ! Ces derniers temps, curieusement, je croise souvent celui d'Ouklon. J'ai remarqué que ses yeux étaient sombres et brillants, qu'ils avaient même un petit éclat joyeusement ironique.

8 mai 1935

Comment ça, déjà les examens ? Si vite, si subitement ? Et, après, fini de me trimbaler avec ma sacoche bourrée de livres ? Je me suis si peu préoccupée des épreuves que je tombe presque des nues. Je suis terrifiée et, surtout, ébahie. Cette année pénible et monotone, bien que remplie d'émotions diverses, me laisse un souvenir de rêve indistinct. Tout m'est tellement sorti de la tête que j'ai l'impression de n'avoir jamais vécu. Le passé ne m'intéresse jamais, pour moi il n'existe pas. Je vis seulement dans le présent et dans l'avenir.

Après-demain, premier contrôle écrit : littérature. Impossible de me concentrer pour réviser. Ce jour si proche m'effraie autant qu'il me réjouit parce qu'après ce sera fini pour de vrai ! Ce sera l'été. Je n'attends plus les vacances avec la même violence qu'autrefois, mais je les désire quand même. Sans doute parce que j'ai l'habitude d'être toujours en train d'espérer une chose ou une autre. Sans désirs et sans attentes, ma vie est plus tranquille, mais elle est aussi singulièrement morne et monotone. Mes vieilles pensées, mes anciens cauchemars me reviennent parfois.

Hier, je suis allée réviser mes maths chez Ira. Levka s'y trouvait déjà. Je me suis plantée devant le miroir et me suis regardée. Pas juste un coup d'œil en passant, mais un examen minutieux avec, comme toujours, l'espoir de découvrir de moi une image supportable. J'étais d'humeur radieuse, printanière et satisfaite. J'étais en compagnie d'Ira et de Levka, deux personnes sympathiques et que j'aimais.

Mais depuis ce carré de verre, m'a dévisagée une silhouette si moche qu'une honte atroce s'est aussitôt abattue sur moi. À la vue de ce corps sans allure, de ce visage ridicule et affreux, avec ces cheveux emmêlés qui rebiquaient au-dessus des oreilles, j'ai fui, les larmes aux yeux, accablée par une rage impuissante. Pendant un long moment, j'ai eu le sentiment d'avoir été frappée sans raison. […]

[…] [*10, 15 mai*]

19 mai 1935

Hier, s'est écrasé le *Maxime-Gorki*, cet avion à huit moteurs, colossal, qui était la gloire et la fierté de notre URSS, et même plus encore : la plus haute réalisation des plus hautes réalisations du monde entier[1]. En ce qui concerne ce dernier point, je ne dispose d'aucune connaissance authentique, et il ne faut pas fier aux journaux.

Le *Maxime-Gorki* a décollé, escorté par deux biplans dont l'un, trop près de lui, est parti dans une série de vrilles mortelles. L'azur, qui semble si innocent, cachait un hasard tragique. Le biplan est tombé sur l'aile du *Maxime-Gorki*. Le monstre de soixante-cinq mètres a déchiré l'horizon ensoleillé dans lequel il évolue d'ordinaire avec tant de facilité, il a fait la culbute et plongé vers le sol en essaimant des morceaux de lui-même. Et le biplan, accroché au *Maxime-Gorki*, s'est écrasé lui aussi.

1. Construit en un seul exemplaire sous la direction d'Andreï Nikolaïevitch Tupolev en 1934, le *Maxime-Gorki* était le plus gros avion du monde. Il subit une avarie au-dessus de Moscou, le 18 mai 1935.

De ce géant élégant, il n'est plus resté qu'une masse de métal gris et rouge, et quarante-sept cadavres mutilés. Une minute auparavant, ils vivaient, ils avaient des pensées et des émotions, ils volaient haut au-dessus de Moscou, le cœur empli de joie. Et tous ces gens, l'équipage comme les passagers, ces hommes et ces femmes, se sont transformés en une atroce masse de sang chaude et visqueuse d'où émergeaient des cervelles blanches et des os : bref, en ce qu'il est convenu d'appeler une crêpe sanguinolente.

C'est épouvantable, irrémédiable. À cause d'une erreur de pilotage impardonnable, quarante-sept personnes ont péri d'une mort abominable. Quant au *Maxime-Gorki*, admirons-le ! Un minuscule avion le heurte, et il se brise en mille morceaux ! Il n'a pas été construit pour être utilisé, non ! puisqu'il n'avait de sens ni pour le transport des voyageurs ni pour les opérations militaires. Il a été construit pour que notre Union soviétique se hisse à l'une des premières places dans le monde, pour que nous puissions dire : « La voilà, notre superbe technique aéronautique ! Admirez les géants que nous construisons ! » Oh, comme il y en a chez nous, de cette vantardise, de cette volonté de prouver qui nous sommes en dépit du bon sens. Et c'est à cause de ça, de cette vantardise, que nous nous retrouvons tous à souffrir.

26 mai 1935

> Le merisier est couvert de neige
> Sous la rosée les arbres sont en fleurs[1]...

Le merisier... J'en ai justement sur ma table : un abondant bouquet de grappes blanches dont les boules aériennes, transparentes, se courbent tendrement. Leur parfum évocateur du printemps me fait tourner la tête. Le jardin d'Ira s'est coloré de vert

1. Poème de Sergueï Essenine (1892-1925), écrit en 1910.

sombre. J'y passe de longs moments à observer les branches des arbres et des buissons.

Avant, les soirées de printemps, le ciel clair, la verdurc tout cela me rendait malheureuse… Maintenant, ça m'apporte du bonheur. Je n'ai pas peur de l'avouer depuis que j'ai la possibilité de respirer l'arôme du mois de mai, d'admirer les merisiers en fleurs alentour. Je marche dans la rue et je m'émerveille à la vue de toutes ces petites feuilles nouvelles, de ces rameaux qui balancent, de l'herbe verte imprégnée de soleil. Que m'apportent les examens, en comparaison ? Que m'apportent les études ?

Dès le matin, je m'allonge en travers de la fenêtre et je regarde les taches sombres des ombres se déplacer sur le chemin. Le soleil matinal est de plus en plus brillant. Je reste longtemps ainsi, étendue de tout mon long, la tête au dehors, les yeux fermés. Ou alors, je me retourne sur le dos et je contemple les nuages qui cèdent la place au ciel bleu pâle. Le vent du matin est un séducteur. Je l'aime comme on aime quelqu'un. Ses caresses me brûlent et m'émeuvent, m'obligent à lui sourire. Il est frais, impétueux et tendrement léger. De temps en temps, j'ai envie de lui donner un visage.

Hier dans la journée, il a plu. La première pluie d'été, toute chaude. Avec Moussia, on était allongées sur le rebord de la fenêtre et on se racontait des bêtises. En même temps, je me délectais de cette bruine odorante d'où s'élevait de la brume, et j'observais le nuage noir au-dessus du mont aux Moineaux.

Mon amie partie, je suis allée chez Ira. Levka s'y trouvait. Je débordais de joie de vivre à cause du printemps. Alentour, tout chantait d'une façon si belle, un peu triste et tendre, que je n'ai pas eu envie de penser à ma solitude. Pour une fois, ça ne m'a pas déchirée de les voir si proches l'un de l'autre. La soirée a été merveilleuse. J'ai fait tout ce qui me passait par la tête sans me demander si c'était bien ou mal. Je riais à mon bonheur. Levka m'est apparu soudain comme quelqu'un de tout simple, en face de qui je n'étais pas obligée de me surveiller.

À dix heures passées, nous nous sommes assis dans le jardin. Le ciel clair et pur commençait seulement à s'assombrir. À l'ouest, une étoile toute pâle a scintillé au loin. Loin au-delà des arbres. La terre humide, les feuilles mouillées et les bourgeons sentaient l'eau, les fleurs embaumaient comme elles peuvent embaumer par une chaude soirée de mai.

27 mai 1935

Finie l'école, finie à tout jamais ! L'année prochaine est un mystère pour moi. Loin de l'école, debout au milieu du monde immense, je me sens minuscule, faible et ignorante de tout. Est-ce que cela prouverait que j'aime l'école ? Non. C'est un lieu qui m'est cher, que je connais aussi bien que ma chambre, dans lequel j'ai vécu dix ans de ma vie et que j'ai de la peine à quitter à cause de tout ce qui me lie à lui, les bonnes choses comme les mauvaises. Mais je n'y resterai pas. Je n'y resterai jamais ! [...]

8 juin 1935

Hier, soirée chez Ira. Comme j'avais envie que ce soit réussi, que ce ne soit pas encore une de ces réunions où on s'ennuie ferme au milieu d'« avortons » qui dégoisent toutes sortes de grossièretés ! Je voulais garder un bon souvenir des garçons et de ma vie d'écolière. Ces journées de liberté s'étaient écoulées dans une atmosphère bizarre. Tout le monde s'inquiétait, parlait sans arrêt de la soirée. On avait réuni l'argent. Tantôt nous volions à des hauteurs vertigineuses, portées par l'enthousiasme, tantôt nous chutions dans le gouffre noir d'un pessimisme désespéré. Tous nos plans s'écroulaient pour se reconstituer l'instant d'après et s'écrouler à nouveau. Et comme ça, des fois et des fois. Après une vie soumise à un emploi du temps régulier, à des envies et à des angoisses bien précises, ce brutal changement de rythme nous déstabilisait. [...]

Pour réunir les fonds et prévenir tous les invités, nous avons dû filer ici ou là plusieurs fois dans la journée. À force de sillonner le quartier d'un bout à l'autre jusqu'à la place Zubovskaïa, Ira et moi, nous en avons bientôt connu toutes les rues dans leurs moindres recoins ; on se traînait avec une lassitude hébétée. De temps à autre, je fonçais chez grand-mère passer des coups de téléphone – j'avais tous les numéros en tête. Au bout d'un moment, j'avais tellement pris l'habitude de parler dans l'appareil que je n'avais plus peur d'adresser la parole aux garçons. Je bavardais avec eux sans plus m'en faire du tout.

Hier, une heure avant la soirée, Moussia est accourue pour nous prévenir que l'Animal était à Moscou. « Il va venir ? » « Non, il ne peut pas. Il a promis d'être rentré à la campagne à six heures. » « Pas question, nous allons le ramener de ce pas ! » a décrété Irina, et nous voilà parties chez lui, convaincues en cet instant que sa présence était indispensable, que sans lui la soirée serait ratée. Oui, il fallait absolument qu'il vienne. Et de nous échauffer l'esprit mutuellement. Ces journées joyeuses et vides de sens et passées dans la joie nous avaient un peu déboussolées. Notre humeur changeait du tout au tout à une vitesse folle. Nous avons raté de peu l'Animal. Il venait tout juste de partir quand nous avons débarqué chez lui.

Une heure avant l'arrivée des garçons, notre enthousiasme s'est effondré. Tout nous est devenu indifférent, ennuyeux. La soirée serait ratée, c'était sûr. Mais comment broyer longtemps du noir dans des pièces claires joliment installées, quand des nappes immaculées, des dessus-de-lit bien blancs et des rideaux de tulle ondoyant sous le vent retenaient le regard ? Dans leur tenue blanche, les filles étaient parfaitement dans le ton du décor : elles étaient joyeuses, aériennes.

Elles étaient quatre en plus de moi, toutes avec des yeux noirs, toutes ravissantes, et toutes débordant de ce charme propre aux adolescentes. Il faut souligner que l'âge le plus attirant chez une femme se situe entre quatorze et seize ans, quand la petite fille se transforme en jeune fille, qu'elle embellit, qu'elle commence à jouer de son charme et à vouloir plaire, quand sa grâce de femme se mêle à une impétuosité d'enfant, presque de petit garçon, quand elle possède encore un peu de cette simplicité et de cette vivacité proche de la pétulance. Avec leur teint mat et leurs yeux noirs étincelants, Lalia et Raïa évoquaient ces filles du Sud au regard enflammé, alors que Moussia, et surtout Irina, avec leur peau si douce et le feu tendre qui scintillait dans leurs prunelles, avaient l'élégance et le charme mélancolique des filles du Nord.

L'arrivée des garçons, tous en costume clair, a jeté un froid et installé une tension dans les relations. Irina faisait de son mieux pour alimenter la conversation, mais sans grand entrain. Margocha a proposé : « On fait une partie de volley-ball ? ».

Une fois dehors, tout le monde s'est animé. On se battait pour attraper le ballon, on se l'arrachait des mains. Volodia, un petit costaud qui joue très bien, a été pris d'une véritable rage de gagner. Rouge comme une écrevisse, les cheveux en bataille, il bondissait avec une adresse remarquable pour attraper la balle, tandis que ce gros ours de Margocha restait lourd, pataud et grossier. Quant à Ioura, il n'y a rien a en dire, sinon qu'il jouait comme un pied.

Dimka est arrivé sur les coups de huit heures, dans un costume noir à petit col blanc rabattu qui lui donnait l'air d'un garçonnet. Je commençais à me détendre un peu. En me battant avec Volodia, je lui ai fait mal à une jambe et, ensuite, j'ai arraché un bouton à sa chemise. Quand il a dit : « Tu parles d'une jument, elle me tombe sur le poil à bras raccourcis ! », je me suis sentie gênée et j'ai eu honte.

Nous avions voulu faire une vraie soirée où l'on boirait du vin, où les garçons feraient la cour aux filles. Par conséquent, les filles devaient être assises entre deux garçons. Mais alors la question s'est posée : « Comment faire pour asseoir les gens ? » Il aurait été bête de placer Moussia à côté de Linde et moi, à côté de Volodia. Pour éviter tout embarras, nous avons fait venir Boris M. pour lui demander son avis.

— Comment voulez-vous que je sache ? a-t-il grommelé en se dandinant d'un air indifférent. Faut demander au professeur Zelenine.

— Eh bien, fais-le venir.

Volodia est arrivé.

— Quel est le problème ?

Moussia le lui a expliqué.

— Très bien, a-t-il dit en s'asseyant sur le canapé.

Il a entrepris d'écrire les noms sur des morceaux de papier puis les a disposés. Raïa, il l'a assise à côté de Margocha, bien évidemment. Moi, bizarrement, il m'a placée à côté de lui et m'a demandé en souriant :

— Tu n'as rien contre ?

— Non, ça m'est complètement égal.

Mais Moussia est montée sur ses grands chevaux en se découvrant auprès de Linde.

— À côté de Dimka ? Il n'en est pas question.

— Alors, je ne sais plus, a dit Volodia.

Bien que je n'aie pas eu envie de m'en mêler, à vrai dire, j'ai pris le papier avec mon nom et l'ai posé à côté de Dimka. J'étais ravie de ma décision jusqu'à ce que je me rappelle quel type c'était. Et là, j'ai soupiré : « De quoi est-ce que je vais bien pouvoir parler avec lui ? » J'ai quand même laissé le papier. Volodia a pris Ira à côté de lui, place qui aurait dû être la sienne depuis le début, et il a été convenu de ne plus rien changer. Irina se retrouvait entre les deux Zelenine, avec Lalia et Dima d'un côté, Raïa et Boris de l'autre, Moussia et moi étant assises en face.

Les garçons avaient apporté quatre bouteilles de vin. Nos hors-d'œuvre n'étaient pas mal. Tout le monde était assis et personne n'osait se servir. C'était à la fois drôle et très embarrassant. « Quelle horreur ! » m'a soufflé Moussia à l'oreille. Habituée à d'autres compagnies, elle ne supportait pas la gaucherie des garçons présents. J'ai pris la parole : « Les garçons, les convenances veulent que ce soit vous qui commenciez. » Ils n'ont fait que ricaner et se sont mis à bavarder entre eux.

Comme personne ne se décidait à tendre le bras, Ira a prononcé : « Nina, toi aussi tu es le cavalier de quelqu'un ». « Ah oui, effectivement. » Avec un sourire, j'ai empoigné la bouteille de vin et rempli le verre de Moussia qui était ma dame. Plus ou moins adroitement, les garçons ont entrepris de remplir leur verre et celui de leurs voisines. Au début, Ioura a beaucoup bu, mais sans paraître ivre. Il était seulement silencieux. Boris, lui, avait déjà un verre dans le nez. Il s'est mis à rigoler et à parler fort sans cesser de boire et de remplir le verre de Raïa, de sorte qu'ils sont devenus très vite le couple le plus joyeux de la soirée.

Volodia a bu très peu, Lalia et Dima presque pas. Lui, il avait l'air de s'ennuyer ferme. Il se donnait du mal pour prononcer des toasts auxquels Volodia a bientôt ajouté son grain de sel. Je descendais par petites gorgées l'épais liquide orange versé dans mon verre et je mangeais en silence, si bien que Moussia a eu tôt fait de blaguer sur mon compte : « Mon Vassia à moi, il ne fait que manger et boire. »

Au bout de deux verres, j'ai proposé à Moussia de faire un concours bien que son verre à elle soit deux fois plus petit que le mien. Nous avons bu de toutes les bouteilles. Après, je n'ai plus fait attention à personne. Je buvais dans mon coin, un verre après l'autre, observant l'effet de la boisson sur moi. La tête ne me tournait pas du tout, j'avais pleinement conscience de mes actes. J'ai continué à analyser mes pensées : elles étaient claires. Et, brusquement, j'ai senti que plus rien ne me retenait. Les gens me paraissaient très proches, comme s'ils étaient de ma famille. Ma timidité m'avait quittée.

J'ai crié. J'ai proposé à Margocha de boire encore, je l'ai forcé à rire en riant moi-même. Nous nous serions probablement saoulés tous les deux si la maman d'Ira ne s'en était mêlée. Elle m'a interdit d'avaler une goutte de plus. En tout, j'avais descendu entre dix et onze verres mais comme j'avais beaucoup mangé, j'étais juste un peu pompette. J'avais seulement très chaud, chaud à en pleurer. Mon visage me brûlait. Par instants, la sensation de brûlure remontait jusque dans ma tête qui me semblait trop petite, comme si elle subissait à l'intérieur une pression sans relâche. Il est possible que cette sensation soit justement ce que désigne l'expression : « L'alcool m'est monté au cerveau. » En tout état de cause, rien ne dansait devant mes yeux et j'aurais juré à tout le monde que je n'étais pas ivre.

Les filles riaient, elles disaient que j'avais des yeux saouls, qui brillaient et partaient dans tous les sens. J'ai quitté la table pour aller me regarder dans le miroir. On s'amusait bien ; on avait envie de faire les idiots sans arrêt… Finalement, tout le monde s'est levé peu à peu de table. Quelqu'un a proposé de sortir dans le jardin. Je riais, persuadée de ne pas être ivre. J'éprouvais seulement une légèreté inhabituelle vis-à-vis de tout, je parlais avec une volubilité qui ne me ressemblait pas et je me moquais complètement de qui pouvait se passer maintenant et plus tard.

— Margocha, donne-moi encore à boire.

Il a souri malicieusement et m'a regardée avec des yeux fous en secouant la tête. Je l'ai attrapé par la manche.

— Allez, viens. Regardez-moi ce peureux ! Viens boire, je te dis !

— Peureux, moi ? Tu sais bien qu'on nous l'a interdit, a-t-il répondu en faisant les yeux ronds.

— T'inquiète, on va nous le permettre.

Je l'ai entraîné vers la table et me suis emparée de nos deux verres. Ioura s'est précipité pour nous arracher la bouteille des mains. La maman d'Ira s'est fâchée et m'a interdit de faire boire Margocha.

— Allez vous promener dans le jardin !

J'ai dit oui à tout avec bonhomie. J'ai reposé le vin et pris la main de Margocha. Ce qui ne m'a pas empêché de susurrer : « Margocha le peureux, Margocha qu'a peur de boire !

— C'est eux qui me laissent pas ! a-t-il répété plusieurs fois.

Dehors, la nuit était tombée. Les ombres noires qui recouvraient le terrain de volley-ball se sont jetées sur nous. Là-bas, tout au fond du jardin, on distinguait les silhouettes claires et minces d'Irina et de Volodia qui se promenaient le long du chemin.

Le vin avait fait naître en moi un violent besoin de me dépenser, je ne tenais pas en place. J'allais des uns aux autres en leur faisant des niches qui me faisaient rire aux éclats. Je criais : « Margocha ! » Puis, prenant l'œil vague, je vacillais et agitais le doigt devant son visage en m'exclamant : « Célâme, belâme, silvouplé ! » Il riait et demandait tout fort sur un ton étonné : « Qu'est-ce qui lui prend à me coller comme ça ? » J'ai quand même réussi à le faire rentrer dans la maison. Mais le vin avait été emporté, alors nous sommes retournés dans le jardin.

La soirée était merveilleuse, chaude et presque sans vent. Une douce odeur de rosée embaumait l'air, un léger froid se propageait de branche en branche. Le ciel, clair et bleu, était parcouru de nuages bas impétueux. Plantée au milieu du terrain de volleyball, j'ai regardé autour de moi. Irina et Volodia venaient de me dépasser, parlant théâtre avec animation. Puis ça a été le tour de Raïa et de Margocha. Ils marchaient devant moi, serrés l'un contre l'autre. Les autres filles s'étaient égaillées je ne sais où. Ne restait plus que Ioura. Que faire, sinon nous promener ensemble, nous aussi ? Ricanant intérieurement, j'ai déambulé lentement, en bavardant avec lui sans la moindre angoisse, avec une grande liberté, comme si je parlais non à un garçon qui m'était parfaitement étranger, mais à Ira ou à Moussia. [...]

La soirée s'est terminée vers une heure du matin. Avant de nous séparer, nous nous sommes encore assis autour de la table. Sous l'effet du vin ou d'autre chose, Volodia s'est laissé aller à poser les coudes sur la table pendant qu'il expliquait l'intrigue d'une pièce de théâtre tout en regardant Lalia et Dimka. Assise perpendiculairement à lui, j'ai pu observer son profil en toute tranquillité. Il a des traits réguliers, un nez grand et droit, un front bombé et légèrement fuyant, un menton vertical et rond, des sourcils blonds et des yeux petits au blanc un peu rouge.

Margocha était charmant, il riait tout le temps avec une bonhomie bébête ou alors il écarquillait les yeux d'une façon affreuse et invitait tout le monde à danser. Par la suite, il s'est fâché. Il est alors tombé dans un pessimisme dont il ne sortait que pour se lancer dans des discours aimables dont personne ne comprenait un mot, tellement il était ivre, et tout le monde riait. C'était très amusant. Le plus intéressant, c'est que pas un garçon n'a proféré de grossièretés.

18 juin 1935

[…] Ces temps-ci, nous nous sommes beaucoup vus entre garçons et filles. Nous sommes même allés à la campagne tous ensemble. Margocha a entraîné Lalia et ne l'a plus lâchée d'un pas. Comme elle est dans les meilleures dispositions à son égard, il est d'une humeur délicieuse, gentil et accommodant. C'est un type incapable de cacher ses sentiments. Il suffit de le regarder pour savoir s'il est fâché ou content.

Grosso modo, je conserve de cette randonnée à Bolchevo un très bon souvenir, celui d'une journée en totale rupture avec ma vie de tous les jours. Nous avons loué deux barques à rames. Cette toute petite rivière, affluent de la Moskova, est extrêmement pittoresque. Le courant n'y est pas rapide, mais l'eau y est profonde. Les criques sont couvertes de bosquets sombres. C'est un cours d'eau tout en méandres et en paliers, aux berges envahies de saules pendus au-dessus de l'eau. Nous nous sommes abrités plusieurs fois sous leur feuillage.

Ira et moi étions dans une barque avec Ioura et Chounia ; dans l'autre, il y avait Volodia, Margocha, Moussia et Lalia. Au début, on s'est bien amusés : on se parlait d'une embarcation à l'autre, on riait et on ramait. Puis nous avons découvert un petit débarcadère dans l'herbe, parmi des roseaux, et nous sommes descendus sur le rivage. Les garçons se sont déshabillés et se sont baignés. Moussia et Lalia sont parties cueillir des baies. Il n'est plus resté sur la berge qu'Ira, Volodia et moi.

Je ne sais pourquoi, mais mon meilleur souvenir de cette journée, c'est ce moment-là, quand on s'est allongés sous les arbres pour grignoter en bavardant. L'atmosphère était si simple. Après, nous sommes partis ramer tous les trois. Nous étions contents et tranquilles. Volodia était assis à côté de moi, il était joyeux : j'en étais heureuse. Comment expliquer ce sentiment ? Ou bien Volodia commençait à me plaire, ou bien c'était simplement ma vanité de femme.

Au bout de cinq heures, nous avons rendu les barques pour

nous enfoncer dans les bois. C'est alors que la journée a basculé. Margocha marchait avec Lalia et Moussia. Ira boudait, enfermée dans un de ses caprices, et Volodia était tantôt avec Chounia, tantôt avec les filles. Quant à moi, je ne voulais pas marcher à côté de Ioura. D'abord parce que j'éprouvais pour lui une hostilité de plus en plus violente, ensuite, parce qu'il ne desserrait pas les dents, ce que je pouvais comprendre. N'empêche, son mutisme m'exaspérait.

Nous marchions dans une forêt du Nord et ce seul fait me remplissait de joie. Enfin, jusqu'à ce que Volodia me dise une chose absolument odieuse. Nous nous étions assis pour casser la croûte. La conversation a dévié sur la bagarre de l'autre jour. Et voilà que Volodia me lance :

— Tu te bats avec moi ?

Je réponds :

— T'as envie ? sur un ton provocant.

— Non, dit-il. Pas avec toi.

— Pourquoi ? Tu me crois trop forte ?

— Ben voyons, tu as presque dix-neuf ans !

Immédiatement, le rouge m'est monté aux joues, tant sa remarque me vexait. M'efforçant de prendre un ton indifférent, j'ai rétorqué :

— J'en suis encore loin des dix-neuf !

Exprès ou non, il venait de toucher un point sensible de mon cœur, le souvenir que je chasse toujours le plus loin de moi possible : mon âge. Il me l'avait jeté à la figure comme une excuse imparable, comme une condamnation sans appel. J'en aurais pleuré de rage. Bouillant intérieurement, je me suis levée. « Tu viens, Ira ? »

Cet incident a réduit à néant ma paix intérieure. Pendant longtemps, je n'ai pas pu oublier le ton ironique sur lequel il m'avait dit : « Ben voyons, tu as presque dix-neuf ans ! » Pourquoi faut-il qu'ils m'humilient tous à longueur de temps ? Est-ce que je suis tellement moche et vieille ? Pendant un certain temps, ce gamin aux larges épaules m'a été odieux.

Pourquoi est-ce que les filles m'aiment tant ? Je ne comprends pas. Mais le fait est qu'elles m'aiment toutes beaucoup. Je suis à présent dans les meilleurs termes avec Lalia. Ses yeux superbes, sa merveilleuse simplicité et son éternelle vivacité m'ont charmée comme tant d'autres parmi nous. Avec elle, on ne s'ennuie jamais parce qu'elle peut parler de choses intéressantes pendant des heures. En parler bien, sans affectation, avec une voix agréable, pas trop forte, et une sorte de léger accent.

C'est fou ce qu'elle peut avoir de charme et de simplicité ! Elle a des yeux superbes, presque noirs, avec un blanc bleuté et d'immenses cils noirs recourbés. Quand elle vous regarde de face, les yeux grand ouverts et levés, ses cils reposent sur ses joues comme une rangée de petites flèches. Elle a une expression très avenante, le teint mat, de longs sourcils joliment dessinés dont la courbe se relève au milieu pour redescendre bas sur les côtés. Elle a des lèvres rouges et charnues, au dessin net, un sourire ravissant et des fossettes verticales sur les joues. Je suis tombée proprement amoureuse d'elle. [...]

[...] [*20, 30 juin*]

2 juillet 1935

Kachira[1]

Trois heures de trajet m'ont emportée à des lieues de Moscou, dans un petit village plein de vie qui sera bientôt une ville nouvelle. Ici, tout est clair et net, vaste et poétique. Des petites maisonnettes blanches, des trottoirs bien entretenus et, tout autour, de grands bouleaux minces, la forêt. Une forêt immense, inhabitée et envahie par la broussaille. La terre, desséchée, est recou-

1. Ville de la région de Moscou située à l'intérieur de la zone des cent kilomètres dans laquelle les individus frappés de répression sont interdits de résidence. C. A. Keller, époux de la sœur de la mère de Nina, y travaillait pendant la semaine, se rendant à Moscou les jours fériés pour voir les siens. C'est chez lui qu'est Nina.

verte d'un tapis d'aiguilles de pin et de feuilles mortes ; les épineux y poussent en abondance et les arbres, érables et chênes, y sont le plus souvent rabougris.

Je me sens dépaysée, j'ai un peu le vague à l'âme. La vitesse avec laquelle le train vous transporte en un temps si court sur de telles distances me plonge toujours dans un ébahissement apeuré. Je pense peu au présent et à l'avenir. Je me rappelle sans cesse Moscou, les garçons, nos rencontres et nos virées à la campagne. Je ressens pour eux, de même que pour les filles, une sorte d'affection mêlée de tristesse, comme si nous ne devions jamais plus nous revoir. Pourquoi me sont-ils soudain devenus si proches ?

Le regret d'être partie m'assaille par bouffées. Ce soir, ils doivent tous se retrouver chez Lalia. Je ne peux pas dire qu'il y en ait un qui me vienne particulièrement à l'esprit en ce moment car je me les rappelle tous, même Ioura. [...]

Le 28, au cours de la soirée chez les Zelenine, je suis tombée sur une photo des deux frères enfants. Comme ils étaient mignons ! Je revois encore le petit visage de Iouri, ses traits fins, son air naïf, et celui, si beau, de Volodia, ses yeux baissés, son grand front solide, ses lèvres serrées en une moue boudeuse et son menton têtu.

De la gare, nous avons pris un autobus fabriqué de bric et de broc à partir d'un camion et c'est dans ce véhicule que j'ai fait connaissance avec les collègues de S. A. [Keller]. Ils étaient quatre : un Russe, vieux et en vêtements crasseux, et trois juifs propres. J'en ai surtout remarqué deux : le premier, plus âgé et rondouillard, avec un sourire vaguement ironique et des yeux bleus qui l'étaient tout autant ; le second, très jeune, le visage intelligent et ouvert et des yeux bruns très sombres. Alors que je marchais vers la maison avec S. A., un peu en avant des autres, j'ai perçu quelques mots de leur conversation : « C'est elle ? » demandait le jeune. « Non, une autre. Elle, elle est plus sérieuse, paraît-il. » Un rire a suivi, puis une remarque emportée par le vent.

En ce moment, je suis dans la situation très bête de la personne en trop, étrangère à tout ce qui se passe – et qui se sent ridicule pour couronner le tout. S. A. m'a emmenée déjeuner à la cantine, une petite salle avec trois tables de quatre personnes. Comme il connaissait tout le monde, il a dit bonjour et adressé quelques mots aux uns et aux autres pendant que j'attendais, piquée sur une chaise, sans savoir où regarder ni que faire de mes mains.

Un jeune homme est venu s'asseoir à notre table. Je ne sais toujours pas qui il est. Apparemment, un ingénieur tout à fait remarquable. J'aime beaucoup sa voix de baryton, très basse et sonore. Il était très décontracté, sûr de lui, tranquille. Il parlait lentement et sur un ton souvent ironique. Il avait des cheveux indociles, bouclés, un peu comme Levka, d'un blond très pâle avec des reflets argentés. Un visage froid, rond, le teint très blanc, des yeux bleu roi et des lèvres légèrement ourlées, sensuelles et féminines qui attiraient le regard.

3 juillet 1935

Kachira

C'est drôle de l'avouer mais, pour la première fois – et probablement la dernière –, je suis attachée à un groupe de gens, mes amis de Moscou. Car, cette année, c'est nouveau, je me suis fait de vrais camarades parmi les garçons. Je ne les oublierai pas de longtemps. Il me semble parfois que c'est la première impression forte que j'aie eue de ma vie. En ce moment, toutes mes pensées sont tournées vers eux, le moindre geste fait renaître une masse de souvenirs. Étant seule ici, je comble ma solitude de vieilles images.

Hier soir, il est tombé une bruine persistante. Le temps était d'un calme et d'une chaleur inouïs. Tout autour, la forêt odorante et mouillée de pluie luisait d'un vert intense. J'ai cueilli des fleurs avec S. A. Ce faisant, je sentais au fond de mon cœur l'écho d'une émotion agréable ; j'ai regretté qu'à la place de mon oncle il n'y ai pas quelqu'un de jeune, d'intéressant et qui ne me soit pas indifférent.

Je me suis rappelé Bolchevo, le chemin envahi par les herbes, les campanules sombres et les marguerites blanches que nous avons cueillies. À un moment, Volodia Z. avait fait un écart pour se jeter sur une fleur juste sous mon nez et l'arracher avant moi. Il me l'avait tendue en riant. Je me suis revue aussi traversant des buissons avec Iouri Z., et lui, recouvert des pieds à la tête de pétales blancs qui collaient à ses habits.

Aujourd'hui, je suis allée cueillir des baies dans la forêt. Elle est inhabitée, sauvage et, par endroits, si épaisse qu'il est presque impossible de passer. J'étais contente car je n'étais pas toute seule, j'avais avec moi un petit fox-terrier. À qui est-il ? Je n'en sais rien, mais il est très mignon, joyeux et sociable. Nous nous sommes frayés un chemin dans les buissons, puis nous nous sommes allongés dans l'herbe. Après, nous avons fait la cueillette.

J'ai très vite perdu tout sens de l'endroit où je me trouvais. Je me suis laissée porter par mes pas, tantôt suivant de petits sentiers ombragés ou de larges trouées envahies de broussailles, tantôt m'enfonçant sous une voûte humide où le silence était total, sauf, tout en haut, le bruissement des arbres dans le vent. La lumière me parvenait en rayons pâles et incertains. Cette nature sauvage et solitaire m'a plu infiniment.

Hier soir, je suis allée me promener dans le village. L'obscurité commençait à tomber, faible et tendre. Dans un terrain vague, des gens jouaient au volley-ball. Je me suis approchée timidement et je les ai regardés, puis je suis partie à pas de géant. Des jeunes filles poussaient des cris d'une voix de tête et riaient aux éclats.

J'ai envie d'espérer que les Zelenine, par quelque hasard heureux, ne quitteront pas Moscou avant le 6.

Je m'ennuie. S. A. a promis de m'emmener sur les bords de l'Oka, mais il a disparu. Il doit avoir une réunion. Pourtant, il m'avait promis de rentrer tôt. Je n'ai pas acheté de lait et, du coup, nous n'avons rien pour le dîner. Ça m'inquiète un peu. J'ai mal aux pieds, je n'ai pas envie de me promener. Je m'ennuie. Tantôt la forêt m'attire, tantôt elle me rebute pour la même raison : sa solitude. Dans ce « désert forestier », on peut marcher la journée entière sans croiser âme qui vive.

[…] [*3 août*]

25 août 1935

L'été a passé comme tout ce qui existe sur terre et, de nouveau ce sera la vie en hiver, longue, froide et sévère comme la saison elle-même. De quoi sera-t-elle faite ? Je ne suis plus à l'école et pas davantage à la rabfak, semble-t-il. Alors où suis-je ? Avant-hier, j'ai passé mon dernier examen et maintenant tout m'ennuie. Lorsqu'on n'a pas de but, le temps libre devient monotone, au bout d'un moment. Il y a quelques jours seulement, des milliers de sensations et de sentiments remplissaient ma vie : l'environnement, les gens, tout était nouveau pour moi. Et si j'avais au cœur une sorte de tristesse – oh, très légère, à peine un regret – à l'idée de ne plus revoir l'école, je me réjouissais d'entrer bientôt de plain-pied dans une vie nouvelle.

Le MPI [1] est un petit établissement moche et misérable. Des escaliers en colimaçon étroits, des couloirs bas de plafond et des amphithéâtres inconfortables et honteusement mal équipés. Aux examens écrits, je n'ai eu aucun contact avec les gens qui m'entouraient en dehors des trois filles assises à côté de moi, qui ne correspondaient en rien à la haute idée je m'en étais faite. Le 23, c'était l'oral. Peu à peu, les couloirs se sont remplis d'élèves venus passer l'examen. Leur rires vulgaires et leurs conversations idiotes m'ont déchiré le tympan. Les garçons (comme tous les ouvriers d'usine au monde, et pas seulement les ouvriers) ricanaient et discutaient entre eux avec force sous-entendus de sorte que les filles n'avaient plus qu'à se coller aux murs le plus loin possible.

1. Institut polygraphique de Moscou.

Personne ne me prêtait la moindre attention et ça commençait à m'exaspérer. C'est alors qu'est entrée une des trois filles que je connaissais. Elle était toute jeune mais, dans ses petits yeux à demi fermés on lisait déjà, sinon la marque de la débauche, du moins une désinvolture et une liberté de manières qui vous faisait penser dès le premier coup d'œil : « Voilà bien les jeunes filles soviétiques ! »

Elles traînent partout et sont faciles à reconnaître. Elles portent un béret plat en forme de crêpe ; leurs cheveux sont ondulés, souvent teints, ramassés en boule sur un côté de la tête de façon à laisser voir leur oreille, petite et blanche comme de la porcelaine. Elles plastronnent dans des robes à la dernière mode mais cousues n'importe comment, de mauvais goût et tape-à-l'œil. Il y a toujours dans leur expression un je ne sais quoi d'effronté qui encourage les hommes – un petit air culotté, je dirais, de celles que rien ne choque jamais.

On voit que ma petite connaissance n'était pas très sympathique, mais enfin, il y a du bon en chacun de nous et, donc, en elle aussi. Elle était gaie, bavarde et, en sa présence, je ne me sentais pas intimidée. En fait, dans cette atmosphère, les gens vous paraissent plus proches et meilleurs, puisque le mauvais naît de l'inactivité. J'ai passé le russe en vitesse, et foncé à l'étage du dessous pour présenter les maths.

26 août 1935

C'est bête, trop bête : je retourne à l'école. Oui, moi ! Celle qui affirmait avoir pris une décision sur laquelle elle ne reviendrait pas. Celle qui pensait en avoir terminé à jamais avec l'école. Mais aussi, est-ce ma faute si le MPI a été transféré à Lefortovo ? Ce serait de la folie de faire un aussi long trajet tous les jours, et c'est ainsi que je me retrouve écolière. À condition, bien sûr, que le directeur accepte de me reprendre dans l'établissement, or il a presque refusé. Il a pris des petits airs embarrassés, a dit qu'il n'y avait plus de place et que je ferais mieux de m'adresser à l'école numéro 42. Demain, j'irai trouver Iou. I. Après, je retournerai à l'école; si je suis acceptée, je réjouirai ma famille.

[…] Nombreux sont les gens à penser que je réintègre l'école parce que je n'ai pas supporté la rabfak, parce que j'ai capitulé. Mais non, je ne capitule jamais. Ce n'est qu'un délai. Je me sens horriblement retardée au milieu de mes camarades, et j'en souffre infiniment. Par quels étranges errements tout le monde me croit-il douée? En me prêtant autant d'intelligence, ils ne font que renforcer mon malaise.

Je jure sur ce que j'ai de plus cher dans la vie, sur toutes les souffrances que j'ai endurées jusqu'ici, que je ne laisserai jamais mon enfant (si j'en ai un) vivre dans les mêmes conditions que moi. Le plus épouvantable pour un enfant, c'est de se retrouver abandonné dans des conditions anormales. L'enfant équilibré est celui qui est élevé dans la paix et la normalité.

30 août 1935

En voilà une nouvelle! Maman m'a dit aujourd'hui qu'elle avait feuilleté mon journal, craignant d'y trouver des réflexions contre-révolutionnaires. Ç'aurait été sympathique qu'elle tombe sur des passages consacrés aux frères Zelenine et aux autres. À dire vrai, ça ne me plaît pas beaucoup ça, mais je ne me suis pas fâchée. Je comprends qu'elle l'a fait dans mon intérêt.

J'ai abandonné l'idée de la rabfak, soudain convaincue que je n'y recevrais pas une culture générale suffisante. Et quitter cet endroit en ne sachant rien, cela signifierait me contredire moi-même et contredire les buts que je m'étais donnés. J'ai décidé de retourner à l'école à condition d'entrer en janvier à la rabfak du MGU[1]. C'est là que j'ai envie d'aller, maintenant. C'est d'ailleurs principalement pour cette raison que j'ai abandonné

1. Université d'État de Moscou. (*N. d. T.*)

l'Institut polygraphique. Le soir, je me gronde, mais je n'y peux rien. Il faut penser à autre chose.

Je ne suis pas acceptée à l'école numéro 35. Je peux le dire d'ores et déjà bien que le directeur (ce sale rusé) continue à me nourrir d'espoirs. Je ne le crois pas et, dès demain, j'irai me renseigner à l'école nouvelle numéro 45, qui est tout près de chez nous. Pourquoi serait-elle pire que les autres ? L'école numéro 35 aussi a été pour moi une école nouvelle en son temps, et ça ne m'a pas empêchée d'y faire mes études. Il y a également l'école nouvelle numéro 2, rue Oussatcheva, qui est devenue maintenant une école modèle.

Va pour la 45. Ce n'est pas si mal, mais il faut que je me détermine rapidement si je veux pouvoir soutenir les regards de Moussia, d'Irina et des autres. Ma nouvelle école est très grande, ce qui signifie qu'il y aura beaucoup d'élèves et beaucoup de nouveautés. N'empêche, je la quitterai quand même en janvier. L'autre jour, je suis passé à l'école numéro 35. Iou. I., qui s'y trouvait, s'est mise en tête de me convaincre de m'inscrire aux cours préparatoires de l'Institut pédagogique. Ah, ces pédagogues ! Ils ne peuvent pas s'empêcher de faire de l'agitprop. On manque de maîtres, en ce moment, et comme je suis dans l'impasse, elle en profite. Mais je ne me laisserai pas avoir. Je ne veux pas me retrouver coincée dans la peau d'une maîtresse d'école – je la connais bien cette admirable profession, Dieu m'en garde !

En raison de la réorganisation de l'école de sept ans, cette année, des examens doivent avoir lieu à l'endroit où maman travaille[1]. Comme elle n'arrivait à rien toute seule, la pauvre, elle nous a appelées à la rescousse, Ira et moi. Ça nous a un peu désarçonnées de donner des indications et des ordres à des adultes et à des gens âgés. Mais au bout d'un moment, nous nous sommes habituées à ce nouveau rôle. Le seul fait de se retrouver à l'école transformait ces ouvriers hostiles et étrangers

1. La mère de Nina, Lioubov Lougovskaïa, occupait un poste d'employée dans l'administration scolaire.

en enfants sages. Beaucoup d'entre eux, surtout parmi les vieux et les femmes, avaient les mains qui tremblaient. Ils rougissaient, se dandinaient d'un pied sur l'autre et s'adressaient à nous en quelque sorte amicalement.

31 août 1935

Je suis contente, et mon contentement vient en partie de ce que je me suis tant inquiétée pendant l'été. Ça m'a grandi, si l'on veut. J'ai cessé d'avoir peur de tout et je me suis habituée à voir des obstacles se dresser sur ma route. Le seul ennui, c'est que j'y ai gagné aussi trois rides sur le front et un air concentré, comme si j'étais en permanence confrontée à une question insoluble. Le fait est que je me retrouve sans école. Aucune ne m'accepte. J'en viens à regretter d'avoir repris mon dossier à la rabfak de l'Institut polygraphique. [...]

3 septembre 1935

J'ai été acceptée à l'école numéro 2, celle de la rue Oussatcheva. Qu'est-ce qui ne m'y plaît pas ? La huitième est sympathique. Les élèves sont tous doués et très en avance, et il n'est pas facile de trouver sa place parmi eux. J'ai honte de le dire, mais j'aimerais retrouver mon école numéro 35.

Irina m'a dit hier que le directeur me faisait la grâce de me reprendre. Résultat, me voilà affreusement tiraillée. Je ne me souviens pas avoir connu pareils doutes. Si encore ce n'était pas possible de changer d'école, je retrouverais mon calme, mais maman n'a rien trouvé de mieux que me dire : « Fais comme tu veux. Peut-être que ça vaut le coup de retourner dans ton ancienne école ? » Et brusquement, j'ai compris que j'avais perdu toute mon indépendance, toute mon assurance, que j'étais redevenue une petite fille impuissante. [...]

6 septembre 1935

Aujourd'hui, premier jour de cette nouvelle année scolaire où je n'ai pas cours. Je suis de bonne humeur et tranquille parce que je retourne dans mon ancienne école. Mes doutes ont disparu. Après cette errance dans la tempête, « sans voile ni gouvernail » j'ai enfin regagné le port. C'est incroyable, tout est revenu à sa place immédiatement ! Comme je me suis sentie libre, hier, débarrassée de ma tension dès que j'ai eu quitté l'école numéro 2 ! Il ne me reste plus qu'une chose à accomplir, la plus dure : récupérer mon dossier. Et s'ils ne voulaient pas me le rendre ? Et si, pire encore, ils informaient l'école numéro 35 de la situation ? C'est drôle, toutes ces manœuvres ont fini par m'échapper des mains.

Papa est très fâché. Il me traite de froussarde, mais ça m'est bien égal. J'ai l'impression que ma terreur de l'école est définitivement passée, que je ferai cette année de bonnes études. Il va de soi que je commence à admettre sans révolte que je suis limitée et dépourvue de talent. Mais s'il est une chose dont je ne peux me défaire, c'est de mon désir d'apprendre. Ça signifierait abandonner le dernier but qui me reste. Qui sait, à force d'efforts obstinés, je parviendrai peut-être à émerger de la foule, mais je ne serai jamais plus qu'un singe savant, car je ne possède pas cette fibre qu'on appelle le talent.

[…] [*12 septembre*]

23 septembre 1935

En ce moment on repeint ma chambre, et de la peinture est tombée sur mon journal. C'est vraiment râlant : il est tellement taché que j'ai dû passer de l'eau à plusieurs endroits. Enfin, tant pis.

Les jours filent comme les nuages avant l'orage, avec une

rapidité et une puissance incroyables, de sorte que je n'ai pas le temps de broyer du noir. Toutes mes pensées, tous mes efforts sont dirigés vers un seul but : apprendre, apprendre, apprendre. Et c'est terriblement difficile (pour ne pas dire plus). J'ai appris à ne plus m'en faire à propos de mes défauts, ce qui ne veut pas dire que j'aie appris à me résigner. Parce qu'en réalité, se fâcher et se révolter, c'est admettre que la lutte est impossible. Et moi, justement, je lutte chaque jour. À tout instant. Je n'ai qu'une seule pensée en tête, étudier. C'est intéressant de voir jusqu'où peut aller une pensée quand on se concentre.

> « Je ne connaissais le pouvoir que d'une seule pensée
> Une seule mais ô combien enflammée
> Elle vivait en moi comme un ver
> Rongeait mon âme et finalement l'a consumée[1]. »

Tant et si bien que c'est devenu un cauchemar. Devenir intelligente ! En classe, une seule et même pensée me vrille le cerveau pendant que j'écoute les explications du professeur : « Il faut que je connaisse ce sujet sur le bout des doigts… Il faut absolument que j'approfondisse ce thème. » À la maison, je me couche et me lève avec une même idée en tête : « Aujourd'hui, je vais lire Pokrovski[2]… Je vais bûcher mon allemand… » Malheureusement, chez moi, tout demeure au niveau des intentions. Est-ce que c'est ma faute ? Je ne sais pas. C'est vrai que je n'ai pas beaucoup de temps. Je ne peux quand même pas réduire mes nuits à six heures de sommeil, ça me conduirait tout droit à l'hôpital.

Mon Dieu, où sont donc passées mon intelligence et ma mémoire ? Dans le temps, on me considérait comme douée. Mais, aujourd'hui, tout a disparu. J'en viens parfois à rejeter la faute sur maman, pour ne pas s'être préoccupée de mon état maladif

1. Citation tirée du poème de Mikhaïl Lermontov, « Mtsiri ».
2. *Histoire de la Russie depuis les temps les plus anciens,* célèbre ouvrage en cinq volumes de Mikhaïl Nikolaïevich Pokrovski.

pendant toutes ces années, pour n'avoir pas essayé de me sauver. Finalement, j'ai réussi à vaincre ma neurasthénie, mais à quel prix ! Il paraît qu'après une violente crise d'hystérie il est fréquent qu'on subisse une perte de mémoire. Probablement que j'étais atteinte de cette maladie-là, justement, et, maintenant, je peux dire adieu à ma mémoire ! Il faut que je me débrouille sans. J'ai un plan. Je le connais si bien, dans tous ses détails, que j'ai l'impression de l'avoir depuis très longtemps. Le voilà : utiliser mon temps au maximum de mes possibilités et me concentrer activement sur un travail intelligent. C'est ça le plus important. [...] À l'école, j'ai même essayé de lire pendant les récréations, mais je crains de m'épuiser.

Maintenant, plus personne ne me plaît. Personne n'intéresse la femme qui est en moi et, du coup, elle se tient tranquille. Oh, elle se manifeste, bien sûr, mais sans me perturber dans mes études. Pendant les cours, je me retourne souvent pour regarder le fond de la salle, la partie qu'on appelle le Kamtchatka[1]. C'est là que Levka et l'Animal sont assis. Lui, je le surprends souvent en train de me regarder. Je peux me tromper, mais je ne crois pas. Ça me fait drôlement rire de croiser subitement ses grands yeux marron écarquillés. Je me retourne alors en haussant les épaules mais après, discrètement, je recommence et je suis vexée quand je ne découvre pas ce long visage rigolo tourné vers moi. [...]

3 octobre 1935

Et voilà... Aujourd'hui, Moussia est venue à la maison et nous n'avons fait que bavarder pendant toute la journée, incapables de nous mettre au travail. Elle est intelligente et très douée, alors que moi, je suis tellement bouchée que je devrais peut-être consulter un médecin. Je me tourmente sans cesse et, sans cesse, je suis prise dans la tourmente.

1. En argot scolaire, le lieu, au fond de la classe, où s'asseyent les élèves dissipés.

Le 29 septembre, il y a une eu une petite soirée chez Irina. Le seul fait que j'en parle avec quatre jours de retard montre bien qu'elle ne m'a pas laissé un souvenir impérissable. Je me suis ennuyée à périr. J'avais l'impression d'être tombée d'une autre planète. Les garçons me faisaient peur et je rasais les murs, dans la crainte qu'ils me lancent une vanne. Pour Dieu sait quelle raison, Dimka a eu la bonté de m'inviter à danser et, moi, la bêtise d'accepter. Compte tenu de ma gaucherie, j'ai préféré l'entraîner dans la pièce d'à côté.

Là, tout m'a paru plus simple, je me suis sentie plus libre, tout en sachant que c'est un type dangereux. Comme il est de la même taille que moi, son visage était à hauteur du mien et sa joue rugueuse a plusieurs fois frôlé la mienne. Sous le fin tissu de sa chemise, je sentais bouger les muscles de son bras et de son épaule. C'est un garçon très fort. Il est plutôt beau mais, comme personnage, il ne m'est pas du tout sympathique. C'est intéressant : de ces deux côtés de lui, lequel finira par l'emporter à mes yeux ? Que je suis bête ! Je ne serai jamais l'une des innombrables filles qui ne jurent que par lui. Et puis quoi, encore !

Et donc… Ça a été la seule fois que j'ai dansé de toute la soirée. Le reste du temps, je suis restée sur la balançoire à promener les yeux autour de moi, furibarde. Dima et Moussia « bavardaient » dans la chambre d'Irina, pelotonnés sur le divan, toute lumière éteinte ; Kolia embrassait Nina, et Irina dansait avec Zouï. J'ai refusé l'invitation à la soirée suivante. Non, je refuse de revivre la situation, ça m'offense.

C'est intéressant de décortiquer mes rapports avec Dima. Il est beau, dans le genre Petchorine[1]. Par ailleurs, je n'ai jamais rencontré quelqu'un d'aussi creux. Tout ce qui l'intéresse, dans la vie, ce sont les intrigues, les filles et les soirées. Au point que je l'ai trouvé bête. Quelle chance qu'il ne me plaise pas !

---

1. Héros principal du roman de Mikhaïl Lermontov, *Un héros de notre temps.*

6 octobre 1935

Il fait aujourd'hui une soirée divine. Sombre et pure. Derrière les maisons, la lune bleue s'enveloppe dans les nuages. Le vent persistant souffle du sud. Il est inhabituellement doux et léger. Il transporte des effluves de senteurs sèches et automnales. Ses murmures évoquent mille choses agréables, belles et lointaines qui font naître en moi une tristesse inquiète. Je pourrais marcher des heures durant accompagnée d'un tel vent, en écoutant ses récits de bonheurs, de forêts et de terres inconnues.

Il vole jusqu'à nous, porteur de toutes les splendeurs des contrées lointaines qu'il a traversées, couvertes de fleurs, d'herbes et d'arbres. En automne, la nature regorge de merveilles. Le bruissement de l'herbe sèche n'est jamais aussi sonore qu'en cette saison, et les bois parés de couleurs aussi vives. Le vent souffle et l'angoisse monte. On éprouve une solitude égale à nulle autre, on a soif d'amour et de tendresse. Et malgré tout, on se sent merveilleusement bien…

[…] [*11 octobre*]

16 octobre 1935

C'est la guerre en Abyssinie. La guerre ! Quelle horreur ! Les journaux ont beau parler des victimes, des attaques, des shrapnels qui explosent, des bombes lancées sur le pays, je n'arrive pas à prendre conscience qu'une guerre sanglante vient de débuter là-bas. C'est infiniment loin de chez nous, au cœur de l'Afrique. Pourtant, grâce aux livres, nul n'ignore ce que c'est que la guerre. On sait tous à quoi elle ressemble. Combien de fois n'a-t-on pas frémi aux récits de ventres éclatés, de corps déchiquetés, de bras et de jambes arrachés ! Mais là, à la lecture de ces comptes rendus secs, impossible d'imaginer que des jambes sont arrachées pour de vrai, que des gens sont en train de périr au moment même où vous vous plongez dans le journal.

Ici, la vie est si paisible, tellement éloignée de tous ces drames que c'en est révoltant.

23 octobre 1935

Ma façon de vivre change. Je n'ai plus envie de me tuer à la tâche. Des « bien » dans toutes les matières suffisent amplement. Les « très bien », j'aurai bien le temps de les obtenir en dernière année, en dixième. À l'école, on vous bourre la tête de détails inutiles que vous ne retenez qu'à force de bachotage. Pourquoi perdre son temps à ça ? Seigneur ! Comme les jours filent, je n'ai le temps de rien faire.

Je me suis un peu éloignée de Moussia et d'Irina à cause des garçons. J'ai toujours été extérieure à leur bande et je le suis encore plus depuis que Dima est devenu fou furieux contre moi. Cette vipère ! Sans m'en rendre compte, je suis de jour en jour plus remontée contre lui. Son assurance m'exaspère, tout comme son égoïsme et sa suffisance. Il croit que le monde entier tourne autour de lui, qu'il n'a été créé que pour faire ses quatre volontés.

Déjà, le 29 septembre, à la soirée chez Irina, il a proposé qu'on boive au succès d'une affaire le concernant. J'ai refusé.

— Tu ne veux pas boire à mon succès ? Eh bien, comme tu voudras, a-t-il déclaré, et il a chuchoté à l'oreille de Moussia :

— Elle ne perd rien pour attendre.

C'est bizarre qu'une gamine comme moi, timide et qui a peur de tout, qui fuit la société, ait pu développer chez Dima une antipathie aussi violente. J'ai l'impression qu'il me croit plus intelligente et dangereuse que je ne le suis réellement.

J'en viens parfois à haïr son beau visage clair au profil classique.

Car cette personnalité étrange est quand même sacrément joli garçon. Je ne sais pas comment ça se terminera parce que Dima est de ceux qui n'oublient rien. L'autre jour, Moussia m'a dit en passant : « Dima ? Il te fera une crasse dès qu'il le pourra. » Ça me fait drôle de me dire que j'ai un ennemi sérieux, moi qui ai toujours eu des rapports amicaux ou du moins cordiaux avec tout le monde.

En ce moment, je suis attirée par Valia le blanc[1]. Il s'est formé un nouveau groupe dans la classe et je m'y suis intégrée. Les filles sont complètement différentes, plus simples que les autres et, semble-t-il, plus accessibles. À la récréation, elles sont toujours en train de courir ou de rire, elles acceptent volontiers que les garçons les embêtent et elles font connaissance avec eux à une vitesse qui me laisse pantoise. Elles connaissent même des garçons de neuvième et de dixième ! [...]

[...] [*3, 4 novembre*]

8 novembre 1935

Finie la fête, la grande fête révolutionnaire ! Il vous en reste au cœur une fureur sourde et une insatisfaction. Strictement rien de festif. Je m'ennuie un peu, je suis un peu triste et je n'ai horriblement pas envie de travailler. C'est incroyable, quand même. Je lis volontiers des ouvrages scientifiques, je parcours les journaux avec intérêt, mais dès qu'un sujet se rapporte de près ou de loin à l'école, j'ai pour lui une aversion immédiate, quel que soit son intérêt objectif.

Ces jours-ci, il s'est produit un scandale à l'école : toute la classe de huitième a refusé de passer le contrôle de littérature et a quitté la salle. Tous les élèves sauf Lisa K., qui est allée trouver le directeur et lui a tout raconté. Désormais, elle est boycottée. Le lendemain, on nous a sacrément enguirlandés. On a crié à la contre-révolution et on a recherché les coupables. Le pauvre Lev a été appelé deux fois chez le directeur ; il en est revenu

1. Dit l'Animal ou le Crocodile.

chaque fois les yeux rouges. Il est question de le renvoyer de l'école.

Brusquement, j'ai eu envie que ça se produise. Parce que… Où ira-t-il ? Il y a toutes les chances pour qu'il soit transféré en rabfak et moi, j'y entrerai aussi et je lui tiendrai compagnie. Cela dit, toute cette histoire est d'une absurdité totale ou presque. Une chance sur cent pour que ça aille jusque-là.

J'ai une envie folle de vivre une vie plus vaste, plus trépidante, et je n'ai même pas un endroit où passer la soirée. Moussia, Dima et les autres ne m'invitent pas chez eux. Chez Irina, il y a quelqu'un de passage, et chez moi… Tiens, à propos, j'ai encore des choses à faire ce soir, sans même parler de mes devoirs. Mes devoirs ! Où que mes yeux se portent, ils butent contre cet obstacle. Je crois que je n'aurai pas reçu un seul « très bien » de tout le second trimestre. Il faut croire que mes mauvaises humeurs et ma fébrilité sont la marque de l'insatisfaction qui est en moi. Il faudrait que je tombe amoureuse de quelqu'un, mais à l'école il n'y a personne. Je ne vais quand même pas me rabattre sur Dima, c'est un salaud ! Mais en dehors de lui, il n'y a pas un garçon intéressant à l'école.

17 novembre 1935

À la rabfak

J'ai retiré mon manteau et je me suis demandé, tout en le tendant à l'employé du vestiaire, comment je pourrais arriver à me regarder discrètement dans le miroir derrière lui pour voir si j'ai effectivement une allure de garçon. Ayant reçu mon numéro, je me suis dirigée vers le fond du vestibule clair et vaste.

L'infirmerie était d'une propreté étincelante ; à côté s'élevait le grand escalier blanc constitué de deux volées de marches de part et d'autre, symétriques et en cercle, qui se rejoignent au premier étage. Je l'ai dépassé pour emprunter l'escalier du fond, plus modeste. Au second, j'ai soudain été enveloppée par un concert de voix assourdissant, des voix de basse, de jeunes gens presque adultes. Je me suis arrêtée craintivement au milieu de la montée pour lever la tête et inspecter le palier.

Un garçon de haute taille s'était avancé vers la rampe et me dévisageait d'en haut. J'ai pris peur et je me suis enfuie honteusement. Mais il fallait que j'aille là-haut, sinon ma mémoire ne serait jamais guérie. Passer de nouveau devant le profotbor, le conseil d'orientation professionnelle… je n'avais pas envie. J'avais l'impression qu'il n'y avait que des garçons là-haut et ça m'a terrorisée. Alors je n'y suis pas allée. J'ai réfléchi en arpentant le vestibule devant l'infirmerie et je suis rentrée chez moi.

À la maison, ça a été le scandale. Maman est incapable de nous comprendre – et pas seulement elle, les grandes personnes en général ! Elle veut que nous nous intéressions à la maison, que nous rangions, que nous fassions le ménage et la cuisine. Facile à dire pour ceux qui n'ont rien d'autre à faire que de préparer les repas. Quelle différence ça lui fait, à maman, d'aller à son travail ou de rester à la maison ? De toute façon, que ce soit là-bas ou ici, elle perd son temps.

Mais moi ? Pour moi, chaque minute est précieuse. Je passe mes journées à essayer de trouver quelque chose de neuf et d'utile à faire. Que ce soit à la maison ou à l'école, je n'ai qu'une idée en tête : accroître mes connaissances. Et voilà que je dois peler les pommes de terre ou laver la vaisselle ! Autrement dit, consacrer une heure entière de mon temps – voire deux ! – à une occupation dépourvue d'intérêt, en me répétant à chaque minute qui passe : « Le temps file, file, et toi, tu gaspilles ce temps si précieux ! »

[…] Je dois démontrer que la femme n'est pas plus bête que l'homme, qu'elle est capable elle aussi de devenir un être humain, qu'elle peut travailler, être créatrice. Je sais ce que pensent les hommes ; je sais combien ils se tiennent eux-mêmes en haute estime et combien ils sont vexés quand une femme les dépasse dans un domaine quelconque. C'est pourquoi je meurs d'envie de leur prouver que nous vaincrons, que nous avons autre chose dans la tête que les garçons et les chiffons. […]

On n'a pas tort de dire que : « Tout passe, tout casse, tout lasse. » Il n'y a pas si longtemps, en fait l'année dernière, nous avions tous des rôles différents. C'était moi la première en classe, et Irina et surtout Moussia m'aimaient beaucoup. Je jouissais d'une autorité évidente sur elles, et l'une comme l'autre voulait s'asseoir à côté de moi pendant les cours et se promener avec moi pendant la récréation. Irina avait tant de succès auprès des garçons que Moussia en avait du dépit. [...] Elle m'a avoué qu'elle avait peur des garçons. Si j'en crois ce qu'elle m'a raconté, pendant les soirées elle restait dans son coin sans desserrer les dents.

Quelques mois plus tard, Dima revient de Balaklava. Et voilà qu'à la place de la Moussia timide d'avant les vacances, il découvre une délicieuse jeune fille au regard malicieux, intelligente et drôle. Changement ahurissant – qui n'est pas si fréquent. Quand je la regarde, je songe souvent : « D'où est-ce que cela lui est venu ? » Comment se fait-il qu'elle n'ait jamais eu jusque-là ces merveilleux cils en éventail ni cette « diablotine » dans le regard – pour reprendre l'expression de Dima ?

[...] Forte de son pouvoir, elle est devenue d'une arrogance infinie. Sûre d'elle et insolente. Elle vous décoche une méchanceté amusante, certaine que ça lui sera pardonné.

Quand elle se bat, mieux vaut se méfier ! Car elle n'hésite pas à mordre, à griffer, à donner des coups de pied. Mais malheur à celui qui ose lui faire mal ! car elle se montre aussitôt offensée. Elle prend un air grave, condescendant puis, après avoir battu des cils et baissé les paupières, elle laisse tomber une phrase du genre : « Ça suffit, Nina. Ce n'est pas drôle », ou encore : « Ce n'est pas très spirituel. Tu pourrais peut-être te calmer ? » Et là, c'est comme si vous aviez reçu un baquet d'eau glacée. Méthode copiée sur Lalia, je le sais.

[...] Irina est dans la situation la moins enviable : les garçons ont cessé de faire attention à elle. Pour Dima, elle n'existe pas. Quant à Kolia et Ioura, ils la détestent carrément. Vis-à-vis de moi, c'est différent. Dima ne m'aime pas, ce qui signifie que je ne suis pas rien pour lui. C'est pour ça que je m'amuse de temps en temps à l'exaspérer, à piquer son amour-propre : pour ne pas devenir rien du tout à ses yeux. Je serais curieuse de savoir ce qu'il pense de moi. Il faudrait que j'interroge Moussia mais je ne le ferai jamais. Je n'ai pas envie qu'elle ou lui puisse croire qu'ils m'intéressent.

18 novembre 1935

J'attendais d'être reçue par le psychoneurologue. Une pièce jolie et confortable, presque vide, avec des murs sombres qui reposaient les yeux et des fauteuils en osier. J'étais assise près d'une table. Renversée en arrière, une jambe croisée sur l'autre, j'éprouvais un sentiment de paix inhabituel, comme si je me trouvais non pas dans une salle d'attente mais dans une pièce que je connaissais bien. Quand l'infirmière m'a appelée, je me suis levée à regret pour la suivre dans le cabinet du médecin.

En découvrant derrière le bureau un taureau colossal et noir de poil, j'ai aussitôt ressenti de l'hostilité. Je me suis assise et je lui ai jeté des regards par en dessous. Il m'observait attentivement de ses grands yeux bovins. Immédiatement, je me suis dit qu'il ne connaissait rien à rien, et j'ai décidé de ne pas l'écouter. Tout le temps qu'il a passé à me poser des questions, à me faire ensuite toutes sortes de manipulations, je n'ai eu qu'une pensée en tête : vivement que ça s'arrête !

Il m'a fait me lever, a pris ma tête entre ses mains et a regardé au fond de mes yeux. « Vous avez l'œil ainsi depuis votre naissance ? » J'ai répondu « Oui » sur un ton plat. Il va de soi qu'il ne m'a rien appris, comme je m'en doutais. Je l'ai quitté mécontente, fâchée et déprimée. « Ainsi, la première chose qu'il a remarquée en moi, c'était mon œil… Ça se voyait donc tant que ça ?… Évidemment ! D'où t'est venue l'idée qu'on ne voyait plus rien ? » […]

Je me suis présentée à la rabfak et lorsqu'on ne m'y a pas acceptée, je n'ai pas perdu espoir. Uniquement la mémoire, et j'espère bien la récupérer.

22 novembre 1935

Le délicieux chat angora au poil plus doux que le duvet a sorti ses griffes – elles étaient acérées. En riant, Moussia m'a dit hier :

— Allez, pousse-toi, la boulotte !

Je n'ai pas réagi.

— Tu es fâchée ?

— Non, ai-je répondu sur le même ton qu'elle. Je te méprise trop pour ça.

— Ah, sale peste !

L'histoire s'est arrêtée là, du moins je l'ai cru. Mais aujourd'hui voilà qu'elle s'est mise à me répéter à voix haute et sur un ton insolent.

— Alors, la grosse ! Tu sais que tu es vraiment grosse, Nina.

— Arrête, Moussia !

Elle a ri en faisant les yeux ronds.

— Ne te fâche pas, Nina. Tous les gens que j'aime bien, je leur dis « ma grosse ».

— Eh bien, je te demande de ne pas le faire avec moi, ai-je répondu tout bas, de peur que quelqu'un nous entende (ce qui aurait été pour moi le comble de la honte).

— Mais quelle bébête ! a roucoulé Moussia. C'est un mot affectueux chez moi. Je te dis que j'appelle tout le monde comme ça. Je dis à tout le monde : « ma grosse ».

— Ah bon ? À tout le monde ?

J'avais pris un ton pincé car, à présent, elle piquait aussi mon amour-propre. Visiblement, elle ne comprenait pas, car elle a répété :

— Mais oui, à tout le monde. Alors, ma grosse, pas la peine de te fâcher !

— Moussia, tais-toi ou je ne te parle plus.

Et je me suis détournée dans un état d'exaspération total. Non mais ! Comment se permettait-elle ! Comment osait-elle m'offenser de la sorte ? […]

28 novembre 1935

« La paresse est née avant nous », affirme le dicton. Cela fait deux jours que je reste à la maison, avec une bonne raison il est vrai. Mais je sens que j'aimerais bien ne pas aller à l'école pendant encore très longtemps.

Hier, très tôt le matin, je suis allée avec maman à la Boutyrka[1]. Le jour se levait à peine et c'était tristounet de voir le matin prendre vie dans une lumière crépusculaire. Pourtant, le souffle à peine perceptible du matin parcourait déjà d'un bout à l'autre la nuit bleutée. Bizarrement, l'air était d'une fraîcheur et d'une pureté étonnantes, à moins que ce soit une impression personnelle parce que je venais tout juste de me lever, encore pleine d'énergie et de gaieté. Il tombait une petite neige clairsemée et, tout autour de nous, les gens hâtaient le pas.

Je suis arrivée à la prison frigorifiée et furieuse. Il y avait beaucoup de monde. Les bancs étaient occupés par des femmes à demi endormies avec des baluchons, des ballots, des sacs et toutes sortes de colis. Il n'y avait que des femmes ou presque, très différentes les unes des autres : des vieilles, des jeunes, des gaies, des abruties par la tristesse, les unes d'extraction simple, les autres de l'intelligentsia et un grand nombres d'ouvrières. Toutes affichaient une apathie et un chagrin soumis.

En ce qui concerne les prisonniers politiques, il y a quelques progrès : la Boutyrka est devenue leur prison ; on n'exile presque plus sans jugement ni enquête, comme il y a cinq ans. Et on s'adresse aux familles avec plus de politesse.

Mon Dieu, comme je n'ai pas envie d'aller à l'école demain ! On a cours de dessin industriel et je n'ai pas fait un seul croquis. Rien que pour les faire, il me faudra toute la soirée et, en plus, il faudra que je passe chez Moussia pour prendre les esquisses.

1. Prison où a été conduit le père de Nina, Sergueï Fiodorovtch Rybine, arrêté sur son lieu de résidence forcée.

Est-ce que maman me permettra de rester à la maison ? Et si elle refusait ? Dans ce cas, je suis morte. Mais non, elle me laissera rester à la maison parce que c'est vrai que je suis un peu malade.

Je recommence à vouloir abandonner l'école. L'autre jour, j'en ai parlé avec Iou. I. J'étais tombée sur elle devant la sortie, juste au moment où je rentrais à la maison.

— Iou. I., j'aimerais bien vous parler.

— Viens, mon enfant, m'a-t-elle dit affectueusement comme elle seule sait le faire, et elle m'a pris le bras.

— Iou. I., je sais que je ne tiens pas en place, mais j'ai encore envie de quitter l'école. Vous pensez qu'il y aura des examens d'entrée à la rabfak en janvier ?

— Non, Nina. Il n'y en a pas. Dans les bonnes rabfaks, il n'y a jamais de place libre en milieu d'année scolaire.

— Jamais ?

— Non. Je parlerai quand même à Klavdia Ivanovna. On ne sait jamais, mais j'en doute. Tu ne crois pas qu'il vaudrait mieux que tu restes à l'école ? Peut-être que vous passez par une période difficile sur le plan matériel ? Il faut que tu me dises pourquoi tu ne veux plus aller à l'école, bien sûr.

Comme de juste, j'ai répondu :

— Vous voyez, Iou. I., j'ai déjà seize ans et, autour de moi, ils ont tous quatorze ans, ils sont trop petits.

— Mais ça n'a aucune importance ! Avant, ça se voyait que tu étais plus vieille mais chaque année qui passe efface un peu plus la différence. Et d'ailleurs, ils sont très peu à avoir quatorze ans, ils en ont plutôt quinze. Et plusieurs auront bientôt seize ans, ils seront donc de ton âge.

Je ne lui ai pas rétorqué que, moi aussi, j'aurais un an de plus : dix-sept ans dans un mois.

Mon Dieu… déjà dix-sept ans et j'ai l'impression d'être encore une gamine. Que c'est bête, je n'ai encore rien vécu ! De ces dix-sept années de vie, je n'ai strictement rien à me rappeler. Genia et Lalia ont une quantité de souvenirs, elles ! Des courses folles à cheval dans des allées écartées du parc de Sokolniki ; de joyeux tours de patinoire ; des parties de volley-ball ; des soirées avec des amis et des gens qui les aimaient. D'ici à trois ans, Moussia se rappellera avec émotion les soirées si charmantes où elle dansait à en perdre la tête, ses succès auprès des beaux garçons, ses coquetteries…

Mais Nina, elle, n'aura rien à se rappeler. Tout le monde peut dire à un moment de sa vie : « Oui, j'ai vécu et bien vécu. » Mais moi, si j'ai eu une jeunesse, elle aura été faite d'insatisfactions.

[…] [*12 décembre*]

21 décembre 1935

Le temps, le temps ! Diable, diable et diable ! Ah, si les journées pouvaient faire quatre-vingt-quatre heures ! Je n'ai le temps de rien faire et c'est d'autant plus râlant qu'il n'y a pas une seconde dans la journée où je reste à ne rien faire. Mais voilà, les jours filent dans une sorte de tourbillon morne et crépusculaire qui ne s'arrête jamais. Deux trimestres ont passé. Dans dix jours ce sera les vacances et je n'ai pas encore entièrement recouvré mes esprits. Il y a de cela une semaine, peut-être deux (car je ne sais plus comment tout ça a démarré) j'ai soudain commencé à raconter autour de moi que j'avais un petit penchant pour Ioura Zouï. Peut-être que j'avais envie de faire l'idiote ou qu'en faisant le tri parmi les garçons j'étais arrivée à la conclusion que, sur les trois qui restaient, il était le seul à pouvoir me plaire. Quoi qu'il en soit, j'avais envie d'affection et de tendresse, en un mot : j'avais envie de me trouver un prince charmant.

Et c'est ainsi que je me suis mise à créer ce sentiment de toutes pièces. À vrai dire, personne ne croyait que Ioura me plaisait, mais je me suis évertuée à convaincre les autres et moi-même que c'était vrai. Avant, malgré moi et malgré tout ce que je déteste en lui, c'est Dima que j'avais pris pour compagnon de mes émotions, le considérant comme le garçon le plus intéressant. À présent, il a perdu son éclat. Il a disparu de mes rêves et je m'en réjouis. Ç'aurait été extrêmement vexant d'être attirée par lui puisque toutes les filles le sont et que je déteste me retrouver au milieu du troupeau. Alors que Ioura est un garçon attirant et gentil, incroyablement agréable, délicat et correct. Et il a un beau regard qui déborde de bonté. Un sentiment s'est donc formé en moi – pas de l'amour, cela va de soi, mais de la sympathie. Je me suis mise à parler de lui plus souvent, à le chercher des yeux dans le préau, à l'observer attentivement une fois que je l'avais repéré. Je me suis souvenue qu'il avait dit à Moussia au détour d'une conversation qu'il aimerait bien faire ma connaissance. J'en ai conclu que tout n'était pas perdu. C'est pourquoi j'étais presque certaine qu'il sortirait quelque chose de l'aventure et j'attendais ce moment avec une impatience croissante.

Il était très gentil, toujours en train de courir entre deux occupations. Un jour, je l'ai vu près du vestiaire venant à ma rencontre. Sans m'en rendre compte, je l'ai dévisagé un long moment. Et voilà qu'il a lancé joyeusement, sans se cacher : « Bonjour, Nina ! » Ça m'a beaucoup embarrassée mais, en même temps, ça m'a réjouie. Après, en haut, je suis tombée sur lui dans le couloir. Il marchait vite. Je n'ai pu apercevoir qu'un instant son beau visage et ses cheveux noirs tout fous, mais je me les suis rappelés ensuite avec tendresse.

Oui, j'étais certaine que je lui plairais (à quoi bon le cacher ?). Le soir, j'ai commencé à aller chez Moussia et à y rester, mourant d'ennui, à attendre qu'il vienne. Il ne venait pas. Ce qui n'ébranlait nullement ma conviction qu'il allait venir, au contraire. Au point que mon cœur se mettait à battre plus vite dès que résonnaient les deux coups de sonnette convenus[1].

Le 17, Moussia a organisé une réunion chez elle. De toute la soirée, Ioura ne s'est pas approché de moi. Il ne m'a pas dit un mot, comme si je n'étais pas là. Mais après… Enfin ça, c'est plus tard. Bref, j'étais furieuse contre lui et horriblement vexée.

---

1. Moussia habite un appartement communautaire. (*N. d. T.*)

J'ai su plus tard que, ce soir-là, il avait tenté d'avancer ses pions auprès de Moussia – sans succès – et qu'il était fou de rage. Toute ma fausse tendresse pour lui s'est désagrégée d'un coup. J'étais furieuse contre lui, mais ça, c'est après…

Ce soir-là, donc, j'étais d'excellente humeur au début. Je m'ennuyais un peu mais ce n'était pas si désagréable. J'ai commencé à me relâcher, à me comporter plus librement, ce qui m'a réjouie. Tout le monde dansait sauf Izik (un garçon formidable et pas mal de sa personne) et moi, qui restions piqués dans notre coin à suivre des yeux les danseurs, à échanger des regards avec l'un ou l'autre. J'ai l'habitude de fixer non pas les pieds des danseurs mais leur visage, ce qui est beaucoup plus intéressant parce qu'on a parfois la chance de croiser un regard ou un sourire. Le teint fleuri de Dima et ses yeux sataniques tombaient souvent dans ma ligne de mire.

[…] Je m'étais déjà persuadée que je ne danserais pas de la soirée et je me demandais pourquoi tout le monde m'ignorait. Un disque grinçait sur le phonographe, plus personne ne dansait, tout le monde était fatigué. Et voilà que Dima rapplique vers moi, dégoulinant et plein d'entrain. « Dis donc, Nina, je n'ai pas encore dansé avec toi aujourd'hui. Tu viens ? » Et de me tendre la main.

Je l'ai dévisagé, éberluée et confuse. « J'accepte, ou je refuse ? Personne ne danse, tout le monde aura les yeux braqués sur nous, je mourrai de honte. D'un autre côté, ne pas danser est complètement idiot. » Telles sont les pensées qui m'ont traversé l'esprit à toute allure pendant que je me levais – lentement mais avec assurance. J'ai frôlé sa main chaude. De surprise, j'oubliais de me surveiller et de surveiller les autres. Ma frustration et mon accablement s'envolaient. Je n'avais conscience que de la présence à côté de moi de ce Dima, méchant faux-jeton qui venait d'apparaître avec tant d'à-propos – de ce type que je n'aimais pas mais qui était beau et tout en muscles, des muscles que je sentais bouger sous son ample chemise blanche.

Le disque s'est bientôt achevé. Je l'ai regardé un peu gênée et, sur un petit rire, je me suis hâtée d'aller reprendre ma place sur le divan. Mes genoux s'entrechoquaient. J'avais l'impression que tout le monde s'étonnait et remarquait ma gaucherie. Je me sentais un peu honteuse. Dima a mis un autre disque et est revenu m'inviter à danser. J'ai senti une vague de joie m'envahir. Mon ennui avait totalement disparu.

— Ah Dima, comme je m'étais ennuyée jusque-là !

— Ah oui ? Eh bien, moi je ne m'ennuie jamais !

— Évidemment !

— Quand je bois, et ça n'a rien à voir avec la quantité – que ça soit un verre ou cinq – je ne me laisse jamais aller à l'ivresse (ces mots, dits avec un regard appuyé). Les gens disparaissent, du moins en tant qu'individus. Je ne vois plus que des visages. Un visage passe devant mes yeux, je m'avance vers la fille et l'invite à danser.

— Visiblement, je passe rarement devant tes yeux.

La phrase m'avait échappé avec colère.

— Forcément, tu restes tout le temps assise. Je ne pouvais pas te remarquer ! m'a-t-il sorti de son air le plus naïf.

Cette langue de vipère ! Pour lui parler, je me tournais vers lui et je cognais sans cesse son oreille avec mon nez. C'était très drôle, bien qu'un peu gênant.

Je suis retournée m'asseoir, étonnée et troublée. Par-delà mon antipathie, j'éprouvais de la gratitude envers Dima. Je lui étais reconnaissante de ce qu'il avait fait pour moi, quand personne d'autre n'y avait songé. Oui, en me voyant dans mon fauteuil, morose et mauvaise, il avait eu la finesse de s'apercevoir que j'étais au fond du désespoir. Et il m'avait sauvée. J'avais l'impression d'être une malheureuse petite fille à qui on aurait brusquement tendu la main. J'ai eu très envie de croire en ce nouveau Dima, bon et généreux. Quant à mes sentiments pour Ioura, ils se sont envolés ce soir-là.

[…] [*24 décembre*]

29 décembre 1935

Voilà deux jours que je n'arrive pas à écrire ce qui s'est passé le 27. C'était déjà trop affreux de s'en souvenir. Voilà : je me suis fait étendre en littérature et en chimie. Abominablement[1]. Mon Dieu, comme j'ai eu honte ! Je ne pouvais plus regarder personne dans les yeux. Le pire ce n'est pas tant de ne pas avoir reçu « très bien », c'est que ces notes mettent définitivement une croix sur mes capacités. Ne pas répondre à une question aussi simple, quelle infamie ! Ça prouve bien que je suis une imbécile. À la maison, j'ai versé des larmes de rage. Après, je suis allée au Tsé.K.B.[2], mais je n'en ai rien retiré. Le soir, je n'avais plus de voix.

Et voilà que Ioura et Valia, qui étaient venus voir mes sœurs, n'ont rien trouvé de mieux que se moquer de moi. Ça m'a tellement rendue folle que j'ai quitté la pièce. Comme j'étais vexée ! Vexée à en pleurer. Bizarrement, ces deux atrocités sont arrivées le même jour, ça m'a anéantie. Hier et aujourd'hui, je ne suis pas allée à l'école. J'ai essayé de dormir toute la journée, je n'avais envie de rien. Une pierre monumentale pesait sur mon cœur : « À quoi bon me donner du mal pour faire des études ? » J'ai presque pensé au suicide. [...]

4 janvier 1936

Dans la nuit du 1er janvier, et aussi pendant la matinée, j'ai ressenti physiquement le temps passer. Il progressait lentement, énorme, inexorable, sans jamais dévier de sa route. Une année de plus s'était effondrée... Anéantie, emportée à jamais. Aujourd'hui, je n'y pense déjà plus. Je projette toutes mes forces en avant et je replonge, tête la première, dans mes rêveries, prise d'une envie à laquelle je n'arrive pas à donner de nom. [...]

1. Nina a reçu des « bien » au lieu des « très bien » qu'elle espérait.
2. Il s'agit probablement d'une maison de la culture du quartier. (*N. d. T.*)

Bravo, j'ai réussi à gâcher mon humeur, alors que ces derniers temps j'étais parvenue à conserver mon équilibre. Parce que je sais le faire, désormais. À présent, je ne suis plus pétrifiée de terreur en face des amis de mes sœurs. Je sais paraître joyeuse, rire et faire des blagues. J'ai passé le réveillon à la maison, avec elles. J'ai dansé et j'ai pris part aux jeux. Et je sais pourquoi : avant, personne ne faisait attention à moi. J'étais la petite, et ça m'humiliait atrocement. Du coup, je me refermais, je devenais peureuse et je perdais toute trace d'intelligence. À présent, ils doivent considérer que j'ai grandi car ils m'ont tous parlé et invitée à danser. J'étais ravie. Je faisais l'imbécile et je courais dans tous les sens. Seul Kaplan ne m'a pas porté la moindre attention, ce qui m'a beaucoup fâchée. Il a passé la soirée à faire la cour à Lalia, très gentiment d'ailleurs et sans se cacher le moins du monde. Il la cherchait partout et déposait tendrement des quartiers de mandarine entre ses lèvres.

Genia G. est arrivé alors qu'il n'y avait encore personne. Je suis allée ouvrir, persuadée que c'était maman. Quand j'ai découvert devant moi ce visage si familier mais resté si longtemps absent, mon cœur a sauté un battement avant d'accélérer. Par habitude. Après, je me suis comportée avec lui comme avec tous les autres. Il a créé des illuminations ravissantes en entourant les lampes de papier de couleur. Toute la maison en a pris un air de fête.

À table, je me souviens, on était très animés, on s'est bien amusés. Nina P. a commencé à embrasser tout le monde sous les rires et les acclamations. Elle avait beaucoup bu. Elle faisait du charme à Andreï et paraissait très jolie. Andreï était bizarre, un peu désagréable. Il ne desserrait pas les dents et reniflait à longueur de temps, ou alors il plissait son grand nez et ricanait d'un air moqueur. Il dérangeait. Il détonnait dans cette société. Au bout d'un moment, il s'est éclipsé avec Nina dans la pièce d'à côté – pour l'embrasser, j'imagine, ou pour la serrer dans ses bras. C'est un incroyable saligaud qui ne pense qu'à toucher les filles, à les frôler, à se pencher très bas sur elles. Il n'a que les yeux de bien : de grands yeux tout bleus et qui brillent d'un éclat incroyable.

[...] Il y a quelques jours, je suis allée chez un médecin pour les nerfs. Il m'a auscultée longuement et avec soin (parce qu'il était payant[1]). Ne me trouvant probablement rien de spécial, il m'a prescrit deux médicaments et des frictions. Je suivrai le traitement mais je n'en attends pas de changement notoire.

Aujourd'hui, je suis allée m'inscrire à la rabfak de l'Institut du textile. J'ai effectué toutes les démarches dans le plus grand secret. J'ai tiré la leçon de ma dure expérience : je ne dirai rien à personne jusqu'à la dernière minute. Hier, j'ai chipé à ma sœur sa carte d'étudiant et, aujourd'hui, dans la journée, je suis allée à l'institut. J'avais le cœur qui battait la chamade, terrifiée de tomber sur un ami à elle. Je m'étais creusé la cervelle pour trouver une explication.

Le hall de l'institut était envahi d'étudiants qui allaient et venaient en tous sens. Les uns arrivés depuis peu retiraient leur manteau au vestiaire, les autres se rhabillaient pour rentrer chez eux. À un moment, j'ai cru apercevoir Ioura et je me suis mise stupidement à tournoyer sur place, cherchant un endroit où me fourrer. Après, je me suis rendue au secrétariat des études où j'ai demandé à une espèce de rat de bibliothèque où se trouvait le bureau de la rabfak.

— Ce n'est pas ici. La rabfak n'est pas ici, mais dans l'autre bâtiment.

— Vous pouvez me donner l'adresse ?

— Juste en face, au 51 de la rue du Don.

Le 51 ! Mon cœur s'est mis à battre fort : le bâtiment où Genia et Lalia avaient leurs cours. C'était vraiment une chance.

Je suis rentrée à la maison persuadée d'être admise puisqu'on m'avait dit de repasser dans quelques jours. Dans les autres rab-

1. Parallèlement à l'organisation du travail étatique, certaines personnes ont continué d'exercer leur profession de façon privée bien après la Révolution et jusque sous Brejnev. C'était le cas de quelques médecins et dentistes, mais aussi d'horlogers et de cordonniers qui possédaient en propre leur officine.

faks, on m'avait dit non d'emblée. Maintenant, je n'ai plus peur de l'école. Le 13 janvier, je dois retourner à la rabfak recevoir la réponse. […]

11 janvier 1936

Ça fait maintenant plusieurs mois que papa est en prison. C'est étrange que plus personne ne s'inquiète ni ne s'épouvante, qu'on en parle aussi calmement que d'un événement courant. L'enquête est terminée depuis peu, et maman est allée là-bas pour essayer d'obtenir un parloir. La rencontre a été fixée à aujourd'hui. Elle avait déposé une demande pour elle et pour moi, le mois dernier. Aujourd'hui, il a fallu se rendre à la Loubianka retirer le permis de visite. Je ne suis donc pas allée à l'école.

J'ai hésité longtemps avant de prendre cette décision, incapable de choisir entre l'école et la prison. Je n'avais pas envie de rater le premier jour de classe mais, d'un autre côté, comment ne pas aller voir papa ? À ma grande surprise et à mon grand déplaisir, j'ai découvert plus tard qu'un sale sentiment d'amour-propre avait été déterminant dans mon choix d'aller voir papa : en effet, je me suis répété plusieurs fois que, si je n'y allais pas, papa me traiterait d'égoïste alors que, dans le cas contraire, il serait très content d'avoir au moins une fille qui l'aimait – il se dirait peut-être malgré lui : « Les grandes, elles, n'ont pas jugé bon de se déplacer. » C'était exactement ce que je voulais : qu'on me distingue de mes sœurs. En choisissant la prison, j'ai moins pensé au bonheur que j'allais procurer à papa qu'au plaisir que j'en tirerais moi-même.

On a bien délivré le permis de visite, mais seulement au nom de maman. J'en aurais pleuré de rage. Je suis partie en serrant les dents pour ne pas verser de larmes. Est-ce que j'avais vraiment envie de voir papa ? C'est plus que possible. Mais, même en cette minute, mon amour-propre m'a rattrapée, car la pensée de faire un geste qui retienne l'attention de tous m'a bel et bien traversé l'esprit. Ou, au moins, de prononcer une phrase qui force les gens à me regarder en songeant : « Comme c'est une bonne fille ! »

Je me suis aussitôt traitée de tous les noms pour avoir des pensées pareilles et je suis rentrée à la maison, emplie de fureur. D'une fureur qui me faisait monter les larmes aux yeux, qui me donnait envie de hurler ou de faire quelque chose d'horrible, comme de déchirer frénétiquement l'autorisation de visite et de la leur jeter au visage. Ces salauds ! Mais je n'ai rien fait de tout ça. Je n'ai pas fait de scène, je n'ai même pas pleuré. J'ai marché tranquillement en continuant à me dire que je ne pensais pas du tout à papa ni à la visite manquée, que je pensais seulement à tous ces salopards au pouvoir qui se fichent éperdument de nous.

Je souffrais dans mon orgueil, mon amour-propre était blessé… et c'est tout. Que de fureur il y avait en moi, que de bile ! Ça débordait de partout, j'étais noyée sous le flot. Je haïssais la terre entière, les passants que je croisais dans la rue. Eux, je les jaugeais d'un regard amer, les sourcils froncés, et je songeais à l'impression que je devais leur faire, à ce qu'ils devaient penser de moi en me voyant dans cet état.

Je viens de terminer un livre sur Tolstoï. Force m'est de constater que je retombe malgré moi sous l'influence de sa pensée. Je découvre soudain, moi qui me passionne depuis toujours pour le perfectionnement moral de soi, que je fais preuve d'une clarté de vue inhabituelle en matière d'autocritique. Je parviens à me démasquer moi-même impitoyablement et lucidement. Je pratique une sincérité cruelle tout à fait dans la manière de Tolstoï. Continue de t'améliorer, mon amie. On verra ce qui en sortira.

Je dois reconnaître que je trouve chez Tolstoï de plus en plus de traits qui nous sont communs : un physique malheureux dont il a énormément souffert dans ses jeunes années, une tendance précoce à l'autoanalyse, un orgueil infini, voire de la vanité, la quête incessante de quelque chose de différent et l'incapacité à se calmer. Je tombe parfois sur des phrases entières que j'aurais pu prononcer. Je me demande si cela prouve qu'il y a une ressemblance entre nous ou si cela démontre seulement son génie formidable à reproduire les plus petits mouvements de l'âme.

[...] [*13, 14, 15 janvier*]

17 janvier 1936

Je crois bien que c'est fichu pour la rabfak. On m'a demandé de repasser le 25. Si je continue à nourrir des espoirs, au fond du cœur, je sais déjà que ça ne marchera pas. Je me console en me disant : « Ce n'est pas grave, Ninok. Encore une petite semaine de cinq jours à l'école et, après, ce sera la rabfak. » Mais, tout de suite, du fin fond de moi, me parvient une pensée coléreuse : « Mais non, tu seras acceptée, forcément. Quand on vous dit de repasser plus tard, qu'on ne peut rien promettre pour l'instant, c'est que tout n'est pas fichu ! » Et c'est ainsi que je continue d'espérer et ne vais plus à l'école.

Bizarrement maman ne me fait pas de reproches, comme si, comprenant l'état dans lequel je suis, elle était pleinement d'accord avec ma décision. Mais j'ai du mal à le croire. Peut-être qu'elle travaille trop et qu'elle n'a plus le temps de s'occuper de nous ? Non, ce n'est pas ça. Vraisemblablement, elle sait que j'ai mes raisons et ne veut pas s'en mêler parce qu'elle a pleinement confiance en moi.

Mon Dieu, pauvre maman ! Je souffre tant pour elle. Je hais tous ces gens qui font qu'elle se torture. J'aimerais tant la soulager, parfois. D'autres fois, j'ai l'impression qu'il va se produire quelque chose d'inattendu qui changera tout, mais rien ne se passe. Elle est devenue vieille, malade et apathique. Apathique envers tout le monde, même envers nous et envers papa. On dirait un cheval qui s'est épuisé au travail mais continue – par inertie – à tirer sa charrette tout au long de la journée alors qu'il n'a plus de forces. Un cheval qui supporte les coups patiemment, par habitude.

Maman sait où se trouve son devoir, et elle l'accomplira tant qu'il lui restera des forces, jusqu'à ce qu'elle s'écroule raide morte. Son « moi » et ses autres soucis, elle les relègue au second plan. Si elle a du temps, elle s'en occupe avec désintéressement, sinon elle s'efforce de les oublier tranquillement.

Maman, c'est la mère idéale. Je n'en ai jamais rencontré de pareille, en dehors de grand-mère. Elle a construit sa vie entière autour de nous. Avoir des enfants, c'était pour elle la chose la plus importante dans la vie, parce qu'avoir des enfants, ça veut dire se perdre soi-même, s'oublier pour vivre à travers eux. Aujourd'hui, elle ne se préoccupe plus de sa santé et parle de la mort comme d'un soulagement. Elle ne cherche pas à vivre mieux car chaque heure passée à se reposer signifie des kopeks en moins pour nous.

Je ne savais pas que des gens pouvaient travailler autant : du matin au soir et tous les jours de la semaine, sans repos et sans joie, comme dans un cauchemar. Et ses filles, à qui elle a consacré toute son existence, pour qui elle a donné la sienne, se promènent la tête haute sans rien voir d'autre que leur petite vie mesquine et vide. Elles s'imaginent, surtout la plus jeune, que, si elles sont venues au monde, ce n'est pas pour rien. Elles se croient dotées de talents exceptionnels et considèrent que ce serait pécher que de perdre leur temps à des occupations telles que le ménage – même pour soulager leur maman. Mais non, pas question pour elles de repriser ou de laver leurs affaires ! Alors elles vont vêtues comme des pauvresses, sales et pas soignées.

Trois égoïstes sans cœur qui n'aiment pas leur mère. Jetez donc un coup d'œil au fond de leur âme. Mon Dieu, que c'est encombré, là-dedans ! Que de belles et grandes idées ! Que de pensées et de projets ! Que de désintéressement et d'héroïsme vous trouverez en elles quand elles rêvent à leur avenir, confortablement étendues sur leur lit moelleux.

Et pendant ce temps-là, papa est à la Boutyrka, impuissant et rongé par l'envie. Enfermé avec son énergie, son talent et ses yeux malades. Aujourd'hui je suis allée déposer une requête auprès de la Croix-Rouge politique[1]. C'est un établissement curieux qui se vante haut et fort des bonnes actions qu'il accomplit et ne fait strictement rien. J'ai entendu dire dans le voisinage qu'ils se démènent depuis plusieurs années sans obtenir de résultat.

Il y a foule dans cet endroit affreux qui ressemble à un cagibi. Ici, il est rare qu'un visiteur s'entende dire : « Nous ferons tout notre possible, mais il y a peu d'espoir que nous obtenions un résultat. » Réponse pourtant conforme à la réalité.

Je ne fais strictement rien. Demain, il faudra que je me secoue parce que je retourne à l'école le 19. Je ne veux plus être intelligente et sérieuse, je ne veux plus rien faire. Je veux passer mon temps à danser, à faire la fête et à chahuter, en un mot : à vivre. J'ai compris brusquement que la jeunesse ne vous était donnée qu'une fois. Si vous n'utilisez pas maintenant vos possibilités de vivre, elles ne seront pas reportées. Et, moi, justement, j'ai envie de vivre. [...]

[...] [*21, 22 janvier*]

30 janvier 1936

[...] Partout, j'ai été refusée : à la rabfak de l'Institut d'architecture, à celle de l'Institut du textile, à tous les cours prépara-

1. Organisme de soutien aux prisonniers politiques, fondé en 1917 et dirigé par la première femme de Maxime Gorki, Eugenia Pechkova. Il procurait une assistance dans divers domaines, juridique, matériel, médical, et autres, tels que l'établissement de requêtes relatives aux condamnations ou aux conditions d'incarcération, l'intervention d'un avocat durant l'enquête préliminaire et le procès, la fourniture de produits alimentaires, de médicaments, de journaux et de livres aux condamnés. Eugenia Pechkova était autorisée à visiter les prisons et les camps de concentration et à recevoir les requêtes émanant des prisonniers. L'un des « privilèges » les plus importants de cette organisation était la possibilité de recevoir de la Guépéou (OGPU) des informations relatives au lieu de détention des prisonniers et les conclusions des enquêtes dont ils faisaient l'objet. À partir des années 1930, l'organisation s'est vu retirer peu à peu tout son pouvoir.

toires. À croire qu'ils se sont donné le mot ! Et me revoilà à l'école… Ennui et cafard. Quand je pense que j'ai déjà dix-sept ans, que ma vie est grise et morne, je suis prise d'épouvante. Est-ce que je vais pleurer jusqu'à l'abrutissement toutes ces années enfuies sans laisser de traces ?

[…] J'ai une envie terrible de printemps. J'ai l'impression que je ne l'ai jamais désiré aussi fort. Je sais bien que je serai heureuse à nouveau, de nouveau… quand je verrai le feuillage, quand je sentirai le souffle du vent, souffle léger et qu'on ne peut décrire, mais que je connais si bien. Pourquoi est-ce que je l'aime autant et pourquoi est-ce que je le désire aussi fort en ce moment ? […]

[…] [*31 janvier, 5, 11 février*]

16 mars 1936

Voilà bien longtemps que je ne t'ai pas confié mes chagrins, ami si cher à mon cœur. […] Tu te souviens, la dernière fois que nous avons parlé de la rabfak ? À l'époque, cette idée m'emplissait totalement, elle m'inspirait, me promettait des choses extraordinaires. Malgré tous les tourments qu'elle me causait, elle m'offrait un espoir pour lequel ça valait le coup de vivre et de travailler. Aujourd'hui, il n'en reste rien. Qu'importe la raison pour laquelle cet espoir s'est écroulé et s'il m'a fait souffrir longtemps, le fait est que je me retrouve une fois de plus au fond d'un gouffre noir. […]

Tu te souviens, pendant toute une période je ne suis presque pas allée à l'école. Quand toute cette histoire avec la rabfak a échoué, je me suis dit : « C'est bon, Nina. Il est temps de te remettre à l'étude. Assez paressé pour cette année ! » Et je me suis remise au travail.

Tu sais combien je peux être acharnée au travail, surtout si ça vaut le coup. Et justement, j'avais encore un but, comme le nageur en train de se noyer qui se raccroche à une brindille. Ma brindille à moi (j'ai honte de l'avouer), c'était de me représenter à la rabfak cet été. Il est vrai qu'un tel entêtement a quelque chose d'admirable et moi, quelque chose de ridicule. Il me fallait de bonnes notes, j'allais les obtenir ! Vois l'état dans lequel je suis maintenant ! [...]

Il y a quelque temps, j'ai été voir papa. Il s'est fait pousser la barbe et ressemble maintenant à un évêque. Il partira bientôt pour Alma-Ata[1]. À présent, je l'aime. La prison. Les détenus, une sorte de grande cour, des couloirs étroits, une petite fenêtre et le visage de papa, des pleurs quelque part à proximité, des exclamations, une crise d'hystérie – tout cela ressemble à un songe. Ça passe comme une scène au cinéma et, après, il n'y a plus rien.

Je me prépare à faire le voyage jusqu'à Alma-Ata. J'en rêve comme j'ai rêvé de la rabfak. Je partirai pour ce coin perdu au fin fond de l'Asie. Je sillonnerai les montagnes, je mangerai des pommes et peut-être que j'arriverai à me fuir pendant un certain temps. Alma-Ata, le père des pommes. Comme ce doit être beau ! Non, je n'irai pas. Ça, au moins, c'est une décision qui ne relève que de moi.

23 mars 1936

Les vacances viennent de commencer. Cinq jours seulement, mais c'est un répit. [...] Dehors, dans la cour, c'est le printemps. Mon dix-septième printemps sur terre. Dix-sept ans derrière moi. Mon Dieu ! Que de choses vécues et que j'ai peu vécu ! [...] Aucune lettre de papa. Ce n'est pas normal. Tous les jours, j'attends un mot. Qu'est-ce qui a bien pu lui arriver ? Non, non, rien d'affreux n'a pu se produire. Pourquoi est-ce que toutes sortes de bêtises me passent par la tête... ?

---

1. Capitale du Kazakhstan (dont le nom signifie en kazakh « le père des pommes »). Lieu d'exil depuis les tsars. Le père de Nina est condamné à y séjourner trois ans.

[…] [*11 avril, 21, 23 mai, 1er juin*]

4 juin 1936

Quelle puissance extraordinaire possède la beauté ! La beauté en général et celle de l'homme en particulier. Je suis quelqu'un de plutôt sérieux qui ne se fait pas d'illusions. Je sais pertinemment qu'un beau visage cache souvent une âme pas belle du tout. Mais j'ai beau le savoir, je continue à être attirée par les gens beaux. La laideur suscite en moi le dégoût, au mieux la pitié. C'est mal, et je m'en veux d'être comme ça, mais c'est plus fort que moi : une sorte d'instinct me pousse vers la beauté.

En ce moment, on passe au cinéma un film qui s'appelle *Peter*. Si j'en raconte l'histoire, tout le charme disparaîtra, par conséquent je ne le ferai pas. Et d'ailleurs à quoi bon ? Je n'ai jamais vu de ma vie une actrice plus extraordinaire et convaincante que Francesca Haal. Des yeux d'une taille inouïe, bruns et en amande, avec des cils immenses. Et quel jeu ! Impossible d'en donner une idée avec des mots.

À chacun de ses gestes, il se dégage de cette coquette jeune fille déguisée en homme une impression de vie, de feu et de séduction. J'ai vu ce film cinq fois et je le reverrais volontiers cinq autres encore. Francesca me plonge dans le délire. Si j'étais un homme, on serait en droit de dire que j'en suis amoureuse. […]

Il fait très beau. Je n'ai rien à faire. Je me remettrai au travail à partir du 7. Je n'ai pas envie de lire (une sorte de paralysie m'en empêche.) Je regarde par la fenêtre et je respire l'air frais que le vent m'apporte en remuant les narines, comme les chiens.

[…] [*15 juin*]

27 juin 1936

Gavrilov Iam[1]

Mon journal me caractérise bien car il fait ressortir toute la mesquinerie de mon âme, que les thèmes abordés trop rarement ne révèlent pas. Pour me comprendre, il suffit de noter sur quoi portent mes réflexions. Aujourd'hui, j'ai relu certains passages de ce journal et j'avoue que j'ai été prise de honte. Pessimisme et garçons, garçons et pessimisme. Le Petchorine de Lermontov dit quelque part que tout défaut physique laisse une trace plus ou moins forte sur l'âme.

Prenons un visage : un visage laid, bien entendu. L'important, ce ne sont pas les différents traits qui le composent, mais ce « quelque chose » qui fait qu'une physionomie est différente d'une autre. Chez moi, ce quelque chose est une sorte d'immobilité pesante et morose (en dehors de ça, je ne vois rien de particulier). À cette expression désagréable correspondent des traits bien précis : un grand front qui est loin d'avoir de la noblesse ; des sourcils courts et très épais ; de petits yeux de chat (pas verts, ce serait trop beau), des yeux inexpressifs ou alors méchants et, surtout, frappés d'une tare impossible à cacher qui a totalement enlaidi mon âme ; un nez plutôt en trompette et de grosses lèvres épaisses, voire charnues. Et avec ça, un visage un peu flou, sans caractère, dénué de tout ce qui pourrait le différencier de milliers d'autres visages informes. Ouais… Ajoutons qu'il est complété par une oreille énorme de chaque côté des joues.

Quant à mon caractère, je ne le comprends pas moi-même. […] À quelle époque mon anormalité a-t-elle commencé à se développer ? Je n'en sais rien du tout. Je n'ai pour ainsi dire aucun souvenir de mon enfance et l'on ne m'en a pas raconté grand-chose. Quand j'étais encore toute petite, nous habitions en Sibérie. Il y avait une autre famille, les D., qui avait un petit garçon avec qui j'étais très amie. Ses parents le punissaient

1. Petit bourg de la région de Iaroslavl, à quatre cents kilomètres à l'est de Moscou.

souvent. Chaque fois, j'allais trouver son père et le suppliais de retirer la punition. J'obtenais souvent gain de cause. On sait combien il est difficile de résister aux petits enfants.

Ensuite, je mélange un peu les événements. Je me souviens de moi à Moscou. J'habite avec papa et grand-mère dans notre bel appartement, pendant que maman et mes sœurs sont encore dans un foyer. Je suis toute seule. Je ne dois pas avoir de camarades car je ne m'en souviens pas. Dans ma grande chambre presque vide, je joue avec mon gros ours en peluche beige. Ce sentiment de solitude et de vide demeure gravé dans ma mémoire, je ne sais pas pourquoi. À cette époque, il y a eu un incendie. Papa m'a réveillée et descendue dans la rue. Je n'ai pas eu peur du tout, je n'ai ressentie que de la curiosité. Oui, se rappeler tout d'un coup son enfance, c'est signe que l'on vieillit.

[…] [*23 juin*]

14 juillet 1936

Gavrilov Iam

Voilà exactement ce que je redoutais : recommencer à m'ennuyer. La journée s'écoule lentement, paresseusement. On se lève, on boit le thé, on se baigne, ensuite on mange, on dort, on se re-baigne, et comme ça, jusqu'à la fin de la journée. Et bien que rien ne nous presse, on a perpétuellement l'impression de manquer de temps parce que, le temps, on le passe à s'attendre l'un l'autre, à se baguenauder sans rien de précis à faire. Une atmosphère de répétition insupportable. On n'a plus qu'une envie : se pendre. Le côté plus ou moins désert de l'endroit amplifie encore l'ennui. Il n'y a vraiment personne (qu'on connaisse, s'entend.) […]

7 août 1936

Lebedian[1]

Je suis passé du nord au sud, d'un Gavrilov Iam perdu au cœur d'une forêt de pins, d'une nature morose semi nordique, à un Lebedian planté au milieu de la steppe, joyeux et verdoyant, entouré de vergers, bref : beaucoup plus sympathique.

Gavrilov Iam est un petit bourg affreux, aux maisonnettes collées les unes aux autres sans l'ombre d'un arbre ou d'un buisson ; une petite ville ouvrière qui sue l'ennui et l'esprit provincial. La population est composée en majorité d'ouvriers, bien qu'elle compte aussi quelques bourgeois. L'ouverture de la fabrique a complètement transformé cet endroit : désormais une populace affairée envahit les rues ; il est rare de tomber sur une ruelle endormie.

Les gens y sont étonnamment antipathiques. Lalia et moi les avions surnommés « crapauds des fossés »[2]. Quand nous nous promenions dans la rue, des femmes au visage épuisé et méchant mettaient le nez à la fenêtre pour nous détailler avec insolence. Nous les sentions tisser dans notre dos leur toile d'araignée de ragots et de jugements définitifs. À la fin du séjour, nous haïssions tout le monde et en particulier les ouvriers, qui l'étaient au pire sens du mot : grossiers, épais et bornés.

C'est curieux, autant les gens là-bas étaient veules et mesquins, autant les chiens étaient formidables (à Lebedian c'est tout l'inverse.) Au lieu de la solidarité ouvrière si hautement célébrée, il régnait à Iam un antagonisme viscéral entre ouvriers locaux et saisonniers. Querelles et coups de poing dans la gueule étaient monnaie courante. À mon sens, Iam concentrait en lui toutes les horreurs propres aux villes provinciales. Quitter ce lieu a été un vrai bonheur.

Une des choses que je préfère, c'est justement changer de

1. Ville de la région de Lipetsk, non loin de Voronej.
2. En référence au nom du bourg, Gavrilov Iam, qui peut se traduire par *Fosse de Gabriel*. (*N. d. T.*)

lieu, déménager d'un endroit à un autre, comme je l'ai souvent dit à Lalia. Impossible pour moi de vivre au même endroit pendant une longue période sans que l'ennui m'accable. Petit à petit, tout ce qui est habituel commence à me déranger, à de très rares exceptions.

Lebedian cst une ville inexplorcc, inouïc et, de ce fait, passionnante. Elle se dresse sur une haute falaise qui surplombe les eaux bleues du Don. D'en haut, on embrasse à perte de vue le large cours de la rivière dont les puissants méandres disparaissent derrière les arbres pour réapparaître plus loin, brillants sous le soleil, limpides, sur toute la longueur de la vallée. En bas, noyés au milieu des jardins, s'étalent des faubourgs joyeux. Une douce verdure recouvre les rives basses du Don. Un haut pont se profile au loin, aérien, et de petits sentiers jaunes descendent vers la rivière à flanc de falaise.

5 octobre 1936

Moscou

J'ai assez envie d'écrire des vers mais j'ai du mal avec les rimes. Je viens d'entrer dans une période de paix et d'équilibre mental. Cette année sera un enjeu pour moi. Je l'ai décidé, et j'attends qu'il en sorte quelque chose. Cette année, je dois concentrer toutes mes forces, développer mon énergie, ma volonté et mes capacités afin d'accomplir le plus de choses possible. Au printemps, je ferai un examen général de la situation et je verrai où j'en suis, si ça vaut la peine de continuer à travailler et si j'ai un espoir de développer un talent. Alors, ou bien j'abandonnerai la lutte, ou bien je la poursuivrai en étant certaine de la victoire.

[...] Mes rapports avec les filles de ma classe compteront pour beaucoup dans le résultat. Pour le moment, ils sont excellents. Moussia me répète qu'elle m'aime (mais avec son caractère, tout peut changer du jour au lendemain). Tania et Ira m'aiment aussi, parce qu'elles lui emboîtent le pas. Je ne suis donc pas dans une situation parfaitement stable. Si je me retrouve seule, comme ça m'est arrivé l'année dernière, l'école sera de nouveau pour moi un fardeau bien lourd. En ce moment, il n'y a pas de garçon pour nous séparer comme ça s'est produit l'année dernière. C'est un bonheur.

Quelques mots sur la vie à l'école. Nous nous sentons bien, et nous sommes de bonne humeur. Nous travaillons assez sérieusement toutes les trois, et nous obtenons de bonnes notes. Nous chahutons modérément, nous bavardons un peu, nous nous bagarrons parfois et, de temps à autre, nous échangeons quelques mots avec des garçons (souvent avec Levka et Dirochenko, plus rarement avec Margocha). Entre les cours, nous déambulons dans le couloir baptisé préau et nous nous cognons aux garçons. Non, ce n'est pas vrai : les garçons se bousculent les uns les autres et, nous, nous les frappons en applaudissant avec enthousiasme aux coups particulièrement bien envoyés.

Levka a un copain en classe de septième, un de ces types qui vous sautent aux yeux et que vous n'oubliez plus. Il est de taille moyenne, blond, avec des traits réguliers et un visage extrêmement expressif, assez original. Il a une pâleur intéressante et des yeux bleu roi particulièrement effrontés. Son insolence dépasse de loin la norme : c'est un briscard que rien n'épate. Il n'a peur de rien.

Mais voilà qu'il a concentré son attention sur Irina. Vu sa taille, on la remarque facilement. Avec l'effronterie qui le caractérise, il s'est mis à bavarder avec elle. Ça ne le dérange absolument pas d'aller se planter devant une fille qu'il ne connaît ni d'Ève ni d'Adam, de la fixer droit dans les yeux sans rien dire, uniquement pour la gêner. De ses yeux bleus au regard tranquille, présomptueux et impudent, il la détaille sans vergogne, comme une marchandise qui ne doit avoir aucun secret pour lui.

C'est insensé. Comment des garçons aussi jeunes ont-ils eu le temps d'emmagasiner dans leur cœur un tel cynisme, une telle dépravation et une telle bassesse ? Surtout, où les ont-ils pêchés ? Ça me fait de la peine et ça m'enrage de voir le peu d'estime qu'il a pour mes amies – et pour moi aussi sans doute. Mais, moi, il ne m'embête jamais, je me dois de le dire. Il m'évite, comme tous les autres. Je n'ai droit qu'à son silence et à ses regards déplaisants. Je l'avoue avec fierté car ça n'a rien à voir avec la beauté (puisque Tania n'est pas belle non plus). C'est lié à quelque chose de plus important que les hommes savent repérer chez les femmes. J'ai une apparence qui repousse tout désir de me faire des avances. À présent, j'ai acquis assez de solidité pour être totalement sûre de moi. [...]

13 octobre 1936

« Allez, vent joyeux, chante-moi ta chanson,
Vent joyeux, vent joyeux...
Rit celui qui est heureux,
Peut celui qui le veut,
Trouve toujours celui qui cherche [1] »

Ce serait bien que je prenne cette dernière strophe pour devise. Comme c'est bien de rire toujours et de toujours obtenir ce qu'on veut. Mais pour cela, il faut avoir quelque chose... Un quelque chose que je n'ai pas. Pourquoi ? Moi aussi j'obtiendrai ce que je veux. Sauf que ce que je veux, je ne sais pas ce que c'est, parce que je veux beaucoup de choses. Je veux tout.

Je dois vivre cette année dans un esprit de combattant, c'est mon enjeu. C'est pourquoi je ne m'autoriserai pas à perdre espoir. Que viennent mes doutes et mes désillusions cet été, quand j'aurai fini la neuvième, quand je pourrai considérer d'un œil tranquille l'année écoulée et ce que j'aurai accompli. Pour l'heure, il me faut une foi solide, des forces solides concentrées sur la lutte et aussi l'espoir de remporter la victoire. Hourrah !

1. Chanson du film *Les Enfants du capitaine Grant* (1936).

[…] [*15 octobre*]

22 octobre 1936

Comment expliquer que je me sois soudain apaisée ? J'ai comme l'impression que mon calme durera toute l'année. Peut-être que mon système nerveux s'est rétabli grâce au bon repos de cet été. Peut-être que le fait de m'être fixé un but pour cette année me soutient. Peut-être enfin que j'ai atteint le fond et que je me suis complètement émoussée. La vie que je mène me satisfait presque, je me suis habituée aux « bien » et aux « satisf », je ne me torture presque plus. J'étouffe tout début de souffrance dès le premier signe.

À la maison, ma journée est organisée de façon si précise qu'on ne peut rien y redire. Apparemment, toute mon énergie, toutes mes réflexions se concentrent sur l'étude, la lecture, etc. Pas une minute qui ne soit pas utilisée rationnellement, pas de conversations inutiles, pas de gestes superflus. Dans ce domaine, j'ai atteint mon but.

À l'école, je ne suis pas les cours exactement comme je le voudrais. Tout d'abord, je n'écoute pas toujours le professeur (c'est agréable de temps à autre de se reposer physiquement et mentalement au son monocorde d'une voix, bien assis sur sa chaise). Ensuite, il m'arrive de consacrer une partie de la leçon à faire quelque chose d'utile pour moi mais sans rapport avec le cours, et ça s'accompagne d'une foule de complications : ou bien le professeur s'en aperçoit et il me fait une observation, ou bien Moussia me dit qu'elle s'ennuie et qu'elle a envie de bavarder avec moi. Et Moussia, ce n'est pas rien. Parce que, quand on est proche de quelqu'un, quand on a de l'amitié pour lui, on n'a pas le droit d'ignorer ses exigences. Le résultat, c'est que je perds un peu de ma liberté d'action. En effet, si je ne fais pas assez attention à elle, elle se fâchera, et si elle se fâche, j'en souffrirai.

Je considère l'école comme un lieu de repos parce qu'il faut bien se reposer quelque part au cours de la journée. Là-bas, vous ne pensez plus à des sujets graves, vous vivez dans l'instant, vous vous amusez comme une petite fille. Là-bas, je me permets de dire des bêtises, de rire à en avoir mal au ventre et d'échanger des coups d'œil complices avec Levka.

À peine suis-je de retour à la maison que je vieillis de plusieurs années. Ici, ou bien je me dispute avec mes sœurs, ce qui est fort déplaisant et ne changera jamais, ou bien je fais mes devoirs, ce qui me calme. Mais ce qui me manque, ce qui est indispensable à mon développement, c'est un groupe de gens intelligents, sérieux et évolués avec qui discuter de sujets graves. [...]

Hier, j'ai parcouru ce court trajet du marché à la maison en compagnie de Linde. Pas à côté de lui, bien sûr, sur le trottoir d'en face. Tout en marchant, je pensais à lui avec souffrance. J'aurais volontiers fait demi-tour mais je ne me le suis pas permis par orgueil. Ce n'est qu'arrivée au coin de la rue, que je lui ai jeté un coup d'œil, silhouette allongée qui avançait de sa démarche caractéristique.

Aujourd'hui Linde a fait un exposé sur les événements en Espagne. C'est un garçon très intelligent, même si je ne l'ai pas écouté très attentivement, c'est vrai, j'étais trop occupée à détailler son visage et son corps. C'est merveilleusement agréable de se permettre de temps à autre ces petites libertés. Il a un visage curieux, qui me rappelle un petit animal, peut-être parce qu'il est rétréci près du nez et plus bas. Il a un front intelligent, immense, des cheveux noirs, un teint mat et de petits yeux brun foncé qui jettent des coups d'œil rapides sur le côté. Une physionomie très intelligente et un profil très particulier. Il me fait souffrir en ce sens qu'il est très intelligent et me rappelle à tout moment ma propre bêtise. [...]

Il est mon idéal, la seule personne à qui j'aimerais ressembler. J'aimerais bien savoir ce qu'il pense, découvrir son monde intérieur. C'est sûrement un monde inaccessible parce que très compliqué. Je pense qu'il a une haute opinion de lui-même, tout à fait justifiée, d'ailleurs. Ça se voit dans tout. On sent que, chez lui, le sentiment de sa propre perfection imprègne tout, mais caché derrière un tact naturel. En gros, je pense qu'il sortira quelque chose de lui.

Personnellement, je ne trouve rien dc blâmable à ma conduite. Tant pis pour les autres s'ils me regardent avec un petit sourire narquois. Oui, je veux faire la folle tant que j'en ai l'occasion. Dans deux mois, j'aurai dix-huit ans. C'est épouvantable, horrible !

28 octobre 1936

Qui ne s'adapte pas est voué à disparaître. J'avais donc deux solutions : mourir ou m'adapter. Je me suis adaptée. Avec les années, ma capacité à s'adapter grandit en moi de plus en plus. Avant, ma laideur était une vraie torture pour moi, maintenant c'est presque passé. Avant, j'avais honte de mon âge. Maintenant, j'y pense sans m'énerver et, la plupart du temps, je n'y pense même plus.

L'année dernière, savoir que j'étais bête me plongeait dans le désespoir ; aujourd'hui, je tends à développer une philosophie selon laquelle tout le monde ne peut pas être un génie. Les simples mortels aussi peuvent être utiles à la société.

[…] Je continue de constater avec un grand regret que mon entourage est creux et frivole. C'est triste à dire, mais c'est comme ça. Je ne veux pas critiquer Irina, Moussia ou Tania ni les rabaisser par rapport à moi, car je me situe moi-même au même niveau qu'elles (vu de l'extérieur) et mes intérêts sont aussi creux que les leurs. Les jours passent, ne m'apportant que des conversations bêtes et toujours identiques. D'où cela vient-il ?

Chez les femmes, le développement se fait d'une façon étriquée et unilatérale alors que les hommes, même les plus médiocres, s'intéressent à tout. Dans ce domaine, l'affreuse situation que nous a léguée la génération précédente tient un rôle essentiel, c'est indiscutable. Mais peut-être aussi que la femme est plus bête que l'homme ? C'est une question très douloureuse pour moi. On n'obtient rien sans rien ; il est indispensable que nous atteignions à l'égalité entre hommes et femmes. Mais, nous les femmes, cherchons-nous seulement à l'obtenir ?

Nous restons assises dans la fosse puante creusée au fil de dizaines de siècles à brailler des phrases que les hommes ont « inventées » pour nous : « Vive l'égalité ! », « Place aux femmes ! » Et personne ne se donne le mal de penser que ce ne sont que des phrases. Une partie d'entre nous apaise son amour-propre de femme par des mots, l'autre (la majorité) ne voit même pas l'offense qu'il y a à être maintenue dans cette situation.

Que puis-je faire pour briser ce cercle vicieux ? Mes amies ne s'intéressent à rien d'autre qu'aux garçons. (À propos, elles ont toutes les trois la même opinion complètement fausse : à savoir que le garçon idéal, c'est l'ami de Levka, qu'elles placent à mille coudées au-dessus de Linde.) Quand elles ne parlent pas des garçons, elles se racontent des blagues grivoises, et je ne vaux pas mieux qu'elles puisque, moi aussi, je débite des cochonneries. Quand j'écoute ce que je dis, je me fais peur à moi-même, mais je continue malgré tout, parce que je ne peux rester muette et qu'elles, elles ne parlent que de ça. Et comme je ne sais pas faire dévier la conversation… Oh, que je comprends les garçons ! À leur place, je mépriserais les filles, je ne leur adresserais pas la parole.

Mes anciennes camarades sont plus sérieuses que nous, mais elles sentent le dressage scolaire à trois kilomètres. Elles parlent des cours avec animation, mais aussi avec une étroitesse d'esprit insupportable. Elles passent les récrés à attendre le cours suivant dans l'angoisse et tremblent comme des feuilles pendant les interrogations. Personnellement, je n'ai pas envie de supporter cette charogne administrative, c'est pour ça que je me jette à corps perdu dans les bêtises, que je me réfugie dans l'insouciance et l'indiscipline.

À certains cours, on serait prêt à marcher sur les mains en hurlant des ordures, tant est fort notre besoin de déverser l'inépuisable énergie qui nous habite. De là en partie notre habitude de nous battre, de nous bousculer, de nous interpeller et de nous lancer des choses qui nous font honte après coup, mais qui nous font bien rire.

[…] J'aimerais être à l'école. J'aime l'école, oui, je l'aime. Pourquoi ? Je ne sais pas. Là-bas, je suis heureuse : il y a mille occasions de rire ; je ne me sens pas toute seule mais amie et proche des autres. Pourquoi est-ce que ce n'était pas comme ça avant ? Je change. Que reste-t-il de la gamine rageuse, repliée sur elle et apeurée comme un petit animal ?

[…] À présent, je suis devenue mauvaise élève. Peut-être est-ce la raison pour laquelle je me sens si détachée pendant les cours : je n'ai plus peur de personne. Je me suis longtemps battue contre moi-même et maintenant j'ai atteint mon but : je me suis libérée à tout jamais de cet affreux « marécage de la perfection », comme dit papa.

Il y a quelque chose à l'école qui me touche agréablement. Récemment, au cours d'une conversation cœur à cœur, Margocha a confié à Moussia que je plaisais à Chekhtman. C'est un de ces types présomptueux que rien ne déstabilise jamais, qui gardent un calme olympien et se croient supérieurement intelligents.

Au début, nous le détestions tous. Nous l'avions surnommé à juste titre le « parvenu ». Maintenant, il ne m'est plus aussi antipathique. J'ai de bons rapports avec lui, quoique distants. Il est très laid, il a des traits irréguliers et vulgaires, sans rien de remarquable ni de caractéristique, une tête de jeune taureau solide.

Comme toujours, je refuse de donner le moindre crédit aux propos de Margocha. Cependant, je me suis mise à étudier Chekhtman tout en craignant de commencer à le détester, comme chaque fois dans ce genre d'affaire. Il se comporte de telle façon que je n'arrive pas à savoir si Margocha a dit la vérité ou pas. Que ce soit vrai ou pas, ma sympathie pour lui s'est accrue car il se conduit envers moi avec beaucoup de tact. Je n'ai pas de ces accès de fureur comme avant (c'est déjà un grand pas). En fait, cela m'est bien égal de lui plaire ou pas. Ça ne me fera même ni chaud ni froid s'il s'enflamme pour quelqu'un d'autre.

Quoi qu'il en soit, je le surveille soigneusement. Il me parle rarement, il ne peut donc pas m'embêter, ce qui m'est doublement agréable. De temps en temps – très rarement – il se retourne pour me regarder et, alors (oh, la frivolité de ces filles !) Moussia, Tania et Ira échangent des sourires entendus en faisant des messes basses, ce qui me place dans une situation très embarrassante. Surtout quand elles s'exclament à voix basse : « Nina, t'as vu ? » Évidemment que j'ai vu ! Dieu merci, ça n'arrive pas trop souvent. En tout, cinq fois.

Chekhtman est un garçon doué qui a beaucoup lu. Il connaît assez bien l'Histoire et il écrit des vers. Le plus bizarre, c'est qu'il nous les donne à lire, à Moussia et à moi. Ce qui nous épate, c'est qu'ils ne sont pas dénués d'humour ni de verve. Voilà. C'est tout ce que j'ai remarqué à son sujet. Je dois encore ajouter que les filles se sont emballées en apprenant que Chekhtman s'intéressait à moi. Au début, elles m'ont littéralement torturée au point que j'aurais pu en venir à le détester.

Durant toute cette période, je me rappelle n'avoir parlé avec lui que trois fois. Une fois, quand il distribuait des billets – je lui en ai demandé un. Il n'en avait plus mais il s'est empressé de me dire : « Je vais t'en trouver un » et il l'a fait. Ensuite, il y a très peu de temps, à la soirée en l'honneur des fêtes d'octobre : il était dans un numéro du spectacle. Par conséquent, il n'était pas dans la salle avec les spectateurs. Ça m'avait un peu déçue, d'autant plus que Margocha n'arrêtait pas de m'asticoter. Quand le bal a commencé, il est apparu dans un vieux veston mal ajusté, le cheveu en bataille et le visage en sueur. Toute contente, je lui ai crié :

— Chekhtman, viens voir !

Il s'est approché.

— Je t'ai trouvé une cavalière, et j'ai désigné Tania.

Évidemment, elle a refusé avec horreur – il est assez laid pour qu'on n'ait pas envie de danser avec lui. Il s'est assis alors à côté d'elle et a demandé :

— Comment j'étais, dans la pièce ? Bien ?

Tania a marmonné une réponse. Brusquement, il s'est tourné vers moi :

— Nina, tu as vu le nez qu'on m'avait fait ?

J'ai été désarçonnée. C'était la première fois qu'il m'appelait Nina.

— Non, je n'ai pas vu. J'étais assise au fond.

— Dans quel rôle j'étais le mieux ?

— Oh, nul dans les deux ! ai-je répondu avec gaieté.

Et il a éclaté de rire.

La troisième fois que nous avons parlé ensemble, c'était hier, après les cours, au vestiaire. Il y avait une avalanche d'élèves, impossible d'avancer. Je regarde autour de moi et repère Ch. Je fonce vers lui.

— Chekhtman, qu'est-ce que c'est que ces manières ? Tu as vu le monde ? Il faut que tu m'apportes mon manteau.

— Ton manteau ? Dans l'instant !

Et de se jeter au milieu de la cohue. Mais Irina me le rapportait déjà. Je lui crie : « Trop tard ! » et je commence à m'habiller. À présent, ça m'amuse d'une manière différente. Ça me fait rire et ça me fait plaisir. Chekhtman ne m'est plus du tout antipathique. Je crois que c'est parce qu'il se comporte avec moi comme avec tout le monde.

Maintenant, quelques mot à propos de cette soirée. L'école avait loué un local, ce qui créait une tout autre atmosphère. Tout le monde est venu de bonne humeur, le cœur en fête, bien habillé – on paraissait tout de suite beaucoup plus beau. Tania avait une robe en laine bleu marine ; Moussia, grande, élégante et plus belle que jamais, était tout simplement divine dans sa robe beige à parements écrus.

Même les garçons s'étaient mis sur leur trente et un. En chemise blanche et cravate noire, Levka était le charme incarné, avec ses cheveux dorés. Linde portait un petit col blanc amidonné qui lui seyait à merveille.

Ah ! Linde, Linde, comme j'aimerais que tu n'existes pas ! J'ai longtemps regardé son visage mat et son col blanc, et j'ai senti quelque chose remuer en moi. S'il n'existait pas, je pourrais être contente de mon destin. Je ne sais pas comment définir le sentiment que j'ai pour lui. C'est un mélange de sympathie et de respect; un embryon d'attirance et, en même temps, une envie qui, parfois, confine à la haine; et aussi une jalousie envers les autres filles, celles qui lui plaisent et celles à qui il plaît. En fait, il est un obstacle sur la voie de mon développement.

Les danses se sont succédé avec entrain. J'étais assise avec mes amies près de la scène et, comme j'étais d'humeur excellente, un peu fofolle, je parlais sans arrêt, ravie de voir les autres éclater de rire à mes traits d'esprit. Bien que je n'ai pas dansé, je m'amusais énormément. J'ai eu l'occasion de parler avec M., un garçon formidable et un vrai chérubin. Il était très gai, riait beaucoup. Il était si charmant que je lui ai fait des compliments. Je sais que ça lui a fait plaisir. De temps en temps, ça fait du bien de dire des mots aimables. Avec Margocha aussi, je me suis bien entendue, alors que, l'autre jour, à la gymnastique, nous nous étions disputés.

Ce jour-là, il n'arrêtait pas de me lancer des piques et moi de les lui renvoyer. Je me disais que ça allait mal finir. Je ne me trompais pas. Finalement, je m'étais installée à mon pupitre en vue de dormir, les jambes repliées sous moi, la tête enfouie dans mon cartable. Mais lui, passant à côté, voilà qu'il me jette la jupette d'une fille. Je saute à bas du pupitre comme une furie et lui lance à la tête un encrier vide. Après, prise de peur, je grimpe sur le pupitre et me cache la tête dans les bras.

— Qu'est-ce qui te prend, Lougovskaïa, t'as perdu la tête ou quoi ?

Il tempête, le visage tordu par la colère.

— Idiote ! Cinglée ! T'es folle ! T'as le cerveau détraqué ! Regardez-moi cette idiote !

Je m'attendais si peu à sa crise que je suis restée sans rien dire un bon moment. Si longtemps qu'en fin de compte ce n'était plus possible de démêler qui avait commencé. Je ne pouvais plus réagir sans avoir l'air de me rabaisser. J'ai donc décidé de garder le silence. Une fois seulement, j'ai relevé la tête et lâché entre mes dents : « Ferme-la ! Tu parles beaucoup trop ! » Le lendemain, nous ne nous sommes pas adressé la parole.

Linde ! À présent, il n'est plus seulement intéressant comme individu mais aussi comme garçon. Ça m'énerve parce que maintenant les filles le remarquent, même celles des autres classes, et ça me retire mon monopole. Je ne sais pas ce que je veux ni ce que je ressens pour lui, mais je suis incapable de faire comme s'il n'existait pas. Ce garçon est mon idéal. Lui, je pourrais l'aimer. […]

20 novembre 1936

Quand je suis obligée de travailler beaucoup, je suis toujours d'une humeur de chien. Une voix en moi exige que je ne fasse rien et une autre me rappelle combien c'est honteux de rester debout en silence sans pouvoir répondre aux questions. Cela dit, je travaille affreusement mal, c'est un fait, et j'en suis ravie. C'est bien papa qui m'a dit : « Ne cherche pas à pénétrer dans le "marécage de la perfection" ». […]

[…] [*11, 20, 23 novembre*]

26 novembre 1936

Aujourd'hui, il y a eu conseil de classe à propos de notre indiscipline. Rien de très nouveau. C'est une drôle de chose, une classe. (Comme d'ailleurs n'importe quel groupe de gens.) Je comprends chacune des personnes qui constituent le groupe, je suis amie avec beaucoup d'entre elles, mais il suffit que nous nous retrouvions tous ensemble pour que nous fassions n'importe quoi. Impertinence envers les professeurs, dissimulation et méchanceté. Dans nos rapports avec eux, il n'y a rien qui puisse rappeler ces liens nouveaux et excellents qu'on nomme désormais « rapports soviétiques ». Nous aimons toujours autant leur faire des crasses, leur empoisonner la vie et, ensuite, nous murer dans un silence digne sans donner nos camarades (attitude qui mérite le respect).

Pour être tout à fait franche, quand j'ai considéré ma classe aujourd'hui – considéré de l'extérieur –, je n'ai éprouvé que répulsion pour ces êtres têtus et obtus que sont mes condisciples. Ça m'a coûté de leur rester solidaire. Mais qu'est-ce que j'aurais gagné à manifester mon opposition ?

Toute la pression s'est concentrée sur Levka, Linde et quelques autres. Oh, comme j'ai fulminé, comme j'ai haï ce Linde. Comme j'ai eu envie de lui cracher à la figure des reproches violents et justifiés ! Aujourd'hui, je l'ai vu sous un jour différent. Visiblement il faisait des efforts pour ne pas laisser voir son agacement. Ah, Linde ! Et malgré tout, il me plaît. J'aime son côté direct et sa clarté d'esprit. C'est le seul qui ne parle pas pour ne rien dire, qui ne tourne pas autour du pot, qu'on ait envie d'écouter. Il sait parler avec audace et sincérité, comme il l'a fait aujourd'hui. Je donne ici le résumé de son discours.

« J'explique mon comportement par le fait que je m'ennuie pendant les cours. C'est pour ça que je me conduis mal… Évidemment, je pourrais ne pas déranger mes camarades mais, pour le moment, je suis incapable de me contrôler. » Je voyais combien ça lui était difficile de prononcer ces mots devant des élèves qui ne le comprennent pas (il le sait) et qu'il méprise au plus profond de lui-même, mais il s'est forcé à exprimer ce qu'il avait sur le cœur.

Un silence sépulcral s'est établi pendant qu'il parlait. Tantôt, il avait le rouge aux joues, tantôt il était pâle comme un mort puis rougissait à nouveau au point d'avoir des plaques rouges jusque dans le cou. Ses yeux étincelaient de fureur. J'ai apprécié sa façon de se défendre, bien qu'au fond de moi j'aie éprouvé un certain plaisir à le voir dans cet état. Apparemment, j'étais partagée entre deux sentiments : la sympathie et l'envie.

28 novembre 1936

[…] Aujourd'hui, pendant la lecture du discours de Staline[1], nous avons bavardé avec Moskal, qui entretient maintenant de très bons rapports avec Moussia et moi. En riant, Moussia lui a demandé :

— C'est vrai que Chekhtman aime bien Nina ?

— Moussia, arrête, je t'en prie ! me suis-je exclamée sur un ton si gêné qu'ils en ont éclaté de rire.

Rouge de confusion, j'ai tourné les talons, la tête enfouie dans mon manteau.

Comment a-t-il répondu ? En ricanant ou sérieusement ?

Maintenant, me voilà rentrée à la maison et tout va différemment. Je suis redevenue la vieille Nina, celle qui a déjà dix-huit ans, qui pense sans relâche à ses livres, à ses études, à son développement personnel, terrorisée à l'idée de perdre une minute en conversations inutiles.

[…] [*22, 28 décembre*]

2 janvier 1937

Encore une année qui s'est envolée de ma vie, toute petite, si peu remarquable et désormais inutile. Je n'ai pas envie d'y penser ni de m'en souvenir. À quoi bon ? Je regarde devant moi et seulement devant moi. Mes défauts passés me forcent à changer, ils ne me font plus souffrir. En somme, ils me servent de leçon. Nous en sommes au prélude de cette nouvelle année. C'est un fait indéniable.

Le 29 décembre, c'était le dernier jour de classe. Le soir, l'école a fait une soirée sapin. Ma tête bourdonnait encore d'une

1. Discours prononcé le 25 novembre 1936 au VIIIe congrès extraordinaire du Parti consacré à la nouvelle Constitution de l'URSS (votée le 5 décembre 1936).

multitude de pensées sur les garçons et diverses affaires liées à l'école. Les cours se sont déroulés dans la bonne humeur. Moussia et moi étions en pleine forme. Nous étions assises au dernier rang, à côté de Linde, et ce seul fait me mettait la joie au cœur. Comme c'était bien de l'avoir juste à côté de nous, de l'entendre parler et de le regarder agir. D'ailleurs, n'étant pas amoureuse, j'ai réussi à faire bien d'autres choses encore. Nous avions apporté une branche de sapin. Nous l'avons décorée et ensuite, nous avons offert des bonbons et chahuté autant que nous le pouvions. [...]

3 janvier 1937

Trois mots sur le réveillon du nouvel an. L'atmosphère a été assez joyeuse et animée, mais ç'aurait pu être mieux. Bien sûr les autres se sont plus amusés que moi car j'étais une pièce rapportée. Cela dit, je suis contente de moi. Soit que j'aie changé, soit que j'aie l'air plus âgé, toujours est-il que, cette fois-ci, tout le monde m'a parlé comme à une égale et que je ne me suis pas sentie le moins du monde mal à l'aise. [...]

Il convient que je dise quelques mots sur un garçon qui m'a offensée, Dania. Trois jours avant le nouvel an, il nous a apporté un sapin. Genia n'étant pas là, c'est moi qui ai dû le recevoir. Ce jour-là, il m'a fait bonne impression. Il est grand et plein de gaieté. À l'institut, il a confié à Genia que je lui plaisais. Pour rire, il a même ajouté qu'il était carrément amoureux de moi.

Le lendemain, il le lui a répété. Il a dit qu'il allait me faire la cour, qu'il s'apprêtait à me déclarer sa flamme. Bien sûr, il a demandé à Genia de ne rien me transmettre mais elle n'a pas tenu sa promesse, malheureusement. Il est évident qu'il s'amusait, mais, après tout, il n'y a pas de fumée sans feu. En gros, ce petit jeu m'avait donné un avant-goût d'amusement. Les sous-entendus de mes sœurs et de Ioura T. avaient tant fait travailler mon imagination que j'ai accueilli Dania, qui était en retard, de façon quelque peu expansive, et je me suis sentie gênée.

J'étais curieuse de voir comment il allait entamer la conversation. Mais voilà, il n'a rien entamé du tout. Le repas du réveillon s'est déroulé sans qu'il s'occupe de moi, puis la soirée a commencé. Plusieurs fois, en le croisant dans une pièce ou dans l'autre, j'ai senti chez lui de l'embarras et ça m'a agacée. Il était plus de trois heures du matin quand il est entré dans la cuisine, où j'étais toute seule. Je ne lui ai pas laissé le temps d'ouvrir la bouche. Craignant qu'il s'en aille, j'imagine, je me suis dépêchée de lui présenter mes excuses pour avoir cassé son verre.

La conversation ne s'est pas prolongée. À en croire maman, qui me l'a dit plus tard, il paraît que je lui ai parlé plutôt grossièrement et c'est pourquoi je ne retranscris pas cet échange. Notre relation s'est terminée sur cela. Dans la matinée, il est vrai qu'il m'a encore parlé : « Vous avez dormi, Nina ? » Non, je n'avais pas dormi, j'étais trop énervée d'avoir découvert mon plancher couvert de dégueulis. « Oh non ! Qui peut dormir dans un tel vacarme. Il faut être complètement saoul pour arriver à s'endormir. » « Moi, je me serais endormi », a-t-il répondu.

Et c'est tout. Le fait n'est pas significatif, mais il y en a tant de semblables dans ma vie que je le raconte comme une curiosité. Je suis un peu gênée et déçue devant Genia et les autres. Maintenant, ils ne prononcent plus jamais le nom de Dania ni le mien. Ça veut dire qu'il a changé d'opinion sur moi, et les choses désagréables, on ne les transmet pas.

Le journal se termine sur ces mots. Le lendemain, 4 janvier, une perquisition eut lieu dans l'appartement des Lougovki et toute la correspondance du père de Nina, les ouvrages socialistes révolutionnaires de sa bibliothèque et les journaux intimes de ses filles Nina et Olga furent confisqués.

ANNEXES

Extraits de lettres de Sergueï Fiodorovitch Rybine à ses filles

Ces lettres, adjointes au dossier du procès, ne portent pas de date. Il est donc impossible de savoir si les destinataires sont à l'époque écolières ou étudiantes.

Annexe I

Extraits de lettres du père à sa fille aînée Genia

Vous devez être à l'étroit à Moscou. En deux ans la ville a certainement beaucoup changé, j'aimerais bien voir en quoi. J'ai beau savoir que la population a augmenté de deux cent mille à deux cent cinquante mille âmes, je n'arrive pas à me représenter les conséquences que cela peut avoir. J'imagine que les gens doivent s'agiter encore plus, et se bousculer pour trouver des pommes de terre et autres produits de nécessité. Ici aussi, les files d'attente sont interminables. Une ou deux fois par mois, je me plante derrière la nuque de quelqu'un pour recevoir ma livre de sucre, ma ration de tabac et de farine. Je n'arrive pas à m'habituer à ces privilèges de prolétaire. Je n'ai sans doute pas encore mariné assez longtemps dans le chaudron du peuple. J'aurais bien aimé que vous me racontiez ce que vous avez vu pendant votre séjour à la campagne, surtout avec la mission qui vous avait été confiée, mais je n'ai toujours pas reçu la lettre de Lalia. En tout cas, elle n'est pas arrivée jusqu'à moi.

Est-ce que vous vous êtes beaucoup fatiguées, pendant le premier semestre ? Il est à croire que ce nouvel environnement t'a laissé des marques. Désormais, tu dois faire attention. C'est bien que vous ayez abandonné cette dénomination de « classe de choc ». Surtout, mon amie, ne prends pas feu et flamme. Tâche de moins t'inquiéter à propos de tes études. Veille à conserver tes forces, à ne pas te laisser aller à l'angoisse et à l'énervement. Cette année sera difficile, pour ce qui est de l'alimentation. Tu dois faire très attention à économiser tes forces physiques, tu n'en as pas de trop, cette année, et les autres non plus. Chez nous aussi, la faim se fait sentir. Je survis grâce à la *kacha*[1] et au lait.

Le sport, cela va de soi, a un effet sur la santé meilleur et plus varié que tout le reste. Il développe le mouvement, l'agilité et les forces. Le patin et le ski sont amusants, mais ce que vous apporte votre « mise à feu[2] » quotidienne ne me paraît ni très beau ni très musical. La mise à feu, c'est bon pour les canons ou les fusils. Appliquer ce terme aux hommes, c'est inhabituel et mal venu.

Maintenant, en ce qui concerne vos professeurs : ce ne sont pas eux les responsables, mais le système où tout est horriblement grossier. Alors méfiez-vous ! C'est comme si l'on voulait faire de l'homme une pièce de mécanique, la charger dans la machine et tirer. Et il ne vous reste plus qu'à tourbillonner du mieux que vous pouvez, comme une chose privée d'âme. Ça fait longtemps que je les ai vus, ces numéros de gymnastes à l'école. Ce qui m'a frappé, c'est leur manque total de finesse, l'absence de toute beauté plastique. Ils font pareil, au cirque, mais en mieux. N'empêche, ce qui fait la vie des artistes du cirque est déjà particulièrement abject. Chez vous, ça devient soldatesque. On vous apprend à vous mettre en rang et à tenir un fusil. En d'autres conditions, ce serait différent.

À présent, il faut agir comme l'exigent les circonstances. Ma

1. Graine de sarrasin que l'on mange soit sucrée, en bouillie avec du lait, soit salée, en guise de légume.

2. Le terme est passé dans le langage courant comme synonyme de « gymnastique ». Dans les années 1930 et longtemps après, la journée de travail dans les usines et les écoles commençait obligatoirement par un quart d'heure de mise en train afin de « recharger les accus ». (*N. d. T.*)

chérie, quand on se lance dans la lutte pour le droit à vivre comme un être humain, il faut mettre une énergie énorme pour l'obtenir, pour tenir debout sur ses deux jambes, pour occuper une place digne dans la société et ne pas se dissoudre dans la foule comme un grain de sable au milieu de la steppe. Comprends-moi, mon amie. Dès l'âge de quinze ans, j'ai commencé à vivre sans plus dépendre de personne. Ensuite, j'ai été maître d'école à la campagne et c'est une chose dont je n'aurai jamais honte. À ce jour, je n'ai pas perdu mon énergie pour la lutte. Je sens en moi assez de forces pour rester figé sur place.

En vivant dans la capitale, tu as la chance d'être instruite. Tu devrais voir à quoi ressemble la jeunesse d'ici, elle est tout simplement d'une misère pitoyable. À la fin de l'école de sept ans ou du lycée technique, le jeune homme ne sait toujours pas vouvoyer, il ne peut pas lire une ligne en russe et il n'est apte à aucun travail sauf, peut-être, dans sa région komi[1]. C'est sans doute pareil dans toutes les républiques autonomes. Les enfants ne font pas d'études, ils « rassurent » le sentiment d'autonomie et d'indépendance des populations locales.

La vie est vide et totalement dénuée de but ! L'été est passé, la canicule aussi. Le temps se perd à travailler, et la vie est toujours aussi vide et sans but. Vivre pour tuer le temps. Les milliers de gens qui gaspillent leur temps vivent une tragédie abominable. À l'heure qu'il est, des dizaines de millions d'ouvriers meurent de faim de par le monde. En Russie aussi, les gens ne mangent pas à leur faim, surtout ceux qui travaillent dans les bureaux et qui ont une famille à charge. Il y a dans le monde une formidable couche de détresse, de désespoir et d'épouvante, alors qu'il existe des réserves alimentaires si colossales qu'on ne sait plus qu'en faire, comme on dit. Mais voilà,

1. La république autonome des Komis, située dans le Grand Nord et rattachée à la fédération de Russie, est composée de pêcheurs et d'éleveurs de rennes qui parlent une langue finno-ougrienne. (*N. d. T.*)

on efface des comptes une partie des surplus pour que, la prochaine fois, l'argent ne soit pas affecté ailleurs.

Écris-moi pour me dire si tu es d'accord avec mon opinion sur Tolstoï en tant que philosophe et politique. Vérifie mon opinion dans son petit livre. Vous ne pourrez considérer connaître Tolstoï tant que vous n'aurez pas clairement compris tout ce qu'il dit.

Tu sais, tu m'écris la même chose qu'Olga, à croire que vous vous êtes donné le mot. J'en conclus que l'ouvrier d'une fabrique connaît une vie identique chez vous et chez nous. Quand tu auras vécu un peu plus longtemps et que tu auras porté sur la vie un regard un peu plus attentif, tu verras combien le niveau est bas parmi les masses profondes. Et encore, dans les campagnes, il est plus élevé que dans les fabriques, mais peut-être que ce n'est plus vrai maintenant. À peine le jour tombe-t-il que les volets se ferment. Les gens se claquemurent chez eux. S'ils ont une vache, ils l'enferment dans la grange ou dans la pièce principale de peur qu'elle ne leur soit volée. Vol et banditisme. En matière de vol, le mélange des éléments russe, nomade et cosaque donne des résultats stupéfiants. Dans les magasins, c'est la misère à la puissance dix. Les ivrognes se battent. À côté de chez moi, il y a un communiste qui, la nuit, a plus d'une fois battu sa femme presque à mort, quand ce n'était pas ses frères ou sa mère. Scènes atroces. Le vol et le gaspillage règnent en maîtres dans les casernes, les entreprises et les maisons de commerce. Les gens cultivés se comptent sur les doigts d'une main et ils décampent d'ici sitôt qu'ils le peuvent.

Je sais que tu vas bien étudier, que tu te donneras entièrement à ton art, mais tu dois savoir à l'avance que tu suivras pendant longtemps une voie morne et sombre. Il faut posséder une grande force de volonté pour venir à bout des obstacles. Un jour ou l'autre, tes connaissances en peinture décorative viendront à ton secours, plus souvent que tu ne l'imagines. Ne t'inscris en troisième cycle que si ça ne t'éloigne pas de tes études principales et ne te noie pas sous les détails superflus. Je sais, tu as encore pas mal de temps devant toi pour peser sérieusement le pour et le contre. Aussi, montre-toi plus active à l'institut, je suppose que les gens « pratiques » obtiennent en temps voulu une affectation, un travail intéressant. En tout cas ils trouvent d'autres solutions que d'accepter l'emploi qui leur est indiqué[1].

J'ai recommandé à Lalia, et te recommande à toi aussi, de lire Kropotkine : *La solidarité comme facteur d'évolution chez les animaux*[2]. C'est un petit livre intéressant. Voilà, c'est tout. Désormais vous serez très prise par vos études.

---

1. La société soviétique étant fondée sur le travail obligatoire pour tous, les étudiants se voyaient attribuer d'autorité un emploi à la fin de leur cursus universitaire. Cette pratique destinée à éradiquer le chômage a perduré pendant toutes les années du pouvoir soviétique. Par gens « pratiques », S. F. Rybine sous-entend ici ceux qui ont du piston. (*N. d. T.*)

2. Piotr Alexeïevitch, prince Kropotkine (1845-1921), sociologue et anarchiste russe. Cette œuvre a été publiée à Londres en 1902. Voici comment il résume sa position : « La solidarité, la justice, la morale sont les étapes successives que nous remarquons quand nous étudions le monde des animaux et de l'homme. Elles forment une nécessité organique et tout ce que nous voyons dans la nature la justifie et la conforte [...] Le sentiment de solidarité, de justice et d'éthique est profondément enraciné dans l'homme par toute la puissance de ses instincts. Le plus grand de tous ces instincts, celui qui se manifeste avec le plus de force, est l'instinct de solidarité. »

Annexe II

Extraits de lettres du père à sa fille aînée Olga

L'école d'aujourd'hui m'est incompréhensible. Vous avez toutes les libertés et toutes les chances de faire ce qui vous chante du moment que vous travaillez, et tes camarades garçons ne trouvent rien de mieux à faire que de chahuter et de se conduire en voyous, comme tu me l'écris ? À cause de quoi ? De quoi peut-on débattre à l'heure actuelle, qui plus est dans une classe où 90 % des élèves sont komsomols[1] ? Dans l'ancien temps, ce qui nous y incitait, c'était des questions bien précises, des questions de principe au nom desquels certains affrontaient volontiers la souffrance, considérant que leur sacrifice était indispensable. Mais maintenant, il n'y a plus de questions sérieuses à débattre dans notre milieu, et vous êtes les voyous.

Le grand nettoyage se poursuit. Ici, les Komis en savourent le spectacle à un tel point que ça en devient comique. Ils sont bornés, ils prennent tout ce qu'on leur dit à la lettre, en discutent pendant des jours, épluchent mutuellement leurs livres de comptes, révèlent au grand jour les fraudes et les irrégularités,

1. Komsomols : organisation de la jeunesse regroupant les jeunes de quatorze à vingt-quatre ans.

pondent des rapports sur tout ce qui se passe sur leur lieu de travail. À l'époque où nous vivons, quiconque est persuadé que le pouvoir soviétique est le pouvoir idéal sous tous ses aspects se doit de venir ici pour regarder vivre ces peuples différents de nous, ces minorités nationales qui possèdent en effet tous les droits de la majorité – notamment le plus important de tous : celui d'être considéré à égalité avec la majorité. Il verra comment ces gens réalisent dans la pratique tous les projets imaginés à Moscou ; il admirera leur conscience professionnelle et leur ardeur à la tâche et il pourra constater que rien ne marche malgré tout leur bel amour du travail. Le fait est que le doute ne les effleure jamais.

Ils s'élèvent comme un seul homme contre tout ce qui n'est pas comme eux. N'oublie jamais cela. Ce qu'il faut faire, ce n'est pas s'occuper d'eux et les aider mais, au contraire, se tenir le plus loin possible de ce tas de fumier car il pue et empeste l'atmosphère.

Voilà, tu m'écris que tu songeais à t'inscrire aux cours du soir d'une usine. Regarde bien si l'atmosphère y est meilleure. Le système d'éducation pratiqué là-bas ne diffère pas du reste. Je crois bien qu'il est pire encore, du fait de la grossièreté et de la vulgarité de l'entourage, à quoi il faut ajouter obligatoirement les dénonciations. Quand tu auras encore un peu réfléchi, avec du temps et de l'âge, tu comprendras la situation et tu découvriras comment elle est ailleurs, là où les gens meurent comme des mouches, là où ils savent mourir pour protester contre cette vie-là. Il faut trouver de bons livres. Au besoin inscrivez-vous dans une bibliothèque. Mieux vaut payer un peu et lire les livres qu'il faut.

Ça suffit ! Il faut cesser de lire des torchons comme cette Vetbitskaïa[1]. On s'est passionné pour elle après la révolution de

1. A. A. Vetbitskaïa (1861-1928), auteur de « romans pour dames » traitant de sujets tirés de la vie quotidienne, d'une remarquable superficialité.

1905 quand sont apparus la réaction et le déclin des choses de l'esprit. De même avec le théâtre. Il est dix fois plus intéressant et utile de voir une pièce classique qu'une pièce de Gorki. Alexeï Gorki[1] n'est pas un classique, quand bien même on le porte aux nues actuellement.

Ce qu'il adviendra de toi, nous en reparlerons l'année prochaine, quand tu auras été admise dans un établissement supérieur. Je pense que ni toi ni moi ne galvauderons notre vie.

Si je comprends bien, tu vas devoir bûcher ta physique[2]. J'approuve pleinement ton choix. En fait, construire et produire quelque chose de neuf – qui plus est une machine capable de faciliter le travail et la vie de l'homme – c'est gai, intéressant et attirant. Il est vrai que l'avenir appartient aux machines dans toutes les sphères de la vie, et surtout en Russie où nous sommes très en retard sur ce point. Pour le moment, concentre-toi sur tes études. Après, on verra. Le cycle de sciences est extrêmement vaste et complexe, et il te faudra encore faire des choix. Je suis content que vous ne deveniez pas des « travailleurs de choc ».

Parmi mes livres, tu trouveras *La solidarité comme facteur d'évolution chez les animaux*, de Kropotkine. Je ne me souviens pas du titre exact, mais tu n'auras pas de mal à le trouver. Kropotkine est un très grand savant, en Russie et à l'étranger. C'est le fondateur de l'anarchisme. Il est aussi célèbre dans son domaine que Tolstoï en littérature. Je te conseille de porter un regard neuf sur cet ouvrage, il t'expliquera bien des choses. Il se lit facilement et te sera utile à l'école, en biologie. Donc, vous commencez à lire, c'est bien. Considérez tout d'un œil critique, vérifiez les informations, n'acceptez rien à la façon d'un acte de foi, cherchez dans d'autres livres et faites-moi part de vos

1. S. F. Rybine fait une confusion dans les prénoms de l'écrivain, Maxime Gorki étant un pseudonyme, et Alexeï Maksimovitch Pechkov son véritable nom.

2. Manifestement, Olga a choisi de s'inscrire dans la section technologique de l'Institut du textile. (*N. d. T.*)

doutes quand vous en avez. Je te répondrai toujours avec plaisir, bien qu'on ne puisse pas tout dire dans une lettre, je le sais. Le plus important, ne cherchez pas à vous forger de « convictions » personnelles à partir des deux ou trois livres que vous aurez lus. Ne vous hâtez pas, parce que ces livres ne sont pas tout et qu'avant de se faire une opinion sur un sujet, il faut connaître tous les arguments pour et contre. Je sais qu'il n'est pas toujours facile de mettre la main sur les livres indispensables dans telle ou telle matière. Cependant, il est important de savoir. Alors, n'hésitez pas à poser des questions.

Annexe III

Extraits de lettres du père à ses deux filles aînées, Eugenia (Genia) et Olga

Au début, j'ai pensé que vous étiez trop occupées par vos études, mais il m'apparaît maintenant que vous avez beaucoup de temps libre, puisque vous faites du chant et de la gymnastique, qui plus est, non pas dans le cadre de l'école, mais dans de petits cercles. Apparemment, Lalia s'apprête à entrer chez les lutteurs et Genia chez les boxeurs. Je me disais que, dans votre 7e groupe dit « de choc », vous travailleriez sérieusement, et voilà que vous vous adonnez encore à des passe-temps parfaitement inintéressants, ou plutôt parfaitement inutiles. Je vous ai écrit des lettres plus sévères, vous n'y avez pas répondu, vous n'avez pas osé. N'en tirez-vous pas la conclusion que vous êtes encore des bébés ?

À l'heure actuelle, survit celui qui est le plus intelligent, qui est le plus évolué, qui en sait plus long que les autres. Vous ne vous rendez pas compte combien toutes ces occupations extérieures à vos études dans ces petits cercles inutiles vous fatiguent et, de ce fait, sont mauvaises pour vous, tout simplement. Je vous conseille de les abandonner au plus vite et, en général, d'accorder plus d'attention au travail que vous devez faire à la maison. Ces cercles ne sont que des lieux de bavardage. De par leur organisation, vos écoles de second degré sont supérieures au lycée[1]. Mais d'un autre côté, le programme a tendance à consacrer trop de temps à des « activités sociales » ou inutiles. Le plus important, mes chéries, c'est que vous soyez franches avec moi et avec maman. Nous avons une grande expérience de la vie et nous vous comprendrons toujours.

Où en êtes-vous, côté lecture ? Est-ce que l'envie de lire des livres scientifiques vous est venue, et dans quel domaine ? Dans une petite année, vous pourrez lire ceux de ma bibliothèque. Il y en a beaucoup d'intéressants et de grande valeur. Votre professeur de sciences sociales recommencera à vous tarabuster. Sans doute qu'il vous donnera à apprendre par chœur les directives du dernier congrès du parti mais, à ce moment-là, la vie sera partie loin devant et les erreurs de ce congrès apparaîtront plus clairement. D'ailleurs, seuls les aveugles ne voient pas les erreurs.

Votre école – et en cela, n'est pas différente des autres, aussi bonnes soient-elles – s'attache à répandre une instruction unilatérale. Cela peut présenter un avantage à une époque donnée mais, en général, ça profite à qui en est le maître. Et le maître, en l'occurrence, c'est l'État. Par conséquent, il y a bien des choses utiles, des domaines entiers de la science, que vous n'apprendrez pas à l'école mais uniquement à côté, en vous cultivant par vous-mêmes.

Vous vous rappellerez longtemps les souffrances que vous avez connues dans votre jeunesse, les injustices, les horreurs, le traitement ignominieux dont j'ai fait l'objet, moi qui ai donné ma vie entière à améliorer le sort des classes opprimées et humiliées. Vous commencez seulement à lire les journaux. Quand vous aurez appris à comprendre, à vous y retrouver dans les

1. Comprendre : tel que le père l'a connu en son temps, avant la Révolution. (*N. d. T.*)

questions de politique, alors, cela va de soi, vous apprendrez à connaître non plus seulement l'opinion des dirigeants, mais aussi celle des divers courants et tendances. Car toute question peut être éclairée de n'importe quel côté, et chaque courant a son propre point de vue. Alors seulement serez-vous en mesure de comprendre la signification des sciences sociales dans l'évolution de la société contemporaine et pourrez-vous évaluer chaque question, indépendamment des oukazes émanant de l'école ou de n'importe qui d'autre. Pour le moment, le plus important pour vous, c'est d'apprendre, non pas la politique, mais les matières que vous avez choisies. La politique, contentez-vous de l'étudier pour ne pas vous laisser distancer par les autres. À l'école, soyez indépendantes, ne vous laissez pas entraîner dans des cercles clandestins, s'il s'en crée, notamment dans ceux fondés à partir des courants à l'intérieur du parti au pouvoir. Parce que ces cercles ne vous révéleront pas la vérité. En effet, la vérité est tenue bien cachée de vos petits cercles, à l'abri derrière sept serrures. Nombre de gens la portent en eux et ne peuvent l'exprimer, ni ouvertement ni dans le secret, et ce n'est pas faute de le vouloir. Vos petits courants ne font que se bousculer les uns les autres. En cela, ils ressemblent à une foule de gens aux yeux bandés rassemblés dans une grande pièce, qui croient voir très bien alors qu'ils ont oublié de retirer leur bandeau.

Pendant les fêtes d'Octobre, n'allez pas à la parade. C'est loin, c'est pénible, c'est fatigant et ça ne présente aucun intérêt. Profitez plutôt de cette journée pour vous détendre sainement. Ne restez pas à l'école jusque vers les neuf ou dix heures du soir, ce n'est pas sain et c'est « non communiste ». Tâchez plutôt de terminer tôt et de rentrer à la maison. On nous parle de la journée de travail de sept heures et on fait subir aux élèves des journées de quinze heures !

Vous devez vous rappeler que vous êtes dans une situation pire que les autres élèves. C'est pourquoi vous pouvez décider, la conscience tranquille, de ne pas participer aux cercles. Que ceux qui se plaisent dans cette société et en éprouvent les bienfaits participent aux œuvres sociales ! Mais sachez une chose : travaillez mieux, accumulez les connaissances, lisez beaucoup afin d'être prêtes à tout moment à vous battre pour votre existence. Pour ce qui est de vous amuser, vous pouvez le faire à la maison, avec maman. Votre situation vous vieillit d'une tête par rapport à vos camarades de classe. Acceptez-la comme quelque chose d'inévitable, de justifié et d'audacieux, et regardez les gens autour de vous en ayant conscience de votre dignité.

Le plus souvent, l'homme se situe à la moyenne. Aux deux extrémités, on trouve d'un côté les grands esprits et les génies, de l'autre les imbéciles. C'est grâce à ces esprits moyens que la société et le gouvernement existent. Ils les répartissent aux postes de dirigeants selon leurs capacités, leurs talents, etc. Tout est fait par l'individu ou par son milieu, ses proches. Vous pourrez, et vous devrez, vous préparer très sérieusement à faire de vous-mêmes des êtres qui sortent de l'ordinaire, des personnes véritables qui ne se contentent pas de nager en battant de la queue selon le courant qu'elles se sont choisi, mais qui nagent devant, en tête des autres, pour leur ouvrir la voie et les faire profiter de leur savoir. Ce n'est pas toujours facile. Le plus souvent, c'est la source de grands chagrins, de pertes, de difficultés, mais cela procure aussi un plaisir, une jouissance et un contentement à propos de soi-même que n'apportent ni la richesse ni la célébrité

Soyez fermes dans vos aspirations, développez votre volonté : pour un homme c'est la qualité essentielle. Ensuite, soyez courageuses, ne soyez jamais poltronnes. Une nation tout entière s'est vu décerner le titre de poltronne par l'Histoire : le peuple juif. Par poltronnerie ils ont perdu leur patrie, et leur État ; par poltronnerie ils ne servent pas dans l'armée, et quand ils servent, ils restent à l'arrière, dans l'intendance. Tout ce qui touche de près ou de loin à la poltronnerie est toujours affublé du qualificatif de juif. Bien sûr, ils ne le sont pas tous, mais la majorité d'entre eux l'est certainement.

Les Russes, eux, ont pour trait négatif de s'effacer devant les « malotrus », de s'écraser, comme on dit. C'est une chose à ne pas faire. Au contraire, il faut faire preuve d'un courage citoyen, se révolter activement et remettre à leur place les malotrus. Les Russes ont encore un trait de caractère néfaste que je n'aimerais pas voir chez vous : une hospitalité sans queue ni tête. Nous aimons sourire sans raison et, par la même occasion, nous perdons notre discernement par la même occasion.

Si ça ne vous paraît pas trop ennuyeux, cultivez-vous en économie politique, vous trouverez des ouvrages dans ma bibliothèque. C'est une matière qu'il convient de lire par petits bouts, comme un sujet d'étude. En économie, les conférences que je suivais quand j'étais étudiant sont particulièrement intéressantes : *L'Histoire des études économiques* de Boulgakov[1]. Mais auparavant, il vous faut lire des ouvrages d'économie politique pour savoir de quoi il retourne. Si ça vous paraît difficile, c'est que vous n'êtes pas encore prêtes. Vous trouverez égalcment plusieurs livres de Kropotkine. Mais rappelez-vous bien : inutile de professer vos pensées tout haut à l'école. Au contraire, ayez du discernement. Sachez vous taire quand il le faut.

Vous voyez, je vous parle déjà de gagner de l'argent alors que vous n'êtes encore que des enfants. Il faudrait que nous nous voyions plus. Je suis là à vous faire constamment la leçon, auparavant sur la nécessité d'étudier, maintenant sur celle de trouver un travail rémunéré. C'est parce que la vie a bouleversé votre chemin, mes enfants. Non seulement, vous ne mangez pas à votre faim, mais encore aucune de vous n'a une santé solide. Dans de telles conditions, on vieillit vite, si rien de pire encore

1. Sergueï Nikolaïevitch Boulgakov (1871-1944) : économiste russe bourgeois, philosophe et théologien. Ordonné prêtre en 1918, il émigra en 1923 et, à partir de 1925, enseigna à l'Institut théologique russe Saint-Serge de Paris.

ne survient. C'est pourquoi vous serez appelées à être indépendantes bien plus tôt qu'en d'autres circonstances.

Vous savez, je ne sais absolument pas danser, je ne sais jouer d'aucun instrument, je ne sais pas patiner, je ne sais même pas rire comme il faut. Pourquoi ? Sans doute parce que ma vie s'est organisée de telle sorte que je n'ai jamais eu le temps d'apprendre tout cela. Mais je n'en veux pas à la vie pour autant. J'ai troqué ces plaisirs pour celui de vivre en harmonie avec des idées. Je n'ai jamais compris les geignardises de la bourgeoisie ni n'ai espéré connaître un bonheur bourgeois. Ça m'a toujours été totalement étranger. Si l'on m'avait promis un sac d'or et la vie « heureuse » d'un bourgeois à condition de n'être qu'un consommateur, de ne pas m'intéresser à la science, à la politique et à la sociologie, j'aurais refusé. Je n'aurais jamais pu vivre dans ce contentement bourgeois, tant cette vie-là m'est lointaine et incompréhensible.

Oui, vous pouvez prendre la parole aux cours de sociologie, mais dans les domaines où les tenants des diverses opinions ne prônent pas de positions radicalement divergentes : par exemple, les assurances sociales, l'organisation de la santé publique, etc. Vous pouvez lire des livres sur le sujet et exposer votre point de vue, à condition d'en avoir un, bien sûr. Mais si l'on cherche à vous intimider, alors gardez le silence.

On a tant besoin de savants à l'heure actuelle que tous les gens diplômés d'un institut supérieur auront un emploi. Alors manifestez-vous, mais intelligemment. Que vous ne soyez pas les meilleures en classe, c'est très bien. Cependant la musique, en tant que spécialité, ne vous promet pas un avenir fabuleusement intéressant. L'enseigner ou accompagner un artiste, ce n'est pas fascinant. Connaître la musique pour soi-même, c'est bien. Pour son propre plaisir, pour jouer et se libérer des désagréments de la vie. C'est pourquoi ne l'oubliez pas et continuez à jouer.

Je pense, mes chères petites, que vous comprendrez l'économie politique. Par rapport à mon époque, vous disposez de nombreux avantages en matière d'instruction. La sociologie n'est pas inutile non plus. Si ça vous tente, essayez Tchouprov[1], je l'ai dans ma bibliothèque. Il est simple, compréhensible et pas gros. Écrivez-moi vos impressions. C'est le sujet que j'ai tiré à l'examen d'entrée dans mon école de commerce[2]. Il faut seulement se rappeler les notions d'économie politique et ne pas s'embrouiller dans les formules. Si cette matière vous plaît, vous pourrez lire ensuite *L'Histoire des études économiques* de Boulgakov. Je l'ai dans ma bibliothèque. C'est bien écrit et intéressant. Bien sûr, votre professeur vous conseillera d'autres auteurs.

Grâce à l'étude, à la culture et aux inventions, l'humanité fait un pas en avant. Ce mouvement s'appelle le progrès. Il implique toute la société, alors qu'il est accompli par des personnalités uniques : des savants à l'esprit profond, des artistes que la nature a doués de talent, qu'ils soient écrivains (Tolstoï, Gogol, Essenine), compositeurs, peintres, architectes ou sculpteurs. Ils sont peu nombreux, très peu nombreux. Parallèlement à ces personnalités, et œuvrant dans les mêmes domaines, foisonne une multitude d'individus de tous poils qui se prennent pour des grands hommes et croient apporter le progrès à l'humanité alors qu'ils ne sont que de pitoyables imitateurs sans talent, souvent néfastes pour la société. Le reste de la population, à l'instar des capitalistes, cherche à tirer toutes sortes d'avantages et de profits pour soi. Les demoiselles font ça pour plaire, vos professeurs pour faire carrière, en particulier votre imbécile de professeur de sociologie avec ses kolkhozes et autres bêtises, qui, en plus, menace de vous chasser du groupe des étudiants de choc.

1. A. I. Tchouprov (1842-1908) : économiste bourgeois russe, statisticien et pamphlétaire.
2. Aux examens oraux, l'élève tire un papier dans une corbeille, sur lequel est inscrite la question. (*N. d. T.*)

Quand j'étais à votre place, j'ai eu le temps en une semaine de vacances de lire une dizaine de livres qui valaient bien mieux que tous vos passe-temps inutiles. Aujourd'hui, on réédite les œuvres de V. G. Korolenko[1]. Il n'a pas écrit de grandes choses, mais ses récits sont consistants. Trouvez-les et lisez-les.

Maintenant, à propos des conseils que je vous donne : je tiens beaucoup à ce que vous deveniez des personnes véritables : cultivées, sérieuses et intelligentes. C'est pourquoi je suis chacun de vos pas avec beaucoup de circonspection. Vous devez vous comporter sérieusement. Je ne mets pas en doute votre conduite, mais j'ai beaucoup observé la jeunesse actuelle, les komsomols, et ça ne me plaît pas. Les mœurs sont trop relâchées. Il y a beaucoup de choses mauvaises. On trouve souvent toutes sortes de récits sur le sujet dans les journaux. Vos éducateurs (si seulement vous en avez) ont une tendance malsaine à ne pas s'en apercevoir, malheureusement. Ils portent beaucoup trop d'attention à l'éducation (transformation) sociale et politique de la jeunesse et oublient l'essentiel : la personnalité de l'individu et son intégrité. Et leurs organisations sociales sont d'un niveau bien inférieur à la moyenne.

Ces Komis comiques, encore une fois, ne veulent rien faire pour eux-mêmes. Leur barbarie se fait sentir à chaque pas. Ce sont des demi-barbares, comme disent les Allemands en parlant de nous. Nous, par contre, nous serons bientôt et d'un seul coup archicivilisés. Pourvu que l'Histoire ne s'amuse pas avec cette expérience.

Je me souviens, il y a deux ans, à votre anniversaire, vous aviez invité des amies et vous aviez passé un moment agréable. Maintenant, vous ne le faites plus. Comme les temps ont changé pour notre famille ! Il faut que vous le compreniez et que vous

1. Vladimir Galaktionovich Korolenko (1853-1921) : grand écrivain russe, pamphlétaire et personnalité publique.

n'en vouliez pas au destin. Sachez que ce n'est pas un hasard, une exception, mais un événement qui relève de « l'ordinaire ». Il ne faut pas oublier que nous vivons une période qui ne se présente qu'une seule fois en plusieurs siècles. C'est intéressant que vous viviez justement à cette époque car, plus tard, il vous sera extraordinairement intéressant de vous rappeler ce temps-là.

Annexe IV

Extrait d'une lettre du père à sa fille cadette Nina

Ce n'est pas que je vieillisse en esprit, mais je me sens en quelque sorte inutile, plus exactement : en dehors de cette vie. Cela me fait mal puisque ma vie entière a été liée étroitement à cette vie-là et au peuple. Ayant lié tout mon destin à lui, je dois porter l'entière responsabilité de ses succès comme de ses échecs.

Tu as lu *Spartacus* [1], c'est vrai que c'est un livre intéressant. Il m'intéresse surtout du point de vue historique, de même que *Quo vadis ?* de Sienkiewicz[2], que je te conseille fortement. On ne peut pas condamner les Romains pour leur brutalité car telles étaient les mœurs, à l'époque. Par comparaison, on pourrait parler de sauvagerie à propos de nos mœurs si l'on considère les coups dans la gueule (la boxe actuelle, etc.), et, en général, toute notre

1. *Spartacus* (*Spartaco*), roman d'inspiration libertaire écrit en 1874 (traduit en russe en 1880-1881) sur la révolte des esclaves et des gladiateurs à Rome un siècle avant notre ère. Il a pour auteur Raffaello Giovagnoli (1838-1915), un compagnon de Giuseppe Garibaldi.

2. Épopée d'inspiration catholique décrivant la lutte des jeunes chrétiens contre le despote Néron, le roman *Quo vadis ?*, écrit en 1894-1896 par l'écrivain polonais Henryk Sienkiewicz (1846-1916), était extrêmement populaire en Russie.

activité. Hélas, c'est la réalité. Le cannibalisme qui sévit chez nous, en cette période de famine, c'est quelque chose du même ordre que l'athéisme. De la part de la société, c'est la marque d'une indifférence et d'une insensibilité admirables, car ces faits abominables se produisent aujourd'hui. En te regardant vivre ces dernières années et aujourd'hui, je retrouve beaucoup de moi-même au temps de ma jeunesse.

LE MONDE DE NINA

Ses amies de classe

Ira ou Irka (diminutif de Irina) Charova
Moussia Ivianeskaia
Xioucha (diminutif de Xenia)
Zina (diminutif de Zinaïda)
Lalia (diminutif de Olga) K. (inscrite dans une autre école que Nina)
Natacha (diminutif de Natalia)

Les garçons de la classe

Antipochka (diminutif de Antip, prénom, ou de Antipov, nom de famille, on ne sait pas)
Boudoulia (nom de famille, géorgien)
Dima ou Dimka (diminutif de Dimitri ou Vadim) Linde
Dima ou Dimka (ici, diminutifs de Vadim) Muller
Levka (diminutif de Lev - Léon) Popov
Margocha (surnom probablement tiré de son nom de famille)
Staska (diminutif de Anastas ou de Stanislav)
Tolka (diminutif de Anatoli)
Valia (diminutif de Valentin) L. (surnommé le Crocodile ou l'Animal)

Les frères Zélénine, Volodia (diminutif de Vladimir) et Iouri, ne sont pas dans l'école de Nina

Les enseignants

A. V., (abréviation pour Alexandra Vassilievna), directrice des études, professeur de littérature russe

Iou. I. (abréviation pour Ioulia Ivanovna), professeur principal et professeur de mathématique, mère de Levka

Tatiana Sergueïevna, professeur d'allemand

La famille

Genia (diminutif de Euguenia), sœur aînée de Nina

Lalia (diminutif de Olga), sœur aînée de Nina, jumelle de Genia. (Jumelles ? ce n'est jamais dit, on le suppose)

Lioubov Vassilievna Lougovskaïa, mère de Nina

Kolia (diminutif de Nikolaï) Keller, cousin de Nina

Sofia (diminutif de Sonia) Vassilievna Keller, sœur de la mère de Nina

Sergueï Alexandrovitch Keller, mari de Sofia

Sergueï Fiodorovitvch Lougovskoï Rybine, père de Nina

Betka (diminutif de Betty) le caniche

Ami(e)s de Genia et Lalia

Andreï B (ou Bart)

Doussia (probablement diminutif d'Evdokia)

Genia (diminutif de Evgueni) G. (dont Nina est amoureuse)

Ioura ou Iourka (diminutif de Iouri)

Jora ou Jorka (diminutifs de Gueorgui) Ch. (Ch est l'abréviation de Chafarenko)

Kolia (diminutif de Nikolaï) N.

Nina P.

Socrate (surnom, nom inconnu)

Vania (diminutif de Ivan)

Achevé d'imprimer sur les presses de

BUSSIÈRE

GROUPE CPI

à Saint-Amand-Montrond (Cher)
pour le compte des Éditions Robert Laffont
en février 2005

N° d'édition : 45154/01. — N° d'impression : 050800/4.
Dépôt légal : mars 2005.

Imprimé en France